訴訟事例から学ぶ 所得区分の判断基準

【編者】 ＴＨ会
安部勝一・中島孝一・西野道之助

【著者】 上原　顕・若山寿裕・天野智充・
平澤　勝・荒木智恵子・岩田浩一・
上田輝夫・塩野貴史・星田　寛・
高野雅之

日本法令

はしがき

　本書を企画した TH 会は平成 4 年（1992 年）1 月、今は亡き平川忠雄先生と現在名誉顧問である安部勝一先生（当初の世話人代表）が、公益財団法人日本税務研究センターの支援を受けて立ち上げた資産税を中心とする租税判例研究会です。

　当初は 16 名の会員でスタートし（現在は 26 名）、今年で 32 年目になります。

　30 年前というと携帯電話が普及し始め、マウスで操作できるパソコンやノートパソコンが登場した時代です。今日のデジタル分野の飛躍的な技術の進化は、当時では想像もできませんでした。特に注目を集めている人工知能（生成 AI）が、今後経済取引や労働環境に大きい影響を与えていくことは間違いありません。

　税法においても所得の把握においてその影響を受けてくるでしょう。

　所得には、反復的・継続的な取引から生ずるものもあれば、偶発的又は一時的に生じたものもありますが、デジタルを活用した新たな働き方による所得も生まれてきています。

　所得税は、発生形態に応じて所得を 10 種類に分類し、原則として超過累進税率を適用して税額を計算するわけですが、10 種類のいずれに該当するかについては、税法あるいは事実認定において納税者側と課税庁側との間で判断ないしは解釈に相違を生ずることが少なからずあります。

　この場合、納税者は、課税庁側と争う決意をした時は、審査請求→訴訟へと段階を踏んで訴えを提起していくことになります。

　本書は、こうした納税者が提起した過去の争訟を紐解き、国税不服審判所や裁判所がいかなる所得と判断したのか、その判断基準（考え方）を所得区分ごとに紹介することを目的として執筆されたものです。

　本書の構成は、各章において最初に、所得区分ごとに定義、所得金額の計算等の説明を述べていますが、ねらい（メイン）はその後の争訟事例紹介です。

働き方の多様化により、所得の発生形態も複雑になり、所得区分の境界がきわめて判断しにくいケースはますます多くなってくるでしょうし、将来人工知能が人間の知能を超える時点とされるシンギュラリティ（技術的特異点）が実現した経済社会では、いったいどのような形態の所得が生まれているのでしょう。その将来は間もなくやってきます（予想されていた 2045 年よりもっと早まるだろうといわれています）。

　デジタル社会の急激な進化の中で、実務における所得区分の判断には、これまで以上に論理的な思考が求められてくるでしょう。

　本書で紹介する過去の争訟事例での判断基準（考え方）が、読者のみなさんの「所得区分」を判断する際の論理的思考の一助となれば幸いです。

　最後に、本書の出版に当たり㈱日本法令出版部の竹渕学様には資料提供等で大変なご尽力を賜りました。TH 会会員一同感謝を申し上げます。

　　　令和 6 年 10 月

TH 会世話人代表　　上 原　　顕

目　次

第1章　所得税の基礎知識

第2章　所得金額の計算

第3章 利子所得

> ●シンガポール共和国に所在する外国銀行の Deposits から生じ
> た利子が、雑所得と利子所得のいずれに該当するかが争われた
> 裁決例（平成 25 年 7 月 8 日裁決）

第 4 章　配当所得

第 5 章 不動産所得

第6章　事業所得

第 7 章　給与所得

●米国親会社から付与されたストックオプションが給与所得に該
当するのか、一時所得に該当するのかが争われた裁判例（東京
地裁平成 15 年 8 月 26 日判決、東京高裁平成 16 年 2 月 19
日判決、最高裁平成 17 年 1 月 25 日判決）

第 8 章　退職所得

第10章　譲渡所得

第11章 一時所得

第12章　雑 所 得

凡　例

　本書では、法令・通達について、かっこ内において以下のように省略している。

正式名称	略称
所得税法	所法
所得税法施行令	所令
所得税法施行規則	所規
租税特別措置法	措法
租税特別措置法施行令	措令
租税特別措置法施行規則	措規
国税通則法	通則法
相続税法	相法
地方税法	地法
東日本大震災からの復興のための施策を実施するために必要な財源の確保に関する特別措置法	復興財確法
所得税基本通達	所基通
租税特別措置法関係通達	措通
財産評価基本通達	評基通

（例）所得税法第 28 条第 3 項第 1 号　➡　所法 28 ③一

第1章
所得税の基礎知識

I 納税義務者

　所得税法では、所得税の納税義務者を居住者・非居住者・内国法人・外国法人の4つのグループに分けて、それぞれに納税義務を定めているが（所法2①）、本節では原則的な納税義務者である居住者と非居住者について課税所得の範囲を確認する（所法5）。

❶ 居住者の課税所得の範囲

　居住者とは、日本国内に住所があるか又は現在まで引き続いて1年以上居所がある個人をいう（所法2①三）。

　なお、居住者は、「非永住者以外の居住者」と「非永住者」に分かれる。

(1) 非永住者以外の居住者

　非永住者以外の居住者は、所得の生じた場所が日本国の内外を問わず、そのすべての所得に対して所得税が課税され、一般的にはほとんどがこのケースに該当する。

(2) 非永住者

　非永住者とは、居住者のうち日本国籍がなく、かつ、過去10年以内の間に日本国内に住所又は居所を有していた期間の合計が5年以下である個人をいう（所法2①四）。

　非永住者は、所得税法に規定する国外で生じた所得（国外源泉所得）以外の所得と、国外源泉所得で日本国内において支払われ、又は日本国内に送金されたものに対して所得税が課税される。

❷ 非居住者の課税所得の範囲

　居住者以外の個人は、「非居住者」という（所法2①五）。非居住者は、日本国内において生じた所得（国内源泉所得）に限って所得税が課税される。

　上記の居住者と非居住者の関係をまとめると、図表1－1のようになる。

■図表1－1　居住者と非居住者の関係

個人の区分		定義	課税所得の範囲
居住者	非永住者以外の居住者	次のいずれかに該当する個人のうち非永住者以外の者 ・日本国内に住所を有する者 ・日本国内に現在まで引き続き1年以上居所を有する者	国内及び国外において生じたすべての所得（所法5①）
	非永住者	居住者のうち、次のいずれにも該当する者 ・日本国籍を有していない者 ・過去10年以内において、日本国内に住所又は居所を有していた期間の合計が5年以下である者	国外源泉所得以外の所得及び国外源泉所得で日本国内において支払われ、又は国外から送金されたもの（所法5①）
非居住者		居住者以外の個人	国内源泉所得（所法5②）

Ⅱ　納　税　地

　所得税の確定申告書は、提出時の納税地を所轄する税務署長に提出することになっている。

❶　国内に住所がある者

　国内に住所がある者は、その者の住所地が納税地になる（所法15一）。

　住所とは生活の本拠をいい、生活の本拠かどうかは客観的事実によって判定される（所基通2－1）。

❷ 国内に住所はないが居所がある者

　国内に住所はないが居所がある者は、その者の居所地が納税地になる（所法 15 二）。

　一般的に居所とは、相当期間継続して居住しているものの、その場所との結び付きが住所ほど密接でないもの、つまり、そこがその者の生活の本拠であるというまでには至らない場所をいうものとされている。

❸ 納税地の特例

　納税地には、次の特例がある。

(1)　納税地の選択

　国内に住所地以外に居所の他に事業所等がある場合には、住所地等に代えてその事業所等の所在地を納税地にすることができる（所法 16 ①・②）。

(2)　死亡した者の確定申告をする場合

　死亡した者の確定申告をする場合には、相続人の納税地ではなく、死亡した者の死亡時の納税地となる（所法 16 ③）。

Ⅲ　非課税所得

　所得税は、納税義務者に帰属するすべての所得に対して課税することを原則としているが、所得の中には社会政策その他の見地から所得税を課さないものがあり、これを「非課税所得」という（所法 9、措法 4 他）。

　非課税所得は、所得税法及び租税特別措置法のほか、その他の法律に規定されている。

　非課税所得は、所得金額の計算から除外されるため、非課税の適用を受けるための手続は原則として必要ない。

　なお、非課税所得について損失が生じても、その損失はなかったものとみなされる。

　非課税所得には、図表1－2に掲げるものがある。

■図表1－2　所得税及び租税特別措置法による主な非課税所得

区　分	非課税所得の項目及び内容
利子・配当所得関係	・障害者等の少額預金の利子（所法10） ・勤労者財産形成住宅貯蓄の利子等（措法4の2） ・勤労者財産形成年金貯蓄の利子等（措法4の3） ・納税準備預金の利子（措法5） ・オープン型証券投資信託の特別分配金（所法9①十一、所令27） ・非課税口座内・未成年者口座内の少額上場株式等に係る配当等（いわゆる「NISA、ジュニアNISA」）（措法9の8、9の9）
給与所得・公的年金関係	・傷病者や遺族等の受け取る恩給・年金等（所法9①三、所令20） ・給与所得者に支給される一定の旅費・限度額内の通勤手当・職務の遂行上必要な現物給与（所法9①四～六、所令20～21） ・国外で勤務する者の受ける一定の在外手当（所法9①七、所令22） ・外国政府・国際機関等に勤務する外国政府職員等が受ける給与所得（所法9①八、所令23、24） ・文化功労者年金法の規定による年金等（所法9①十三） ・特定の取締役等が受ける新株予約権等の行使による株式の取得に係る経済的利益（いわゆる「税制適格ストック・オプション」（措法29の2））
譲渡（山林）所得関係	・生活に通常必要な動産の譲渡による所得（所法9①九、所令25） ・資力喪失の場合の強制換価手続による譲渡による所得等（所法9①十、所令26） ・非課税口座内・未成年者口座内の少額上場株式等に係る譲渡所得等（いわゆる「NISA、ジュニアNISA」）（措法37の14、37の14の2） ・国や地方公共団体等に財産を寄附した場合の譲渡所得等（措法40）

区　分	非課税所得の項目及び内容
その他	・内廷費及び皇族費（所法9①十二） ・オリンピック・パラリンピックにおいて優秀な成績を収めた者に財団法人日本オリンピック委員会等から交付される金品（所法9①十四） ・学資金及び扶養義務を履行するために給付される金品（所法9①十五、所令29） ・国又は地方公共団体が行う保育・子育て助成事業により、保育・子育てに係る施設・サービスの利用に要する費用に充てるために給付される金品（所法9①十六） ・相続・遺贈又は個人からの贈与により取得するもの（所法9①十七） ・心身に加えられた損害又は突発的な事故により資産に加えられた損害に基づいて取得する保険金・損害賠償金・慰謝料等（所法9①十八、所令30） ・公職選挙法の適用を受ける選挙に係る公職の候補者が選挙運動に関し取得する金銭等（所法9①十九） ・都道府県・市区町村から、消費税率の引上げに際して低所得者に配慮する観点から支払われる一定の給付金（措法41の8、措規19の2）

（出典）　国税庁タックスアンサーNo.2011

Ⅳ　青色申告制度

❶　青色申告の役割

　我が国の所得税は、納税者が自ら税法に従って所得金額と税額を正しく計算し納税するという申告納税制度を採用している。

　1年間（1月1日から12月31日までの間）に生じた所得金額を正しく計算し申告するためには、収入金額や必要経費に関する日々の取引の状況を帳簿に記帳し、取引に伴い作成したり受け取ったりした書類を保存しておく必要がある。

　一定水準の記帳をし、その記帳に基づいて正しい申告をする者については、所得金額の計算等について有利な取扱いが受けられる青色申告の制度がある。

　なお、青色申告をすることができる者は、不動産所得・事業所得・山林所得のある者に限定されている（所法143）。

❷　青色申告者の帳簿書類とその保存

　青色申告の記帳は、年末に貸借対照表と損益計算書を作成することができるような正規の簿記によることが原則であるが、現金出納帳・売掛帳・買掛帳・経費帳・固定資産台帳のような帳簿を備え付けて簡易な記帳をするだけでもよいことになっている（所法148、所規56）。

　これらの帳簿及び書類等は、原則として7年間保存することとされているが、請求書・見積書・納品書・送り状等の書類は5年間でよいことになっている（所法148、所規63）。

❸　青色申告の特典

　青色申告の主な特典は、次のとおりである。

(1)　青色申告特別控除

①　不動産所得者又は事業所得者

　不動産所得又は事業所得を生ずべき事業を営んでいる青色申告者で、これらの所得に係る取引を正規の簿記の原則（一般的には複式簿記）により記帳し、その記帳に基づいて作成した貸借対照表及び損益計算書を確定申告書に添付して法定申告期限内に提出している場合には、原則としてこれらの所得を通じて最高55万円（令和元年以前は最高65万円）を控除する（措法25の2）。

②　上記①以外の者

　上記①以外の青色申告者については不動産所得・事業所得及び山林所得を通じて最高10万円を控除する。

(2)　青色事業専従者給与

　青色申告者と生計を一にしている配偶者やその他の親族のうち、年齢が15歳以上で、その青色申告者の事業に専ら従事している者に支払った給与は、事前に提出された届出書に記載された金額の範囲内で専従者の労務の対価として適正な金額であれば、必要経費に算入することができる（所法57①）。

　なお、青色事業専従者として給与の支払を受ける者は、控除対象配偶者や扶養親族にはなれない。

(3)　貸倒引当金（一括評価）

　事業所得を生ずべき事業を営む青色申告者で、その事業の遂行上生じた売掛金・貸付金等の貸金の貸倒れによる損失の見込額として、年末における貸金の帳簿価額の合計額の5.5％以下の金額を貸倒引当金勘定へ繰り入れたときは、その金額が必要経費として認められる（所法52②、所令145①）。

(4)　純損失の繰越しと繰戻し

①　純損失の繰越し

　事業所得等に損失（赤字）の金額がある場合で、損益通算の規定を適用してもなお控除しきれない部分の金額（純損失の金額）が生じたときには、その損失額を翌年以後3年間にわたって繰り越して、各年分の所得金額から控除する（所法70①、70の2①）。

②　純損失の繰戻し還付

　前年も青色申告をしている場合は、純損失の繰越しに代えて、その損失額を生じた年の前年に繰り戻して、前年分の所得税の還付を受けることもできる（所法140、141）。

(5)　青色申告承認申請書の提出期限

①　原　　則

　新たに青色申告の申請をする者は、その年の3月15日までに「青色申告

承認申請書」を納税地の所轄税務署長に提出しなければならない（所法144）。

② 新規開業した場合（その年の1月16日以後に新規に業務を開始した場合）

業務を開始した日から2か月以内に「青色申告承認申請書」を納税地の所轄税務署長に提出しなければならない（所法144かっこ書）。

③ 相続により業務を承継した場合

その年の1月16日以後に業務を承継した場合は、業務を承継した日から2か月以内に「青色申告承認申請書」を納税地の所轄税務署長に提出しなければならない。

ただし、青色申告をしていた被相続人の業務を承継した場合は、被相続人の死亡による準確定申告書の提出期限である相続の開始を知った日の翌日から4か月以内（ただし、その期限が青色申告の承認があったとみなされる日後に到来するときは、その日）までに「青色申告承認申請書」を納税地の所轄税務署長に提出しなければならない（所基通144-1）。

■図表1-3 青色申告承認申請書の提出期限一覧

	区　分	青色申告承認申請書の提出期限
イ	原則	青色申告の承認を受けようとする年の3月15日
ロ	新規開業した場合（その年の1月16日以後に新規に業務を開始した場合）	業務を開始した日から2か月以内
ハ	被相続人が白色申告者の場合（その年の1月16日以後に業務を承継した場合）	業務を承継した日から2か月以内
ニ	被相続人が青色申告者の場合（死亡の日がその年の1月1日から8月31日）	死亡の日から4か月以内
ホ	被相続人が青色申告者の場合（死亡の日がその年の9月1日から10月31日）	その年12月31日
ヘ	被相続人が青色申告者の場合（死亡の日がその年の11月1日から12月31日）	翌年2月15日

これらのことを表にすると、図表1−3のようになる。

④　廃業等により青色申告を取りやめる場合

　事業の廃止等により青色申告書による所得税の申告を取りやめる場合は、取りやめようとする年の翌年3月15日までに「所得税の青色申告の取りやめ届出書」を納税地の所轄税務署長に提出しなければならない（所法151）。

第2章
所得金額の計算

Ⅰ 所得金額の計算の仕組み

　所得税法は、その課税標準を算定するに当たり、所得を 10 種類に区分して、それぞれについて計算方法（所得金額＝収入金額－必要経費等）を図表 2 − 1 のように定めているが、その所得区分の必要性は、次のような理由による。

① 　所得を区分してそれぞれに適した計算方法を規定する方が合理的であること。
② 　所得税は累進税率になっていることから、毎年発生する所得と臨時的に発生する所得との負担の調整を図る必要があること。
③ 　源泉徴収・特別控除等、所得の種類に応じた措置を規定する必要があること。

Ⅱ 所得の区分

　所得税法では、その性格によって所得を次の 10 種類に区分している。

❶　利子所得

　利子所得とは、預貯金や公社債の利子並びに合同運用信託・公社債投資信託及び公募公社債等運用投資信託の収益の分配に係る所得をいう（所法 23 ①）。

❷　配当所得

　配当所得とは、株主や出資者が法人から受ける配当や、投資信託（公社債

所得の種類	所得金額の計算の基本型
利子所得 （所法 23 ②）	収入金額 ＝ 利子所得の金額
配当所得 （所法 24 ②）	収入金額 － その元本を取得するために要した負債の利子 ＝ 配当所得の金額
不動産所得 （所法 26 ②）	総収入金額 － 必要経費 ＝ 不動産所得の金額
事業所得 （所法 27 ②）	総収入金額 － 必要経費 ＝ 事業所得の金額
給与所得 （所法 28 ②）	収入金額 － 給与所得控除額 ＝ 給与所得の金額
退職所得 （所法 30 ②）	$（収入金額 － 退職所得控除額） \times \dfrac{1}{2} ＝ 退職所得の金額$ ＜短期退職手当等である場合＞ ① 収入金額 － 退職所得控除額 ≦ 300 万円以下の場合 $（収入金額 － 退職所得控除額） \times \dfrac{1}{2} ＝ 退職所得の金額$ ② ①以外の場合 $150 万円 ＋ \left[収入金額 － \left\{ 300 万円 ＋ 退職所得控除額 \right\} \right]$ ＝退職所得の金額 ＜特定役員退職手当等である場合＞ 収入金額 － 退職所得控除額 ＝ 退職所得の金額
山林所得 （所法 32 ③）	総収入金額 － 必要経費 － 特別控除額 　＝ 山林所得の金額
譲渡所得 （所法 33 ③）	総収入金額 －（取得費 ＋ 譲渡費用）－ 特別控除額 　＝ 譲渡所得の金額
一時所得 （所法 34 ②）	総収入金額 － その収入を得るために支出した金額 ＝ 一時所得の金額
雑所得 （所法 35 ②）	$\left\{公的年金等の収入金額 － 公的年金等控除額\right\} ＋ \left\{公的年金等以外の総収入金額 － 必要経費\right\}$ 　＝雑所得の金額

投資信託及び公募公社債等運用投資信託以外のもの）及び特定受益証券発行信託の収益の分配等に係る所得をいう（所法24①）。

❸ 不動産所得

不動産所得とは、土地や建物等の不動産・借地権等の不動産の上に存する権利、船舶や航空機の貸付け（地上権又は永小作権の設定その他他人に不動産等を使用させることを含む）による所得（事業所得又は譲渡所得に該当するものを除く）をいう（所法26①）。

❹ 事業所得

事業所得とは、農業・漁業・製造業・卸売業・小売業・サービス業その他の事業から生ずる所得をいう（所法27①）。

ただし、不動産の貸付けや山林の譲渡による所得は、原則として不動産所得や山林所得になる（所法27①かっこ書）。

❺ 給与所得

給与所得とは、勤務先から受ける給料・賞与等の所得をいう（所法28①）。

❻ 退職所得

退職所得とは、退職により勤務先から受ける退職手当や厚生年金基金等の加入員の退職に基因して支払われる厚生年金保険法に基づく一時金等の所得をいう（所法30①）。

❼ 山林所得

山林所得とは、山林を伐採して譲渡したり、立木のままで譲渡することに

よって生ずる所得をいう（所法32①）。

　ただし、山林を取得してから5年以内に伐採又は譲渡した場合には、山林所得ではなく、事業所得又は雑所得になる（所法32②）。

❽　譲渡所得

　譲渡所得とは、土地・建物・ゴルフ会員権等の資産を譲渡することによって生ずる所得、建物等の所有を目的とする地上権等の設定による所得で一定のものをいう（所法33①）。

　ただし、事業用の商品等の棚卸資産・山林・減価償却資産のうち一定のもの等を譲渡することによって生ずる所得は、譲渡所得から除かれる（所法33②）。

❾　一時所得

　一時所得とは、上記の利子所得から譲渡所得までのいずれの所得にも該当しないもので、営利を目的とする継続的行為から生じた所得以外のものであって、労務その他の役務の対価としての性質や資産の譲渡による対価としての性質を有しない一時の所得をいう（所法34①）。

　例えば、次に掲げるようなものに係る所得が該当する（所基通34－1）。

① 　懸賞や福引の賞金品・競馬や競輪の払戻金
② 　生命保険金の一時金や損害保険の満期返戻金
③ 　法人から贈与された金品

❿　雑所得

　雑所得とは、上記の利子所得から一時所得までの所得のいずれにも該当しない所得をいう（所法35）。

　例えば、次に掲げるようなものに係る所得が該当する（所基通35－1）。

① 　公的年金等

② 非営業用貸金の利子

③ 副業に係る所得（原稿料やシェアリングエコノミーに係る所得等）

④ 生命保険契約等に基づく年金

Ⅲ 収入金額・必要経費の計算

❶ 収入金額の計算

　その年分の各種所得の収入金額は、その年において収入すべきことが確定した金額をいい（所法36）、その収入の基因となった行為が適法であるか否かを問わない（所基通36－1）。

　また、収入金額は、次のように収入すべき金額によって計算する。この場合、金銭以外の物や権利その他経済的利益によって収入するときは、その他の権利その他経済的利益のその収入する時における価額によって収入金額を計算し、所得税が源泉徴収される所得に対する収入金額は、所得税が源泉徴収される前の金額によって計算する。

■図表2－2　収入金額の帰属年

| 収入金額 | → | ① 権利が確定していること
② 事実が発生していること
③ 金額が確定していること | → | ・現実に受け取った収入（前受金等は除く）
・未収の収入 |

| | ・金銭による収入
・金銭以外の物や権利による収入
・その他経済的利益による収入
・源泉徴収税額 |

❷ 必要経費の計算

(1) 収入金額に対応する必要経費

その年分の事業所得・不動産所得及び雑所得の金額の計算上、総収入金額から差し引くことのできる必要経費とは、総収入金額に対応する売上原価その他総収入金額を得るために直接要した費用の額及びその年に生じた販売費・一般管理費その他業務上の費用の金額をいう（所法 37 ①）。

■図表２－３　必要経費の帰属年

| 収入金額に直接対応する必要経費 | | ・売上原価
・総収入金額を得るため直接に要した費用の金額 |
| 収入金額に期間対応する必要経費 | | ・その年に生じた販売費・一般管理費
・その他業務上の費用の額 |

(2) 上記(1)以外の必要経費

上記(1)以外に必要経費となる金額は、その年において債務の確定した金額も含まれる。

具体的には、その年に支払った場合でも、その年に債務の確定していないものはその年の必要経費から除外され、逆に支払っていない場合でも、その年に債務が確定しているものはその年の必要経費になる。

この場合の「その年において債務が確定している」とは、次の３つの要件をすべて満たす場合をいう（所基通 37 － 1、37 － 2）。

① その年の 12 月 31 日までに債務が成立していること。

② その年の 12 月 31 日までにその債務に基づいて具体的な給付をすべき原因となる事実が発生していること。

③ その年の 12 月 31 日までに金額が合理的に算定できること。

Ⅳ 課税方式

❶ 所得税の課税方式

所得税の課税方式は、次のように区分される。

(1) 総合課税

総合課税とは、すべての所得を合算して所得税を計算する課税方式をいう。

(2) 申告分離課税

申告分離課税とは、他の所得と分離して所得税を計算する課税方式をいう。

(3) 源泉分離課税

源泉分離課税とは、他の所得とは関係なく、所得を受け取るときに一定の税額が源泉徴収され、それですべての納税が完結する課税方式をいう（確定申告することはできない）。

(4) 申告不要制度

次の①〜⑦に係る利子等・配当等は、確定申告をしないで源泉徴収だけで済ませる確定申告不要制度を選択することができるが、本制度を選択した利子等・配当等の金額は、「合計所得金額」に含まれない。

なお、本制度を選択すると、配当控除や所得税等の源泉徴収税額の控除を受けることはできない。

① 少額配当等

② 金融商品取引所に上場されている株式等の利子等・配当等（大口株主等

が支払を受けるものを除く）

③　公募証券投資信託の収益の分配

④　特定投資法人の投資口の配当等

⑤　特定受益証券発行信託（公募のものに限る）の収益の分配

⑥　特定目的信託（公募のものに限る）の社債的受益権の剰余金の配当

⑦　特定公社債の利子

❷　所得の種類に応じた課税方式

所得税の課税方式は、所得の種類に応じ、図表2－4のように異なる。

■図表2－4　所得区分と課税方法

種　類	概　要	課税方法
事業所得 （営業等・農業）	商・工業や漁業、農業、自由職業等の自営業から生ずる所得	総合
	事業規模で行う、株式等を譲渡したことによる所得や先物取引に係る所得	申告分離
不動産所得	土地や建物、船舶や航空機等の貸付けから生ずる所得	総合
利子所得	国外で支払われる預金等の利子等の所得	総合
	特定公社債の利子等の所得 ※ 確定申告不要制度がある。	申告分離
	預貯金の利子等の所得	源泉分離
配当所得	法人から受ける剰余金の配当、公募株式等証券投資信託の収益の分配等の所得 ※ 上場株式等の配当等について、申告分離課税を選択したものを除く。 ※ 確定申告不要制度がある。	総合
	上場株式等に係る配当等、公募株式等証券投資信託の収益の分配等で申告分離課税を選択したものの所得 ※ 確定申告不要制度がある。	申告分離
	特定目的信託（私募のものに限る）の社債的受益権の収益の分配等の所得	源泉分離

種 類		概 要	課税方法
給与所得		俸給や給料・賃金・賞与・歳費等の所得	総合
雑所得	公的年金等	国民年金、厚生年金、確定給付企業年金、確定拠出年金、恩給、一定の外国年金等の所得	総合
	業務	原稿料、講演料、シルバー人材センターやシェアリング・エコノミー等の副収入による所得	
	その他	生命保険の年金、暗号資産取引による所得等、他の所得に当てはまらない所得	
		先物取引に係る所得	申告分離
譲渡所得		ゴルフ会員権や金地金、機械等を譲渡したことによる所得	総合
		土地や建物、借地権、株式等を譲渡したことによる所得 ※ 株式等の譲渡については事業所得、雑所得となるものを除く。	申告分離
一時所得		生命保険の一時金、賞金や懸賞当せん金等の所得	総合
		保険・共済期間が5年以下の一定の一時払養老保険や一時払損害保険の所得等	源泉分離
山林所得		所有期間が5年を超える山林（立木）を伐採して譲渡したこと等による所得	申告分離
退職所得		退職金、一時恩給、確定給付企業年金法及び確定拠出年金法による一時払の老齢給付金等の所得	

Ⅴ　課税所得金額・所得税額の計算

❶　課税所得金額の計算

　課税所得金額は、その者のすべての所得から所得控除額を差し引いて算出する（所法21 ①三）。

　所得控除とは、控除の対象となる扶養親族が何人いるかなどの個人的な事情を加味して税負担を調整するもので、次の種類がある（所法72他）。

① 雑損控除

② 医療費控除

③ 社会保険料控除

④ 小規模企業共済等掛金控除

⑤ 生命保険料控除

⑥ 地震保険料控除

⑦ 寄附金控除

⑧ 障害者控除

⑨ 寡婦控除

⑩ ひとり親控除

⑪ 勤労学生控除

⑫ 配偶者控除

⑬ 配偶者特別控除

⑭ 扶養控除

⑮ 基礎控除

❷ 所得税額の計算

　所得税は、個人の所得に対して課される税金で、次のように1年間のすべての所得から所得控除を差し引いた残りの課税所得金額に税率を乗じて所得税額を計算する。

各種所得の金額の計算	＝	10種類の各種所得の別に、各所得の金額（収入金額－必要経費等）を計算する。
課税標準額の計算	＝	損益通算や純損失又は雑損失の繰越控除を行う。
課税所得金額の計算	＝	所得控除を行う。
税 額 計 算	＝	適用税率や税額控除を行って所得税額を計算する。

　所得税額は、課税所得金額に所得税の税率（超過累進税率）を適用して計算するが、所得税の税率は所得が多くなるに従って段階的に高くなり、納税者がその支払能力に応じて公平に税を負担する仕組みになっている。

■図表２－５　課税所得金額が650万円の場合に適用される所得税の税率及び所得税額（令和５年分）

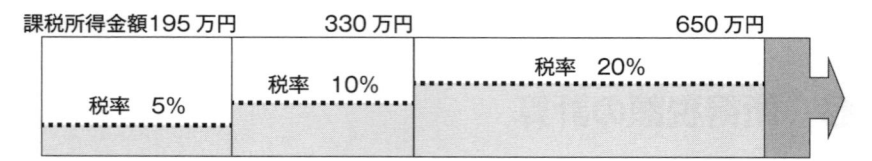

　税率5％：195万円 × 0.05 ＝ 97,500円
　税率10％：135万円 × 0.1 ＝ 135,000円
　税率20％：320万円 × 0.2 ＝ 640,000円
　所得税額：97,500円 ＋ 135,000円 ＋ 640,000円 ＝ 872,500円

　また、復興特別所得税は、基準所得税額に2.1％の税率を掛けて計算され、平成25年1月1日から令和19年12月31日までの間に生ずる所得については、源泉所得税の徴収の際に復興特別所得税が併せて徴収される。
　所得税及び復興特別所得税の申告納税額の計算は、図表２－６のように行う。

■図表２－６　所得税・復興特別所得税の申告納税額の計算

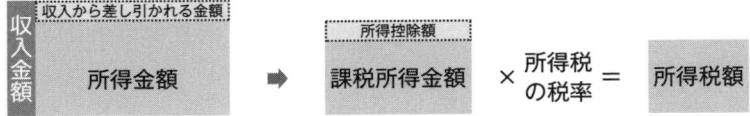

Ⓐ 所得金額の計算
（収入金額）−（収入から差し引かれる金額）
＝（所得金額）

Ⓑ 課税所得金額の計算
（所得金額）−（所得控除額）
＝（課税所得金額）

Ⓒ 所得税額の計算
（課税所得金額）×所得税の税率
＝（所得税額）

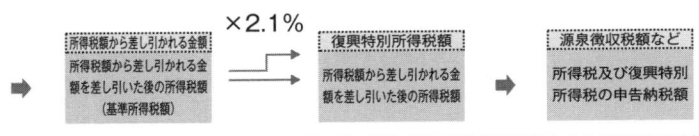

Ⓓ 所得税額から差し引かれる金額を差し引いた後の所得税額（基準所得税額）の計算
（所得税額）−（所得税額から差し引かれる金額）
＝（基準所得税額）

Ⓔ 所得税及び復興特別所得税の申告納税額の計算
（基準所得税額）×2.1％＝（復興特別所得税額）
（所得税額から差し引かれる金額を差し引いた後の所得税額）
＋（復興特別所得税額）−（源泉徴収税額など）
＝（所得税及び復興特別所得税の申告納税額）

Ⅵ 所得税及び復興特別所得税の確定申告

　所得税及び復興特別所得税の確定申告は、1月1日から12月31日までの1年間に生じたすべての所得の金額とそれに対する所得税等の額を計算し、申告期限までに確定申告書を提出して、源泉徴収された税額や予定納税で納めた税額等との過不足を精算する手続である。

　所得税及び復興特別所得税の確定申告期間は、その年の翌年2月16日から3月15日までである（還付申告の者は、1月から申告書を提出することができる）（所法120①、122、123①）。

第3章
利子所得

Ⅰ 利子所得の範囲

❶ 利子所得の範囲

　利子所得とは、預貯金及び公社債の利子並びに合同運用信託、公社債投資信託及び公募公社債等運用投資信託の収益の分配に係る所得をいう。

　具体的には、次に限定列挙される所得が利子所得に該当する。

(1) 預貯金の利子

　例えば、銀行、信用金庫、農業協同組合等の預貯金の利子や、社内預金の利子が該当する。

> **(注)** 預貯金とは、預金及び貯金をいい、勤務先預金のようなものも含まれる（所法2①十、所令2）。なお、預金と貯金はどちらも同じような意味であるが、現在銀行等の金融機関では預金、農業協同組合等では貯金という言葉を使っている。

(2) 公社債の利子

　例えば、国債、地方債、電信電話債券、商工債券等の利子や株式会社が発行する社債の利子が該当する。

> **(注)** 公社債とは、公債及び社債（会社以外の法人が、特別の法律により発行する債券を含む）をいう（所法2①九）。

(3) 合同運用信託の収益の分配金

　例えば、貸付信託、指定金銭信託の収益分配金が該当する。

> **(注)** 合同運用信託とは、信託会社（信託業務を兼営する金融機関を含む）が引き受けた金銭信託で、共同しない多数の委託者の信託財産を合同して運用するものをいい（所法2①十一）、貸付信託（所法2①十二）等がこれに該

当する。合同運用信託では、元本及び一定歩合の利益を信託会社が保証する代わりに、この一定歩合を超える利益があっても、分配される利益は保証された一定歩合に限られる。したがって、その実質は、長期預金と何ら異なるところはなく、合同運用信託の収益の分配が利子所得とされるのは、こうした理由によるものである。

(4) 公社債投資信託の収益の分配金

例えば、公社債投資信託、中期国債ファンド等（MMF、MRF 等）の収益の分配金が該当する。

(5) 公社債等で運用される公社債等運用投資信託の収益の分配金

公社債等運用投資信託とは、証券投資信託以外の投資信託のうち、信託財産として受け入れた金銭を一定の公社債等に対して運用するもので、その設定に係る受益権（受益証券）の募集が公募により行われたものをいう。

(注) 証券投資信託とは、信託財産を委託者の指図に基づいて、株式を主体とする特定の有価証券に対する投資として運用することを目的とする信託をいう（所法 2 ①十三）。元本保全の立場から、その投資対象を公社債のみとしている証券投資信託もあり、これを他の証券投資信託と区別する必要上、特に公社債投資信託という（所法 2 ①十五）。

❷ 雑所得に該当する場合

預貯金の利子であっても、社内預金の利子で、労働者等の家族の預け金、法人の役員の預け金、退職者の預け金等は利子所得ではなく雑所得に該当する（所基通 35 − 1(1)）。

また、学校債、組合債等の利子、定期積金又は相互掛け金の給付補填金、知人又は会社に対する貸付金の利子も、雑所得に該当する（所基通 35 − 1(2)・(3)、35 − 2(6)）。

さらに、国税通則法 58 条 1 項（還付加算金）又は地方税法 17 条の 4 第 1 項（還付加算金）に規定する還付加算金も雑所得に該当する（所基通 35 − 1(4)）。

Ⅱ 利子所得の金額の計算

　利子所得の金額は、利子等の収入金額（源泉徴収される前の金額）が、そのまま利子所得の金額として計算される。したがって、収入金額から控除すべき必要経費としての支出は存在しない。

> 利子収入＝利子所得

Ⅲ 収入の時期

　利子所得の収入金額の収入すべき時期は、次のとおりである（所基通36－2）。

① 定期預金の利子……次に掲げる日
　(イ) その契約により定められた預入期間（以下この項において「契約期間」という）の満了後に支払を受ける利子で、その契約期間が満了するまでの期間に係るものについてはその満了の日、その契約期間が満了した後の期間に係るものについてはその支払を受けた日
　(ロ) 契約期間の満了前に既経過期間に対応して支払又は元本に繰り入れる旨の特約のある利子については、その特約により支払を受けることとなり又は元本に繰り入れられる日
　(ハ) 契約期間の満了前に解約された預金の利子については、その解約の日
② 普通預金又は貯蓄預金の利子……その約定により支払を受けることとなり又は元本に繰り入れられる日。ただし、その利子計算期間の中途で解約された預金の利子については、その解約の日
③ 通知預金の利子……その払出しの日
④ 合同運用信託、公社債投資信託又は公募公社債等運用投資信託の収益の分配のうち、信託期間中のもの……収益計算期間の満了の日、信託の終了

又は解約（一部の解約を含む）によるものについてはその終了又は解約の日

⑤　公社債の利子……その利子につき支払開始日と定められた日

Ⅳ　課税方式と課税の特例

❶　原則（源泉分離課税）

　預貯金、特定公社債^(注)以外の公社債、私募公社債投資信託等の国内において支払を受ける利子等は、その収入に20.315％（所得税及び復興特別所得税15.315％、住民税5％）の税率を乗じた金額が源泉徴収され、源泉徴収だけで納税が完結する源泉分離課税の対象となり、確定申告することはできない（措法3①）。

　ただし、国外で支払われる預金等の利子等、国内で源泉徴収されないもの等は申告が必要となる。

> **（注）**　「特定公社債」とは、国債、地方債、外国国債、公募公社債、上場公社債、平成27年12月31日以前に発行された一定の公社債（同族会社が発行した社債を除く）等の一定の公社債をいう。詳細は、下記❹を参照。

■図表3−1　利子所得の源泉分離課税

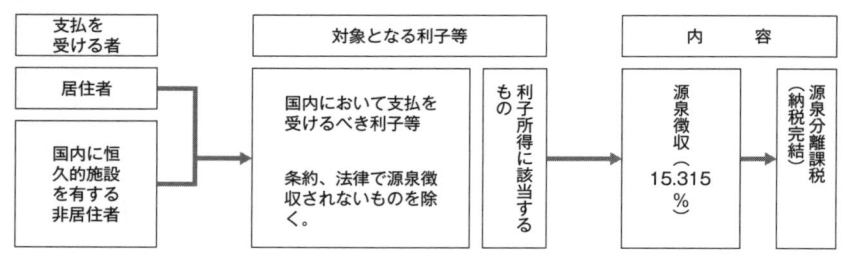

（出典）税務大学校講本「所得税法（基本編）令和6年版」61頁

❷ 課税の特例（申告分離課税）

(1) 申告分離課税

　申告分離課税の場合の所得税額の計算は、他の所得と分離して、それぞれの所得ごとに税額計算を行うことになる。この場合、所得控除額、税額控除及び源泉所得税額の控除は他の所得と同様に行われる。

　なお、申告分離課税を選択した特定公社債等の利子所得の金額及び上場株式等に係る配当所得の金額、土地の譲渡等に係る事業所得等の金額、土地建物等の分離長期譲渡所得の金額及び分離短期譲渡所得の金額、株式等に係る譲渡所得等の金額、申告分離課税を選択した先物取引に係る雑所得等の金額については、制度上、原則として損益通算や純損失の繰越控除は認められない（措法 3、3 の 3、8 の 4、28 の 4、31 ①・③二、32 ①・④、37 の 10 ①・⑥四、37 の 11 ①・⑥、41 の 5、41 の 5 の 2、41 の 14 ①・②二）。

> **(注)**　申告分離課税においては、所得の内容に応じて税率が定められているが、平成 25 年分から令和 19 年分までの各年分の確定申告については、所得税と復興特別所得税（その年分の基準所得税額の 2.1％）を併せて申告・納付することになる。

(2) 特定公社債等に係る利子所得の申告分離課税

　居住者又は恒久的施設を有する非居住者が、平成 28 年 1 月 1 日以後に国内において支払を受けるべき特定公社債の利子等については、15.315％の税率により所得税及び復興特別所得税が源泉徴収され、申告分離課税の対象となり、上場株式等に係る配当所得と合算される（総合課税ではない）。また、居住者には、このほかに 5％の住民税が源泉徴収される（措法 8 の 4）。

(3) 国外で発行された公社債等の利子所得の申告分離課税

　居住者が支払を受ける国外公社債等の利子等のうち、特定公社債の利子、公募により設定された公社債投資信託若しくは上場公社債投資信託の収益の

分配又は公募公社債等運用投資信託の収益の分配につき、国内における一定の取扱者を通じて交付を受ける場合には、15.315％の税率により所得税及び復興特別所得税が源泉徴収され、申告分離課税の対象となる。なお、この他に5％の住民税が源泉徴収される。

　なお、特定口座（源泉徴収口座）に上場株式等の利子等・配当等を受け入れた場合は、確定申告せずに、同一口座内の譲渡損失の金額と損益通算することができる。

❸　申告不要の特例

　上記❷(1)及び(2)について、平成28年1月1日以後、国内において支払を受けるべき特定公社債等（次の❹を参照）の利子等を有する居住者等、又は、国外特定公社債等の利子を有する居住者は、これらの特定公社債等の利子等の金額又は国外特定公社債等の利子等の金額を除外して確定申告をすることができる（措法8の5）。

❹　申告不要となる特定公社債等の範囲

　上記❸の特例の対象となる特定公社債等の範囲は、次のとおりである。
① 特定公社債
　(イ) 国債、地方債、外国国債、外国地方債
　(ロ) 会社以外の法人が特別の法律により発行する債券
　(ハ) 公募公社債、上場公社債
　(ニ) 発行の日前9か月以内（外国法人にあっては、12か月以内）に有価証券報告書等を内閣総理大臣に提出している法人が発行する社債
　(ホ) 金融商品取引所において公表された公社債情報に基づき発行する公社債
　(ヘ) 国外において発行された公社債で、次に掲げるもの
　　・国内において売出しに応じて取得した公社債
　　・国内において売付け勧誘等に応じて取得した公社債で、その取得の日

前 9 か月以内（外国法人にあっては 12 か月以内）に有価証券報告書等を提出している法人が発行するもの

(ト) 外国法人が発行し、又は保証する債券で一定のもの

(チ) 国内又は国外の法令に基づいて銀行業又は金融商品取引業を行う法人又はその法人との間に完全支配の関係にある法人等が発行する社債（その取得が実質的に多数でないものを除く）

(リ) 平成 27 年 12 月 31 日以前に発行された社債（発行時において同族法人が発行したものを除く）

② 公募公社債投資信託の受益権

③ 証券投資信託以外の公募証券投資信託の受益権

④ 特定目的信託（その社債的受益権の募集が公募の方法により行われたものに限る）の社債的受益権

❺ 利子所得の非課税

利子所得のうち、次に掲げるものは、障害者等の税負担の軽減及び貯蓄奨励策に基づくものとして、非課税所得として扱われる。

① 障害者等の少額預金の利子所得等（所法 10、措法 3 の 4）

② 障害者等の少額公債の利子（措法 4）

(注) 上記①、②の各元本の合計額は 350 万円まで。

③ 勤労者財産形成住宅貯蓄の利子所得等（措法 4 の 2）

④ 勤労者財産形成年金貯蓄の利子所得等（措法 4 の 3）

(注) 上記③、④の預入合計額は原則として 550 万円まで。

⑤ 貸付信託の受益権等の譲渡による所得（措法 37 の 15）

❻ 同族会社の株主等が同族会社から支払を受ける社債利子

平成 28 年 1 月 1 日以降、一般公社債の利子で、同族会社から同族会社の株主に支払われる社債の利子は、源泉徴収された上、利子所得として総合課

税の対象となる。また、令和3年4月1日以後、一般公社債の利子で、同族会社の支配法人から同族会社役員等に支払われる社債の利子についても、源泉徴収された上、利子所得として総合課税の対象となる（詳細については、下記Ⅶ❸を参照されたい）。

■図表3－2　利子所得の課税関係

課税方式	対象となる利子	元本の種類	源泉徴収税率	手続	確定申告の要否
非課税制度	1　障害者等の少額預金の利子等（所法10）	預貯金、合同運用信託、公社債投資信託、証券投資信託（一部）の元本350万円まで（措法3の4）		非課税貯蓄申告書・申込書を提出、本人確認	
	2　障害者等の少額公債の利子（措法4）	国債、地方債の額面金額350万円まで（措法4）		特別非課税貯蓄申告書・申込書を提出、本人確認	
	3　勤労者財産形成住宅貯蓄又は勤労者財産形成年金貯蓄の利子等（措法4の2、4の3）	勤労者財産形成住宅貯蓄契約等に基づく預貯金、合同運用信託、特定の有価証券等の元本550万円まで（原則として）		財産形成非課税住宅貯蓄又は財産形成非課税年金貯蓄申告書・申込書を提出	
	4　納税準備預金の利子（措法5）	納税準備預金		不要	

課税方式	対象となる利子	元本の種類	源泉徴収税率	手続	確定申告の要否
源泉分離課税制度（措法3）	預貯金等の利子等	特定公社債以外の公社債、預貯金、合同運用信託、公社債投資信託、公募公社債等運用投資信託、勤務先預金等	15.315%他に地方税5%	不要	否確定申告をすることはできない
申告分離課税制度（措法8の4）	特定公社債等の利子	特定公社債等	15.315%他に地方税5%	特定口座での取扱いが可能確定申告しないことができる（措法8の5）	上場株式等の譲渡損失及び配当所得等の損益通算の特例を対象に損益通算可能
総合課税	特定公社債以外の公社債の利子等	同族会社の社債利子で一定のもの、民間国外債の利子、公社債の利子で条約又は法律において源泉徴収の規定が適用されないもの		不要	要

（出典）税務大学校講本「所得税法（基本編）令和6年版」55頁を一部加工。

Ⅴ 利子所得と雑所得の所得区分が争われた裁決例

●シンガポール共和国に所在する外国銀行の Deposits から生じた利子が、雑所得と利子所得のいずれに該当するかが争われた裁決例
・国税不服審判所平成25年7月8日裁決（名裁（所）平25－3）一部取消し

（注） 公表裁決文においてマスキングされている部分は、文章の前後関係から執筆者において推測・補足した（以下同じ）。

❶ 事案のあらまし

本件は、原処分庁が、シンガポール共和国（以下「シンガポール」という）に所在する外国銀行（A 銀行）における審査請求人（以下「請求人」という）の Deposits（以下「本件 deposits」という。なお、一般に Deposits は、「預金」を意味する）から生じる利子が利子所得に当たるとして所得税の更正処分及び過少申告加算税の賦課決定処分を行ったのに対し、請求人は雑所得を主張し、上記各処分の全部の取消しを求めた事案である。

審判所は、次の(1)及び(2)により、請求人の主張を斥け、利子所得に該当する判断を示している。

(1) 本件 Deposits は「預金」と評価されるべきものである

本件 Deposits は、その法的性質と経済的実質から、所得税法上の「預金」と評価されるべきものである。

(2) 本件 Deposits を借入れと一体となった担保として評価することはできない

本件 Deposits の預入れに係る契約と本件短期貸付ファシリティ契約及び本件当座貸越に係る契約は、双方の契約の成立及び解約において条件関係も認められず、これらを一体のものであると認めることはできない。

❷ 事案の概要

本件は、原処分庁が、シンガポールに所在するＡ銀行における請求人の本件 Deposits から生じる利子が利子所得に当たるとして所得税の更正処分及び過少申告加算税の賦課決定処分を行ったのに対し、その処分取消しを求めた事案である。

請求人は、本件 Deposits は、Ａ銀行から融資を受けるため締結した契約に基づき、信用供与目的で担保預金として資金融通したもので、借入れと担保提供とが一体である預金担保付金銭消費貸借契約に基づく取引から生じるものであり、実質的には、貸付金の利子に準ずるものであるため本件 Deposits から生じる利子及び借入金の支払利子の差損益は、雑所得に当たり、当該差損益の通算の結果、所得金額が生じないなどと主張した。

❸ 争　　点

本裁決での争点は、以下のとおりである。本章では、所得区分が争われた争点1 について、下記❹及び❺で取り上げる。

争点1　本件 Deposits から生じる利子（以下「本件 Deposits 利子」という）は、利子所得に該当せず、雑所得に該当するか否か。

争点2　（仮に、本件 Deposits 利子が利子所得に該当するとした場合に）利子所得の収入金額は、本件 Deposits 利子と本件当座貸越に係る支払利子とを相殺した後の金額とすべきか否か。

争点3　本件 Deposits のうち、累積された利子に相当する部分は、所得

税法 57 条の 3 第 1 項に規定する外貨建取引に該当するか否か。

争点 4 （仮に、本件 Deposits 利子が利子所得に該当するとした場合に）本件 Deposits 利子を申告しなかったことについて、請求人には、国税通則法 65 条 4 項に規定する「正当な理由」があるか否か。

❹ 争点 1 に関する当事者の主張

請求人（納税者）及び原処分庁の主張は、次のとおりである。

請求人の主張	原処分庁の主張
(1) 所得税法条の「預貯金」の意義（言及なし）	(1) 所得税法上の「預貯金」の意義　所得税法施行令 2 条に規定する預貯金とは、銀行その他の金融機関が、不特定多数の公衆又は取引先から広く運用資金を調達することを主たる目的として、顧客から受け入れ、保管する金銭であって、金融機関において当該金銭を費消することを許容され、顧客との約定に従って同額の金銭を返還することが約されたものと解される。
(2) 本件 Deposits は消費寄託に該当しない　本件 Deposits は、本件短期貸付ファシリティ契約の Maintenance of Margin（以下「本件マージンコール」という）に基づき担保として差し入れられたものであり、特定の者から異なる条件で受け入れられた拘束性の高い金銭であること、その処分や譲渡に関して、預金者が返還の権利を持たず、返還を約して預託を受けた金銭であるといえないこと及び中途解約時に本来支払われるべき外国通貨で表示された普通預金利子に相当する金額が支払われないことから、定期に定率で不特定多数の預金者に対して一律に取り扱われる同じ条件で支払われるものに当たらないので、消費寄託契約の性格を有しない。よって、本件 Deposits は、所得税法施行令 2 条に規定する預貯金とは認められない。	(2) 本件 Deposits は消費寄託に該当する　A 銀行は、シンガポール金融監督庁から銀行の業務を行うことを許可されているものであるところ、シンガポール銀行法において、銀行の業務とは、現金又は預金口座の形で金銭を受領し、顧客に対して貸付けを行う業務をいうと規定されていること、及び、定期預金の引出しについては、一部又は全額にかかわらず、その定期の満期日を除き、引き出すことはできないとされているが、書面による銀行の事前合意がある場合又は銀行が適切であると認める条件に基づく場合は除かれているので、A 銀行における定期預金は寄託された同額の金銭を返還することが約された消費寄託契約に該当するものであ
(3) 雑所得に該当する　本件 Deposits 利子は、本件マージンコールに基づき担保として差し入れられた預金から生じる収入であり、	

本件借入金の期間の利子率と密接な関連性を有し、シンガポールで事業を行う外国銀行に対して担保預金として資金融通する取引であるから、借入れと担保提供とが一体である預金担保付金銭消費貸借契約に基づく取引から生じるものであり、実質的には、貸付金の利子に準ずるものであるため、本件 Deposits 利子と本件借入金及び本件当座貸越に係る支払利子の差損益は、雑所得に該当する。

るといえることから、本件 Deposits は、上記預金の要件を満たしたものといえる。

(3) 利子所得に該当する

本件 Deposits は、預金と認められ、本件 Deposits 利子は、所得税法23条に規定する利子所得に該当する。

❺ 争点に対する判断

本件 Deposits の所得区分（ 争点1 （利子所得と雑所得のいずれに該当するか））について、審判所は、次のとおり利子所得に該当すると判断し、原処分庁の判断を適法とした。その判断構造は、法令解釈に基づき、認定された事実の当てはめを行う、税法解釈の一般的な手順が踏まれている。

ただし、更正処分に係る利子所得の計算において、為替レートの採用の違いにより原処分庁の更正処分による所得金額が、審判所認定金額を上回るため、その上回る部分について、一部取消しの判断が示されている。

(1) 利子所得による収入金額は国内の銀行からの支払に限られない

所得税法23条1項は、預貯金の利子等は利子所得となる旨、所得税法施行令2条は、同法2条1項10号でいう預貯金とは、銀行その他の金融機関に対する預金及び貯金をいう旨それぞれ規定しているところ、「銀行その他の金融機関」とは、法律の規定により預金又は貯金の受入れの業務を行うことが認められている銀行、信用金庫等をいうと解される。そして、この「銀行その他の金融機関」について、国内のものに限定されるという定めはなく、同様の業務を行う機関は外国にも存在することからすると、所得税法施行令2条に規定する「銀行その他の金融機関」には、国外の銀行その他の金融機関も含まれると解され、各金融機関の業務を定める「法律」にも、当然

に国外の銀行その他の金融機関が所在する国の法律が含まれると解することが相当である。

(2) 所得税法における「預金」は、法的性質と経済的実質をもって判断する

所得税法は、「預金」の定義を明示的に規定しておらず、「預金」の意義については、一般的な用語の意味を基に考えざるを得ないところ、預金の法的性質及び経済的意義については、以下のとおりである。

① 預金の法的性質は金銭消費寄託契約である

預金とは、典型的には定期預金及び普通預金においてみられるように、通常、銀行その他の金融機関が不特定多数の相手方、すなわち預金者に対し返還を約して預託を受けた金銭をいうと解される。この場合、銀行その他の金融機関においては、受け入れた金銭自体をそのまま保管するのではなく、これを消費することができ、預金者に対しては約定した額の金銭を返還すれば足りるのであるから、預金は、民法666条所定の消費寄託の性質を有し、預金者は、銀行その他の金融機関を受寄者とする金銭消費寄託契約を締結したものと解することができる。

もっとも、預金といっても、さまざまな種類が存在し、例えば、当座預金勘定契約においては、銀行は金銭の管理を行うほか、預金者の諸支払を行っていることから、金銭消費寄託契約と委任契約が複合した混合契約であると解すべきであり、また、普通預金契約においても、種々の支払や送金等の代行がされて混合契約の実体を有しているものが多いなど、具体的な契約内容が預金の種類によってさまざまであることから、預金が必ずしも民法上の典型契約である消費寄託契約に限られるということはできない。

そうすると、その具体的な契約内容が民法上の消費寄託契約のみではなく、他のさまざまな約定も存在するものであっても、銀行その他の金融機関を受寄者として消費寄託された金銭としての性質を有するものについては、預金であるということができるものと解される。

② **預金の経済的意義は預託を受けた金銭の運用と預金者への利子の支払である**

銀行法2条1項及び同2項によると、銀行とは、「預金又は定期積金の受入れと資金の貸付け又は手形の割引とを併せ行うこと」又は「為替取引を行うこと」のいずれかを行う営業（銀行業）を営む者をいうとされている。このように預金の受入れは、貸付けの資金を得るための銀行の中心的業務であり、銀行における中心的な資金の運用である貸付けとあいまって、銀行はこれらによる利益を得ているものということができる。

他方、預金者は、当座預金の場合を除き、通常、預金の返還時に、一定の割合の金員（利子）を得ることができる。

そうすると、預金の経済的な意義としては、銀行その他の金融機関が、預託を受けた金銭を一定期間運用して利益を上げる一方、通常、預金者に対しては、一定の割合の金員（利子）を支払うものであると解される。

(3) 本件 Deposits は A 銀行を受寄者とする消費寄託契約の性質を有する

① 預金の法的性質に関する本件 Deposits の当てはめ

(イ) 預金の意義

預金とは、銀行その他の金融機関が不特定多数の相手方、すなわち預金者に対して返還を約して預託を受けた金銭であり、銀行その他の金融機関を受寄者として消費寄託された金銭としての性質を有するものをいうと解される。

(ロ) 本件 Deposits は預金としての消費寄託の性質を有する

約款には、シンガポールの法律が適用され、また、別段の定めがない限り、各契約はシンガポールの法律が適用されるとされているところ、同約款には、定期預金に関し、預入期間及び利子に関する定めは認められるものの、deposit の性質や解釈に関する定めは認められず、他にシンガポール銀行法における deposit と別意である旨を取り決めた契約書等があるとも認められないことからすると、A 銀行が deposit として受け入れている金銭は、シンガポール銀行法における deposit と同義に解することが相当

である。そこで、シンガポール銀行法における deposit について検討すると、シンガポール銀行法における deposit とは、利子又は額面上乗せの有無にかかわらず、金銭又は金銭の価値により、請求、期間又は合意に基づいて返還することを条件として支払われる金銭の額であるとされていることから、不特定多数の預金者に対して返還を約して預託を受けた金銭としての性質を有するものと評価することができる。また、シンガポール銀行法における deposit 取扱業務とは、業務上、deposit の方法により受け入れた金銭を他者に貸し付けたり、融資したりすることをいうものとされており、銀行は、受け入れた金銭自体をそのまま保管するのではなく、これを消費することができ、預金者に対しては約定した額の金銭を返還すれば足りるのであるから、銀行を受寄者として消費寄託された金銭としての性質を有するものと認められる。そして、シンガポール銀行法における deposit と同義と解される本件 Deposits も消費寄託された金銭としての性質を有するものと認められる。

② 預金の経済的意義に関する本件 Deposits の当てはめ

㈠ 預金の経済的な意義

預金の経済的な意義としては、銀行その他の金融機関が、預託を受けた金銭を一定期間運用して利益を上げる一方、通常、預金者に対しては、一定の割合の利子を支払うものであると解される。

㈡ 本件 Deposits は預金の経済的意義としての判断基準を充足する

A銀行は、シンガポール銀行法の規定によりシンガポール金融監督庁の認可を受け、顧客から deposit 口座等に金銭を受け入れ、顧客に対する融資等の銀行業を営むことが認められている銀行であり、また、A銀行は、銀行業として、Deposits により受け入れた金銭を運用する deposit 取扱業務を行っていること、預金者に対しては、A銀行が規定した利率により開始日から満期日までの期間に対して利子が支払われるところ、本件 Deposits についても満期時利子が支払われていることからすれば、本件 Deposits は、A銀行が、預託を受けた金銭を一定期間運用して利益を上げる一方、通常、預金者に対しては、一定の割合の利子を支払うという預金の経済的意義を満たすものと認められる。

(ﾊ)　本件 Deposits は所得税法上の「預貯金」及び「預貯金の利子」の要件を充足する

　本件 Deposits は、「預金」の一般的用語の意味に該当するのであって、所得税法2条1項10号にいう「預貯金」に当たり、したがって、同法23条1項にいう「預貯金」に該当するものということができる。

　そして、本件 Deposits 利子は、本件 Deposits の預託を受けたA銀行が、一定期間運用して利益を上げる一方、これを預金者である請求人に支払う金銭と認めることができるから、預金の利子に該当し、所得税法23条1項にいう「預貯金の利子」に該当するということができる。

❻　本事例の判断基準

　本裁決例では、利子所得の該当可能性に関する判断基準について、所得税法施行令2条1項10号でいう「預貯金」の定義について、「銀行その他の金融機関」は、国内の金融機関のみならず、国外の銀行その他の金融機関も含まれること、さらには、所得税法上の「預金」の意義については、借用概念により、一般的な用語の意味を基にその法的性質及び経済的意義について検討する必要があると示されたことに注目したい。

　その上で、預金の法的性質と経済的意義について、次の判断基準を示しており、実務のメルクマールとなるのではないか。

① 　預金の法的性質……預金は、民法666条所定の消費寄託の性質を有し、金銭消費寄託契約に代表されるものに限らず、銀行その他の金融機関を受寄者として消費寄託された金銭としての法的性質を有すること。

② 　預金の経済的意義……預金は、銀行その他の金融機関が、預託を受けた金銭を一定期間運用して利益を上げる一方、預金者に対して、一定の割合の利子を支払う経済的意義を有すること。

Ⅵ 利子所得と一時所得の所得区分が争われた裁決例

●オーストラリアに所在する銀行から支払を受けた国外預金利子について、これを一時所得として主張する納税者の主張が斥けられ、利子所得に該当すると判断された裁決例

・国税不服審判所平成 25 年 2 月 20 日裁決（関裁（所）平 24 － 34）棄却

---

❶ 事案のあらまし

本件は、審査請求人である納税者（以下「請求人」という）が、オーストラリアに所在する外国銀行に預けた各預金から受け取った利子（以下「本件利子」という）を、一時所得として確定申告書（以下「本件確定申告書」という）を提出したところ、原処分庁により、所得区分を利子所得とする更正処分を受けた事例である。

審判所では、次に掲げる理由から、請求人の主張を斥け、請求人が受け取った本件利子の所得区分を利子所得として判断した。

なお、請求人は、利子所得であれば、外国税額控除の適用があるべきだと主張を展開したが、当初申告に必要な計算明細等が添付されていないことをもって、この主張も排斥されている。

⑴ 「銀行その他の金融機関」には国外の銀行等も含まれる

所得税法施行令 2 条に規定する「銀行その他の金融機関」とは、国内外を問わず、法律の規定により、預金又は貯金の受入業務を行うことを認められている銀行その他の金融機関をいうと解するのが相当である。

(2) 当初申告に明細書等の書類の添付がないため、外国税額控除は認められない

本件確定申告書には、申告漏れ外国所得税額について、その明細の記載及び外国所得税額を課されたことを証する書類の添付がなく、また、請求人が申告漏れ外国所得税額を確定申告書に記載しなかったことなどについて、天災その他請求人の責めに帰することのできない客観的な事情はあったとは認められないから、外国税額控除を適用することはできない。

❷ 事案の概要

本件は、請求人が、オーストラリアに所在するＡ銀行から支払を受けた預金利子に係る所得が一時所得に当たるとし、これに係る外国所得税の額につき所得税法 95 条《外国税額控除》1 項に規定する外国税額控除を適用して所得税の確定申告をしたところ、原処分庁が、当該預金利子に係る所得は利子所得に該当し、その外国所得税の額の一部は当年分の控除対象外であるなどとする更正処分等をしたのに対し、請求人が、預金利子であっても国外預金に係るものは一時所得に該当し、また、申告漏れがあるとして更正処分をするのであれば、それに係る外国所得税の額についても外国税額控除を適用すべきであるなどとして、原処分の一部の取消しを求めた事案である。

❸ 争　　点

本裁決での争点は、以下のとおりである。本章では、所得区分が争われた 争点1 について、次の❹でそれぞれの主張を確認する。また、下記❺では、争点1 に加え、争点2 に関する審判所の判断（請求人は「やむを得ない事情」がある旨を主張している）についても紹介する。

争点1 本件年分利子収入に係る所得は、利子所得又は一時所得のいずれに該当するか。

争点2 本件申告漏れ外国所得税額を対象として外国税額控除の額を計算

すべきか否か。

争点3 外国税額控除を適用することができない外国所得税額がある場合、その金額を収入金額から控除して所得金額を計算すべきか否か。

❹ 争点1 に関する当事者の主張

請求人（納税者）及び原処分庁の主張は、次のとおりである。

請求人の主張	原処分庁の主張
(1) 法律解釈と当てはめ 　所得税法施行令2条に規定する「銀行その他の金融機関」には、国外の銀行その他の金融機関も含まれるとする原処分庁の主張には根拠がなく、「銀行その他の金融機関」とは、国内法によって許認可等された「銀行その他の金融機関」を指しているものと解されるから、請求人が寄託したA銀行は、同条の「銀行その他の金融機関」に当たらない。 (2) 一時所得に該当する 　本件各預金は、所得税法2条1項10号に規定する「預貯金」に当たらないから、本件年分利子収入に係る所得は、同法23条1項に規定する「利子所得」には該当しない。 　本件各預金は、消費寄託契約によっていつでも寄託した金員の一部又は全額の返還を請求できるものであり、当該預金に付された本件年分利子収入に係る所得は、継続的行為から生じた所得以外の一時の所得であるから、所得税法34条1項に規定する「一時所得」に該当する。	(1) 法律解釈と当てはめ 　所得税法施行令2条に規定する「銀行その他の金融機関」には、国外の銀行その他の金融機関も含まれると解されるところ、A銀行は、オーストラリアにおいて、同国の銀行法の規定により預金又は貯金の受入業務を行うことが認められている市中銀行であるから、同条の「銀行その他の金融機関」に該当する。 (2) 利子所得に該当する 　本件各預金は、所得税法2条1項10号に規定する「預貯金」に該当するから、本件年分利子収入に係る所得は、同法23条1項に規定する利子所得に該当する。

❺ 争点に対する判断

(1) 利子所得となる収入金額は、国内の銀行からの支払に限られない

① 所得税法の解釈

　所得税法7条1項1号の規定によれば、非永住者以外の居住者は、国内及び国外において生ずるすべての所得について所得税が課されることとされている。そして、利子所得について定める所得税法23条1項を含めた同法23条から35条までに規定されている各種所得の定義規定において、その所得が国内源泉所得であるか国外源泉所得であるかによって所得区分が異なることとなる旨の規定はない。

② 預貯金の解釈

　また、所得税法2条1項10号及び所得税法施行令2条は、預貯金とは、銀行その他の金融機関に対する預金及び貯金をいう旨規定しているが、この「銀行その他の金融機関」について国内のものに限定されるという規定はない。

③ 小　　括

　上記①及び②の所得税法等の規定に照らすと、条文上定義規定のない「銀行その他の金融機関」の解釈に当たっては、日本の国内法に基づいて設立されたものに限定されると解するべきではなく、国内外を問わず、法律の規定により、預金又は貯金の受入業務を行うことを認められている銀行その他の金融機関をいうと解するのが相当である。

(2) 争点1 (所得区分) についての結論 (利子所得に該当する)

　原処分関係資料及び当審判所の調査の結果によれば、A銀行は、オーストラリアにおいて、オーストラリアの銀行法である Banking　Act　1959 に準拠してオーストラリアの金融監督局の認可を受けて銀行業を営む銀行であることが認められる。そうすると、A銀行は、法律の規定により、預金又は貯

金の受入業務を行うことを認められている銀行その他の金融機関であり、所得税法施行令2条の「銀行その他の金融機関」に該当する。

　したがって、A銀行に預託した本件各預金は、所得税法2条1項10号の「預金及び貯金」に該当するから、本件各預金の利子である本件年分利子収入に係る所得は、同法23条1項に規定する利子所得に該当する。

(3)　当初申告要件を満たさないため外国税額控除の適用はできない

①　法令解釈

　所得税法95条は、同条7項に該当する場合を除き、同条5項の要件を満たした場合に限り外国税額控除を適用する旨規定している。また、同条7項の「やむを得ない事情」とは、天災、交通途絶その他納税者の責めに帰することのできない客観的な事情をいい、納税者本人の法の不知や誤解、事実の誤認等の主観的な事情はこれに当たらないと解するのが相当である。

②　当てはめ

　所得税法95条の規定によれば、外国税額控除を適用することができるのは、同条7項に規定する「やむを得ない事情」がある場合を除き、同条5項の規定に従い、確定申告書に控除を受けるべき金額及びその計算に関する明細を記載し、かつ、外国所得税額を課されたことを証する書類その他財務省令で定める書類を添付した場合に限られるところ、本件確定申告書には、本件申告漏れ外国所得税額について、その明細の記載及び外国所得税額を課されたことを証する書類の添付がなく、また、当審判所の調査の結果によっても、請求人が本件申告漏れ外国所得税額を本件確定申告書に記載しなかったことなどについて、天災その他請求人の責めに帰することのできない客観的な事情はあったとは認められないから、外国税額控除を適用することはできない。

　したがって、本件申告書に本件申告漏れ外国所得税額に関する記載がなかったことなどについて所得税法95条7項に規定する「やむを得ない事情」があったと認めることはできないから、本件申告漏れ外国所得税額を対象として外国税額控除の額を計算することはできない。

❻ 本事例の判断基準

本裁決例と同様、「銀行その他の金融機関」については、国内に限らず、国外の金融機関も含まれることが示されている点に留意が必要である。

なお、上記Ⅴの裁決例では、「預金の法的性質」「預金の経済的意義」という基準が示された上で、所得区分の判断がされているのに比べ、本裁決例では、Ａ銀行が「銀行その他の金融機関」に該当するという事実のみをもって利子所得該当性の判断が示されている点では差違があるといえるが、仮に上記❺の裁決例による判断基準を当てはめたとしても、結論は変わらないものと思われる。

Ⅶ 所得区分の判断ポイント

❶ 外国銀行の利息の申告漏れに注意

上記Ⅴ、Ⅵで取り上げた裁決例のとおり、実務で注意しておきたいのは、総合課税となる国外預金の利子所得の申告漏れである。国外の銀行その他の金融機関からの預貯金等から生じる利子収入は、上記Ⅳのとおり、源泉分離課税の対象とならないものは確定申告が必要となることに留意しておきたい。近年、国税庁はCRS（共通報告基準）を用いて国外財産に関する情報収集に注力していることからも、国外にも預金を有する場合には特に注意を要する。

また、これら国外預金からの利子収入は、おおむね利子所得に該当するものと考えられるが、所得区分の判定に当たって判断に迷うケースが生じた場合には、特に、上記Ⅴの裁決例の判断基準（①預金の法的性質、②預金の経済的意義）を参考にすることができよう。

❷ 雑所得に該当する利子収入の整理

　実務において、利子収入の所得区分を迷うケースは少ないと思われる。基本的な実務でいえば、例えば、会社役員が会社に貸し付けている貸付金の利息等を利子所得でなく雑所得として申告するケース等、特に雑所得との区分を整理しておきたい（所基通 35 － 1（雑所得の例示）において例示がある。また、上記 I ❷ も参照されたい）。

❸ 同族会社が発行した社債利子

　近年の税制改正では、同族会社が発行した社債利子の課税強化がある（令和 3 年度税制改正）。社債に関する利子所得が源泉分離課税であることに着目した一種の節税スキームであるが、令和 3 年 4 月 1 日以降、同族会社が発行した社債の利子で、その支払の確定した日（無記名の公社債の利子については、その支払をした日）において対象者又はその対象者と一定の特殊の関係のある法人を判定の基礎となる株主として選定した場合にその公社債の利子の支払をした法人が法人税法 2 条 10 号に規定する同族会社に該当することとなるときにおけるその対象者その他の政令で定める者が支払を受けるものは総合課税の対象となる改正が行われている（措法 3 ①四）（図表 3 － 3 参照）。

　また、その個人及びその親族等が支払を受けるその同族会社が発行した社債の償還金についても総合課税の対象となる。

　課税方式に関する留意点であり、所得区分に関するそれとは異なるが、利子所得に関する重要な改正として押さえておきたい。

■図表３－３　総合課税の対象となる社債利子等の範囲の整備

改正前

○　社債の利子は原則、利子所得として分離課税（20％）とされているが、同族会社の株主は、総合課税（最高 55％）が適用される役員報酬等の分離課税への転換が容易に可能であることから、同族会社の株主が支払を受ける社債の利子については、**総合課税の対象とされている**（平成 25 年度税制改正）。

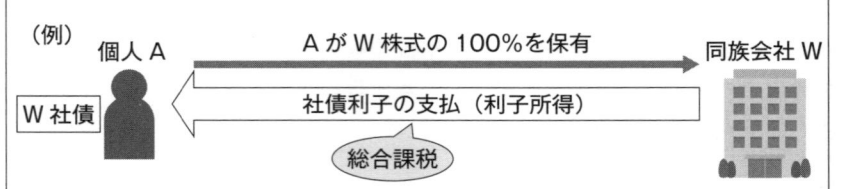

（例）

（注）　同族会社は少数株主による会社支配が可能であり、「本来総合課税が適用されるべき役員報酬等を、社債利子の形で受領することで、分離課税の対象となる利子所得に転換して税負担を軽減する」事例が見られたため、課税の適正化の観点から平成 25 年度税制改正において措置されたもの。具体的には、社債発行会社の社債の利子の支払を受ける株主を判定の基礎とした場合にその社債発行会社が同族会社となるときにおけるその株主等が支払を受けるその社債の利子は総合課税の対象。

改正後

○　個人が同族会社との間に法人を介在させる場合でも、総合課税の対象となる所得の分離課税への転換が容易に可能であることから、このような場合も同様に**総合課税の対象に追加**(注2) する。

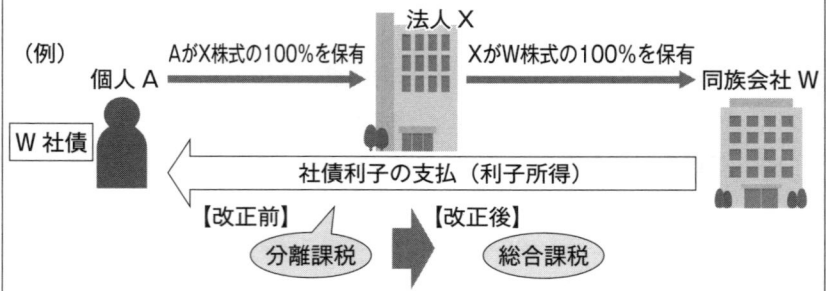

（例）

（注１）　同族会社の判定対象となる株主が法人である場合において、その法人の株主でその法人を支配（50％超の株式保有等）する関係にある個人は、分離課税への転換が容易であることから、総合課税の対象とするもの。

（注２）　当該個人が同族会社から支払を受ける社債の償還差益についても、上記と同様に総合課税の対象とする。

（注）上記の見直しは、令和３年４月１日以後に支払を受けるべき利子及び償還差益について適用する。

（出典）　自由民主党税制調査会資料を一部加工。

第4章
配当所得

I 配当所得の範囲

配当所得とは、次のように「通常の配当所得」と「みなし配当所得」から構成されている。

❶ 通常の配当所得

通常の配当所得とは、会社法の規定（会社法 453、454 他）により、株主や出資者が法人から受ける剰余金や利益の配当、剰余金の分配（出資に係るものに限る）、金銭の分配、基金利息並びに投資信託（公社債投資信託及び公募公社債等運用投資信託以外のもの）及び特定受益証券発行信託の収益の分配等に係る所得をいう（所法 24 ①）。

❷ みなし配当所得

⑴ みなし配当所得のあらまし

みなし配当所得は、会社法上の剰余金の配当には該当しないが、利益剰余金を原資とする株主や出資者への支払（合併、分割型分割、株式分配、資本の払戻し、解散による残余財産の分配・出資の払戻しや退社・脱退による持分の払戻し等）であるという実質を捉え、所得税法上は配当とみなし、株主や出資者の配当所得として取り扱われるものである（所法 25、所令 61）。

⑵ みなし配当所得の具体的な計算例

個人が発行法人に株式を譲渡した場合には、図表 4 − 1 の会計上の譲渡損益と異なり税務上の譲渡損益は、会計上の譲渡対価（45 万円）のうち発行法人の資本金等の額（15 万円）を超える部分（利益積立金部分、30 万円）の金額はみなし配当として所得税の対象となり（30 万円）、みなし配当以外

の部分の金額（資本金等部分、15万円）が譲渡した株式の譲渡対価になるため、株式の譲渡損失（15万円－50万円＝△35万円）が発生することになる。

■図表4－1　みなし配当の計算例

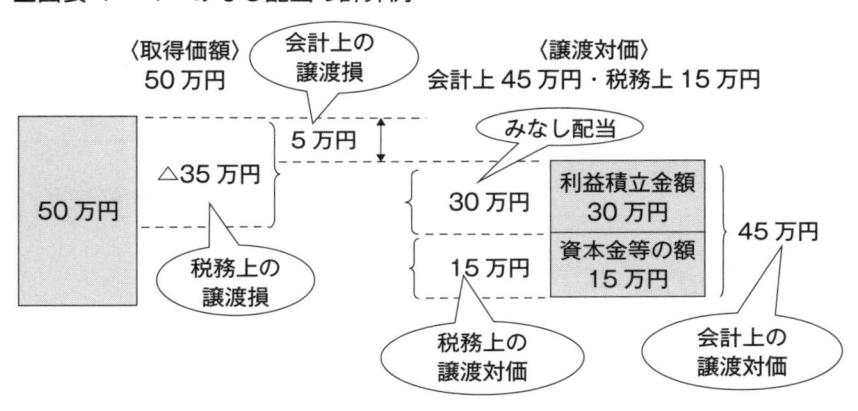

会計処理	（借）現　　　金　450,000　　　（貸）株　　　式　500,000 　　　　譲　渡　損　　50,000
税務処理	（借）現　　　金　450,000　　　（貸）株　　　式　500,000 　　　　譲　渡　損　350,000　　　　　みなし配当　300,000
会計上の 譲渡損益	450,000円（会計上の譲渡対価）－500,000円（取得価額） ＝△50,000円
税務上の 譲渡損益	150,000円（税務上の譲渡対価：資本金等）－500,000円（取得価額）＝△350,000円

Ⅱ　配当所得の金額の計算

❶　配当所得の金額

配当所得の金額は、次のように計算する（所法 24 ②）。

> 配当所得の金額　＝　収入金額（源泉所得税の控除前）
> 　　　　　　　　　－　株式等を取得するための負債の利子

❷　負債の利子

配当所得の収入金額から控除する株式等（株式その他の配当所得を生ずる元本）を取得するために要した負債の利子の額は、次のように計算する（所法 24 ②、所令 59）。

> 配当所得の収入金額から
> 控除する負債利子の額
> 　＝　$\dfrac{\text{負債利子の年額}}{12}$　×　その年中に負債により取得した
> 　　　　　　　　　　　　　　　　株式等を所有していた期間の月数

Ⅲ　収入の時期

配当所得の収入金額の収入すべき時期について、主なものを掲げると、図表 4 － 2 のようになる（所基通 36 － 4）。

区　　分	収　入　の　時　期
①　剰余金の配当・利益の配当・剰余金の分配・金銭の分配・基金利息	その効力を生ずる日（効力を生ずる日が定められていない場合は、社員総会等の決議の日）
②　無記名株式等の剰余金の配当等	支払を受けた日
③　投資信託の収益の分配	・信託期間中のもの ➡ 収益計算期間の満了日 ・信託の終了又は解約 ➡ 終了又は解約の日
④　みなし配当	その効力が生ずる日・設立登記の日・残余財産の分配開始日・自己株式の取得の日等

Ⅳ　配当所得における課税の特例

❶　上場株式等に係る配当所得の申告分離課税の特例

個人が上場株式等の配当等を有する場合において、その上場株式等の配当等に係る配当所得について、申告分離課税の特例の適用を受けようとする旨の記載のある確定申告書を提出したときは、他の所得と区分して、その年中のその上場株式等の配当等に係る配当所得の金額に対し、上場株式等に係る課税配当所得の金額の15.315％相当額の所得税及び復興所得税（他に住民税５％）が課税される（措法８の４①、地法71の28）。

なお、申告分離課税の特例の適用を受ける場合には、次のような制限がある。

(1)　総合課税との選択適用

個人がその年中に支払を受けるべき上場株式等の配当等の配当所得のすべ

てについて、総合課税と申告分離課税のいずれかを選択しなければならない（図表4－3、4－4参照）（措法8の4②）。

(2) 配当控除の不適用

申告分離課税の特例の適用を受けた上場株式等の配当等の配当所得については、下記Ⅴの配当控除（所法92①）が適用されない（図表4－3、4－4参照）（措法8の4①）。

■図表4－3　上場株式等の配当所得に係る所得税の確定申告の有無別による課税態様

	確定申告をする場合		申告不要の場合
	総合課税を選択	申告分離課税を選択	
適用税率	所得税：累進税率 住民税：10％	所得税：15％ 住民税：5％	源泉徴収のみ
配当控除	あ　り	な　し	な　し

（注）　上記の上場株式等の配当には、配当金の支払基準日において内国法人の発行済株式数の3％以上を保有する大口株主のその内国法人に係る上場株式等は除かれ、図表4－4の非上場株式等に含まれる。

■図表4－4　非上場株式等の配当所得に係る所得税の確定申告の有無別による課税態様

	確定申告（総合課税）をする場合		申告不要の場合	
	所得税	住民税	所得税	住民税
少額配当（1回の場合は年10万円以下）	累進税率	10％	源泉徴収のみ	総合課税 10％
上記以外	累進税率	10％	（要申告）	

（注1）　所得税については20％（復興特別所得税と合わせて20.42％）源泉徴収されるが、住民税は源泉徴収されないため、少額配当であるか否かにかかわらず、住民税においては申告が必要であり、他の所得と総合課税される。

（注2）　確定申告する場合には、配当控除の適用はされるが、株式等に係る譲渡損失との損益通算はできない。

❷ 申告不要の特例

　一定の配当等を有する個人は、これらの配当等に係る配当所得の金額を選択により、所得税等の源泉徴収のみで確定申告から除外することができる（図表4-3、4-4参照）（措法8の5、9の2⑤、措令4の3）。

　申告不要制度の特例を適用する場合には、1回に支払を受けるべき配当等の額ごとに申告不要の特例を適用することができる（措法8の5④）。

❸ 上場株式等の配当等に対する源泉徴収税率等の特例

　原則として、配当等について所得税及び復興所得税 20.42％が源泉徴収されることになっているが、上場株式等の配当等（大口株式の配当等を除く）については、所得税及び復興所得税が 15.315％・住民税5％の源泉徴収とされている（図表4-3、4-4参照）（措法9の3一、復興財確法28、地法71の28）。

❹ 相続財産に係る非上場株式を発行会社に譲渡した場合のみなし配当課税の特例

(1) 個人が非上場株式を発行法人に譲渡した場合はみなし配当所得として課税

　個人の株主が、非上場株式を発行法人に譲渡した場合において、その譲渡収入金額のうち資本金等の額を超える部分の金額があるときは、その超える部分の金額は剰余金の配当とみなされ、みなし配当所得としての課税が行われる（所法25）。

　また、発行法人が金銭その他の資産の交付をした場合には、その発行法人は所得税等の源泉徴収を行わなければならない（所法181）。

(2) 相続人の場合におけるみなし配当課税の特例

みなし配当課税の特例とは、相続又は遺贈により財産を取得した個人で、その相続等により納付すべき相続税がある者が、相続開始日の翌日から相続税の申告期限の翌日以後3年以内に、その相続等により取得した非上場株式を発行会社に譲渡した場合には、みなし配当課税が行われないという特例をいう（措法9の7）。

本特例の適用を受ける場合には、株式の譲渡対価として発行会社から交付を受けた金銭の額のうち、その発行会社の資本金等の額を超える部分の金額があっても、その超える部分の金額について、みなし配当課税が行われない（譲渡所得として課税）。

(3) 株式等に係る譲渡所得課税

特例の適用を受ける場合には、発行会社から交付を受ける金銭の全額が株式の譲渡所得に係る収入金額とされ所得税等が課税される。

(4) 特例適用のための手続

特例の適用を受けようとする場合には、その者は「相続財産に係る非上場株式をその発行会社に譲渡した場合のみなし配当課税の特例に関する届出書」を発行会社に提出し、発行会社は譲受日の翌年1月31日までに所轄税務署長に対し、その届出書を提出しなければならない（措令5の2）。

Ⅴ 配当控除

配当控除とは、剰余金の配当等の配当所得があるときに、一定の方法で計算した金額について税額控除を受けることができる仕組みをいう。

❶ 配当控除を受けることができる配当所得

日本国内に本店のある法人から受ける剰余金の配当、利益の配当、剰余金の分配、金銭の分配、証券投資信託の収益の分配等で、確定申告において総合課税の適用を受けた配当所得に限られるため、次のように外国法人から受ける配当等は配当控除の対象にならない（所法92①・③、措法9④）。

① 基金利息
② 私募公社債等運用投資信託等の収益の分配に係る配当等
③ 国外私募公社債等運用投資信託等の配当等
④ 確定申告不要制度を選択したもの
⑤ 申告分離課税制度を選択したもの

❷ 配当控除額の計算

配当控除額を計算する場合の配当所得の金額は、損益通算がされる場合であってもその損益通算前の配当所得の金額を基として計算されるが、配当控除額がその年の所得税額を超えるときは、その所得税額に相当する金額が限度となる（所法92②）。

具体的な配当控除額の計算は、図表4－5に掲げるように課税所得金額等が1,000万円以下である場合や（パターン1）、1,000万円を超過する場合により計算方法が異なる（パターン2～4）。

■図表４－５　配当控除の計算

パターン１　　　　パターン２　　　　パターン３　　　　パターン４

	パターン１	パターン２	パターン３	パターン４
（1,000万円超）		証券投資信託の収益の分配に係る配当所得（A）　2.5%（1.25%）（注3）	証券投資信託の収益の分配に係る配当所得　2.5%（1.25%）（注3）／剰余金の配当等に係る配当所得（B）　5%（注4）	証券投資信託の収益の分配に係る配当所得　2.5%（1.25%）（注3）／剰余金の配当等に係る配当所得　5%（注4）

1,000万円

課税総所得金額等

パターン１	パターン２	パターン３	パターン４
証券投資信託の収益の分配に係る配当所得　5%（2.5%）（注1）／剰余金の配当等に係る配当所得　10%（注2）／配当所得以外の所得	証券投資信託の収益の分配に係る配当所得　5%（2.5%）（注1）／剰余金の配当等に係る配当所得　10%（注2）／配当所得以外の所得	剰余金の配当等に係る配当所得　10%（注2）／配当所得以外の所得	配当所得以外の所得

（注１～４）　2.5%、5%及び10%は、配当所得に乗ずる配当控除の割合を示す。なお、カッコ内は外貨建等証券投資信託の収益の分配に係る配当所得に乗ずる配当控除の割合を示す。
（出典）国税庁タックスアンサーNo.1250

VI　配当所得と不動産所得の所得区分が争われた裁判例

●米国 LLC から生じた損益の帰属と分配金の所得区分が争われた裁判例
・さいたま地裁平成 19 年 5 月 16 日判決（平 17（行ウ）3）棄却・控訴
・東京高裁平成 19 年 10 月 10 日判決（平 19（行コ）212）棄却・確定

❶　事案のあらまし

　本件は、原告・控訴人（以下「原告等」という）が、米国ニューヨーク州に設立された LLC が行った不動産賃貸業に係る収支及び本件 LLC 名義の預金利息収入を原告等の不動産所得及び雑所得として確定申告を行ったことに対し、被告・被控訴人（国。以下「被告等」という）が、本件 LLC が行う不動産賃貸業によって生じた損益は法人に帰属するもので、原告等の課税所得には含まれないとし、かつ本件 LLC が原告等に対して送金した分配金は原告等の配当所得に該当するとして、更正処分等をしたため、その適否が争われた事例である。

　東京高裁は、一審のさいたま地裁に引き続き被告等の主張を支持し、原告等の控訴を棄却する判決を行った。

配当所得

(1)　本件 LLC は日本の租税法上の「法人」と認定

　我が国の租税法上の「法人」に該当するかどうかは、私法上、法人格を有するか否かによって基本的に決定されていると解するのが相当である。外国の法令に準拠して設立された社団等の法人格の有無の判定においては、基本的には当該外国の法令等の内容や団体の実質に従って判断するのが相当であり、本件 LLC は、米国ニューヨーク州法上法人格を有する団体であり、我が国の租税法上の「法人」に該当するのが相当である。

(2)　配当所得に該当する

　本件 LLC において、不動産賃貸業の賃貸ビルの市場価額が増加して生じた含み益や、不動産賃貸業により生じた利益による剰余資金をその出資者である原告等に利益の配分として分配したものと認めるのが相当である。したがって、本件分配金については、本件 LLC が原告等の出資者である地位に基づいて供与した経済的利益であり、分配金は配当所得に該当する。

❷ 事案の概要

　原告等は、米国ニューヨーク州法に基づき組成されたA・Limited Liability Company（以下「本件 LLC」という）の行った不動産賃貸業に係る収支及び本件 LLC 名義の預金利息収入を原告等の不動産所得及び雑所得として確定申告を行った。これに対し、被告等は、本件 LLC が行う不動産賃貸業により生じた損益は、法人に帰属するもので原告等の課税所得に含まれないとしてこれを是正し、また、本件 LLC から受け取った分配金は原告等の配当所得に該当するなどとして、更正処分等を行った。

　原告等は、本件 LLC は我が国の租税法上の法人に該当せず、また、本件分配金の一部は出資の払戻しであり、配当所得に該当しないから、更正処分等が違法であるとしてその取消しを求めた事案である。

❸ 争　　点

争点1　本件 LLC は、我が国の租税法上の「法人」に該当するか。
　　　　米国ニューヨーク州の LLC 法に基づき設立された本件 LLC が、米国では構成員課税を受けており、法人課税を受けていなかったが、我が国の租税法上の「法人」に該当するか。

争点2　本件分配金は、配当所得に該当するか。
　　　　本件 LLC から原告等に送金された分配金が、不動産所得、雑所得、配当所得のどの所得区分に該当するか。

❹ 争点に関する当事者の主張

　原告等（納税者）及び被告等（国）の主張は、次のとおりである。

原告等の主張	被告等の主張

争点1

(1) 本件 LLC の法的な位置付け

　LLC は、パートナーシップ形態で事業を行うので、事業の構成員が無限責任を負うことになるから、構成員を負担から解放して小規模組織の事業活動の活成化を図るために認められた事業形態であり、そもそも組合的な色彩の強い事業形態である。

　NYLLC 法（ニューヨーク州におけるリミテッド・ライアビリティー・カンパニー法：以下「NYLLC 法」）は、その定義規定において、LLC を非法人組織と位置付け、LLC が法人ではないことを明確にしている。

(2) 米国での課税方法の選択

　米国の税法上、LLC は、その持分が公に取引されている場合を除き、法人課税又はパートナーシップ課税のいずれかを任意に選択することができるところ（チェック・ザ・ボックス規制）、本件 LLC は、米国内において、当初よりパートナーシップとして課税されることを選択して納税している。

(3) 米国と日本の法制度上の比較

　本件 LLC を我が国における法制度上の組織と比較すると①有限責任制、②構成員による内部自治原則、③構成員（パス・スルー）課税のいずれも採用している点で、本件 LLC は、日本版 LLC とされる合同会社ではなく、むしろ我が国における有限責任事業組合に相当するものであり、我が国租税法上の法人に該当するとはいえない。

争点1

(1) 我が国の法人の定義

　所得税法及び法人税法において、法人について明確な定義付けをした規定はない。租税法上定義を置いていない用語については、別意に解すべきことが租税法規の明文又はその趣旨から明らかな場合は別として、それを私法上におけるのと同じ意義に解するべきところ、我が国の私法上、法人とは「自然人以外のもので、法律上、権利義務の主体たりうるもの」、すなわち、権利を有し、義務を負う能力を法律上有しているものをいうと解される。

　国際私法上、外国の法律によって設立された事業体について、その設立準拠法の下で与えられた法人格は、我が国においても承認されると解されるところ、外国の法律によって設立され、当該設立準拠法の下で法人格を与えられた事業体は、我が国の私法上（租税法上）の外国法人に該当すると解される。

(2) NYLLC 法の規定

　基本定款に特段の定めがない限り、かつ、本法に制限がある場合にはそのような制限とこの州の他の法律に従うことを条件として、LLC は以下のことを行うことができる。

①その名において、訴訟手続等の当事者となること、②不動産、動産、株式等の財産の取引をすることや売却、処分すること、③保証契約等の締結、資金の借入れ、営業特許や利益を抵当に入れること

(3) 英米法上の法人格の要件

　英米法上において法人格を有する団体の要件には、①訴訟当事者になるこ

と、②その名において財産を取得し処分すること、③その名において契約を締結することなどがある。

本件 LLC は、英米法上の法人格の要件である上記の要件を具備していることから、我が国の租税法上の「法人」に該当する。

(1) 出資金の払戻し

本件 LLC が我が国租税法上の法人に該当するとしても、本件 LLC が平成 10 年に原告等に対し分配した 25 万ドルのうち、約 21 万ドルは原告等の本件 LLC に対する出資金の払戻しであり、配当所得となるのは約 4 万ドルにすぎない。

(2) NYLLC 法上の出資金の払戻し

NYLLC 法は、出資金の払戻しについては、明文規定を置いていない。しかしながら、①出資金の拠出については構成員間で締結するオペーレーティング契約の自由に広く委ねていること、②分配金の制限や構成員の債権者の権利に関する規定以外に債権者保護のための定めは特になく、最低資本金制度も存在しないのであって、構成員が出資金を払い戻すこと自体は同法に抵触するものではないこと、③ LLC 解散時における資産の分配について、構成員に対し、今まで返還されていない範囲で、出資金の返還として分配する旨規定するなど、LLC の解散の前に出資金の払戻しがされることを前提とした規定を置いていることからすると、LLC においては、オペーレーティング契約に従って又は構成員全員の承諾によって、適宜出資金の払戻しを行うことは可能であると考えられる。

争点2

(1) 配当所得となるもの

所得税法は、配当所得について、法人から受ける利益の配当、剰余金の分配等に係る所得と規定している。そして、株主に対しその株主である地位に基づいて供与した経済的な利益であれば配当所得となるものと解される（最高裁昭和 43 年 11 月 13 日判決）。

また、配当は必ずしも商法の規定に従って適法になされたものにかぎらず、商法が規制の対象とし、商法の見地からは不適当とされる配当のようなものも、所得税法上の利益配当のうちに含まれるものと解すべきである（最高裁昭和 35 年 10 月 7 日判決）。

法人からの分配金が配当所得に該当するか否かは、それが出資者の地位に基づいて供与した経済的な利益と認められるか否かにより判断されるものである。

(2) 分配金

本件借入金の担保とされる本件賃貸ビルの市場価額（370 万ドル）が、非遡求型の借入れである本件借入金の金額（240 万ドル）を超える部分（130 万ドル）が、本件 LLC において分配可能となることを根拠に、原告等に対して分配されたものと考えられる。また、本件賃貸ビルは、平成 3 年の購入時に約 140 万ドルであったものが、平成 10 年の本件借入金の借入時には、370 万ドルで評価され、当該ビル

	には、含み益が約230万ドル生じており、本件分配金は、その利益を観念した上で分配されたものとみることもできる。 　本件分配金は、出資者である原告に対して、出資者たる地位に基づいて供与された経済的利益といえ、所得税法上の配当所得に該当する。

❺　争点に対する判断

　上記の 争点1 及び 争点2 に関する原告等の主張は、次のとおりいずれも理由がないから棄却する。

争点1

(1)　法人の定義

①　租税法上の法人の定義

　所得税法2条及び法人税法2条は、内国法人を国内に本店又は主たる事務所を有する法人と定義し、外国法人を内国法人以外の法人と定義しているが、我が国の租税法上、法人そのものについて定義した規定はない。

②　法人の納税義務

　納税義務は、各種の経済活動ないし経済現象から生じてくるのであるが、それらの活動ないし現象は、第一次的には私法によって規律されている。したがって、租税法がそれらを課税要件規定の中に取り込むに当たって、私法上におけるものと同じ概念を用いている場合には、別の意義に解すべきことが租税法規の明文又はその趣旨から明らかな場合は別として、それを私法上におけるものと同じ意義に解するのが、法的安定に資する。租税法上の法人は、民法、会社法といった私法上の概念を借用し、これと同義に解するのが相当である。したがって、例えば、会社法上すべての「会社」が法人である以上、そのすべてが法人税の納税義務を負うことと考えられ、その中には、

持分会社である合名会社、合資会社や合同会社も含まれるし、その他、個別の立法において法人格を与えられているあらゆる法人（公共法人を除く）が何らかの形で法人税の納税義務を負うことになる。つまり、我が国の租税法上、「法人」に該当するかどうかは、私法上、法人格を有するか否かによって基本的に決定されていると解するのが相当である。

③　外国法人等の法人格

外国の法令に準拠して設立された社団や財団の法人格の有無の判定に当たっては、基本的に当該外国の法令の内容と団体の実質に従って判断するのが相当であり、本件 LLC は、米国ニューヨーク州法（NYLLC 法）に準拠して設立され、その事業の本拠を同州に置いているのであるから、本件 LLC の実質に基づき判断するのが相当である。

(2)　実質に基づく判断

英米法における法人格を有する団体の要素には、主に下記の 4 点が挙げられる。

①　訴訟当事者になること

NYLLC 法に基づき設立された LLC は、その名において訴訟手続等の当事者となることができる。

②　法人の名において財産を取得し処分すること

不動産や動産を取得したり、その財産又は資産の全部又は一部を処分したりすることができることが認められている。

③　法人の名において契約を締結すること

当該 LLC は、証券に係る取引、種々の契約の締結に加えて、NYLLC 法に規定される行為を行う広範な権能を有していることが認められる。

④　法人印を使用することなどが含まれること

法人印については、NYLLC 法上も、本件オペレーティング契約上も、明文の規定はなく、本件 LLC の作成した契約書等をみても、本件 LLC が会社印を使用している状況は窺われない。しかし、法人印は、米国においても当該印を使用する法人がその名において行為をする際、その同一性を示し、対外的な信用性を高めるために用いられるものであると思われ、本件 LLC は、

契約書等においてLLCの名で行為をしているのであるから、本件LLCが
LLC印を使用している状況が窺われないとしても、そのことは、本件LLC
の法人性を否定する事情とはならない。

(1)　所得税法上の配当所得

　所得税法上、配当所得とは、法人から受ける剰余金の配当（株式又は出資
に係るものに限るものとし、資本剰余金の額の減少に伴うもの等によるもの
を除く）、利益の配当、剰余金の分配（出資に係るものに限る）等に係る所
得等をいう。そして、会社からの分配は、会社の正式な決算手続に基づき利
益が分配されたものでなくても、実質的にみてそれが出資者が出資者である
地位に基づいて受ける利益の配分とみられる限りにおいて、配当所得となる
ものと解される（最高裁昭和43年11月13日判決・民集22巻12号2449頁
参照）。

(2)　配当所得に該当するかの検討

①　前提事実関係による検討

(イ)　本件賃貸ビルの価額

ⓐ　本件賃貸ビルは、平成3年の購入時に約140万ドルであったもの
が、平成10年の本件借入金の借入時には370万ドルで評価され、購
入時以降、本件賃貸ビルが減価償却していることを考慮すると、上記
借入時には、230万ドル以上の含み益が生じていたこと、

ⓑ　本件LLCは、本件各係争年分の利益として、約21万ドルの利益を
計上したことが認められる。

(ロ)　LLCの分配金

　NYLLC法は、LLCの分配金に対する制限規定を設け、その債権者の保
護を図っているところ、同規定によれば、LLCは、当該分配時において、
当該LLCの全資産の公正市場価額が全負債を超える範囲において、構成
員に対する分配ができること（ただし、ある負債について、債権者の遡求

権が特定の財産に限定されている場合等には、当該財産の公正市場価額が、当該負債を超える部分について LLC の資産に含まれる）が認められる。この規定によれば、非遡求型の負債である本件借入金の担保とされる本件賃貸ビルの市場価額（370 万ドル）が、本件借入金（240 万ドル）を超える範囲（130 万ドル）については、本件 LLC において、構成員に分配することが可能な額となることが認められる。そして本件 LLC は合計154 万ドルの分配をしていることが認められる。

また、本件分配金は、いずれも原告の管理する銀行口座に入金され、原告の資産として運用されていることが認められる。

さらに、本件借入金はいわゆる非遡求型の融資であり、本件 LLC が債務不履行をしても、本件賃貸ビル以外の財産からこれが回収されることはないのであるから、原告が本件分配金を確定的に入手したと評価することも可能である。本件記録によれば、原告において、本件分配金の各分配以降、本件 LLC に対し出資金を追加拠出するようなことはなかったことが認められる。

(ハ)　LLC の税務申告

本件 LLC の米国における税務申告書においても、本件分配金はいずれも単に分配と記載され、出資金の払戻しと記載されるとか出資金の拠出が負の計上とされるなど、当該支出が法的に出資金の払戻しであることを明確にした記載はない。

(ニ)　出資金の払戻し

本件分配金が法的に出資金の払戻しであることを明確にした証拠はない。米国弁護士の意見書によれば、パス・スルー方式を選択した LLC は、米国内においては、原則として構成員に対し非課税で資金を分配することができることから、LLC の構成員は、税務上、それが利益の分配に当たるか、出資金の払戻しに当たるかを基本的に考慮することなく、LLC から出資金の分配を受けることが可能であると認められる。

原告等は、本件 LLC が日本においても税務上パス・スルー方式の課税を受けることを前提として、原告等に対する分配が利益の分配であるのか、出資金の払戻しであるのかをさほど意識することなく、本件 LLC に

資金の分配をさせていたことが窺われる。

② 総合的判断

本件分配金は、これを実質的にみると、本件 LLC において、本件賃貸ビルの市場価額が増加し含み益が生じたことや、不動産賃貸業による利益が計上されたことを背景に、剰余資金をその出資者である原告等に利益の配分として分配したものと認めるのが相当である。

したがって、本件分配金については、本件ＬＬＣが原告等の出資者である地位に基づいて供与した経済的な利益であり、原告の配当所得に該当する。

Ⅶ 配当所得と相続税の二重課税かが争われた裁判例

●死亡脱退組合員への持分払戻金に対する課税は所得税（配当所得）と相続税の二重課税に該当するか否か等が争われた裁判例
・東京地裁平成 20 年 7 月 15 日判決（平 19（行ウ）277）棄却・控訴
・東京高裁平成 20 年 11 月 27 日判決（平 20（行コ）285）棄却・確定

❶ 事案のあらまし

本件は、原告（A事業協同組合）の組合員の死亡脱退により、死亡した組合員の相続人が支払を受ける持分払戻金は、死亡退職金と同様に所得税を課税せず相続税のみを課税する相続財産として取り扱われるべきであるから、被告（国（処分行政庁：麹町税務署長））が当該持分払戻金のうち、出資超過払戻額についてみなし配当であるとして行った源泉所得税の納税告知処分及び不納付加算税の賦課決定処分を取り消すべきである旨主張した事案である。

東京地裁は、本件について次の(1)、(2)により被告の主張を認める判断を行った。

(1) 持分払戻金のうち出資払戻超過額はみなし配当に当たる

本件の持分払戻金は、組合員が死亡によって原告を脱退し出資持分の払戻金として支払われたものと認められるが、死亡による脱退であっても社内に蓄積された利益積立金が払戻しにより社外に流出するという点では他の脱退の場合と同じであり、持分払戻金のうち出資超過払戻額は、「みなし配当」に当たると認めるのが相当である。

(2) 二重課税に当たらない

原告の定款には、組合員が脱退したときは組合の財産について、その出資口数に応じて算定した金額を限度として払い戻すものとする旨を定めていることから、組合員の死亡時において、組合員は組合を脱退し出資持分に係る払戻しを受けることが確定するため、その時点において持分払戻金の払戻請求権が発生したと解するのが相当であるから、持分払戻金は出資者である組合員に帰属すると認めるのが相当である。

なお、死亡退職金は、その給付が退職金の支給規程に基づいて支給されるもので、いったん被相続人に帰属した後に相続人に相続されるというものではなく、直接受給者に帰属する財産であると解されるところ、払戻請求権は組合員の出資持分が組合員の死亡によって払戻請求権に転化し、いったん組合員に帰属した後に組合員の遺産として相続人に承継されたものと認められ、死亡退職金の場合と同様に直接相続人に帰属すると解することはできない。

❷　事案の概要

本件は、中小企業等協同組合法に基づく事業協同組合である原告が、組合員の死亡脱退に係る持分払戻金のうち組合員の出資金を超える部分が所得税法25条に定めるみなし配当に当たるとして、配当所得に係る源泉所得税の

納税告知処分及び不納付加算税の賦課決定処分を受けたことから、上記払戻金は組合員の死亡後確定するものであって組合員に帰属するものではないから、組合員の所得に係る所得税の課税の対象とならないなどとして、被告にそれらの取消しを求めた事案である。

❸　争　　点

争点1　出資超過払戻額は死亡脱退組合員の所得（みなし配当）となるか。
事業協同組合の組合員の死亡による脱退に伴う持分の払戻請求権は、死亡した組合員に帰属し、その出資額を超過した払戻額は死亡した組合員の所得となるか。

争点2　死亡脱退に伴う持分払戻請求権は相続税のみを課税すべきか。
事業協同組合の組合員の死亡による脱退に伴う持分払戻請求権は、相続税法3条1項2号及び相続税法基本通達が定める、死亡後3年以内に支払われる退職手当金等と同様に相続税のみを課し所得税は課されないと解すべきか。

❹　争点に関する当事者の主張

原告等（納税者）及び被告等（国）の主張は、次のとおりである。

原告等の主張	被告等の主張
争点1 (1)　死亡脱退組合員の払戻請求権は相続人固有の権利 　そもそも死亡により成立する権利が、死亡した者にいったん帰属することはあり得ない。 　原告の定款においては、その11条により組合員が死亡した場合は、相続人が死亡した組合員の地位を承継することができ、相続人が組合員の地位を承継しない選択をして初めて脱退の効	**争点1** (1)　払戻請求権は死亡日に確定・実現した死亡脱退組合員の所得 　事業協同組合の出資者である組合員は、中小企業等協同組合法19条1項2号により死亡によって脱退し、同法20条1項により組合員は死亡により脱退したときは定款の定めるところによりその持分の全部又は一部の払戻しを請求することができるとされているから、死亡によって脱退した者の持分

力が生じるのであるから、払戻請求権は相続人固有の権利であり死亡した組合員の所得とはならない。

(2) 組合員死亡時には具体的な払戻請求権の額が発生していない

中小企業等協同組合法20条1項は、定款の定めるところにより、その持分の全部又は一部の払戻しを請求することができる旨を規定し、原告の定款の14条においても、持分払戻額はあくまで上限額が定められているだけであって、本件において、組合員死亡脱退時には具体的な払戻請求権が発生しておらず、平成15年5月30日の総会決議により初めて具体的な払戻請求権が確定したのであるから、その時点において死亡した組合員は権利帰属主体たり得ず、死亡した組合員の所得として観念することは不可能である。

(3) 「権利確定主義」から死亡時に未確定の持分払戻請求権は死亡した組合員に帰属しない

中小企業等協同組合法20条2項によれば、持分払戻請求権は脱退後の事業年度の末日を基準として定められるものであり、また同法18条において自由脱退においても事業年度が終了するまで持分払戻請求権を取得・行使することができないとされていることからすれば、死亡脱退の場合も死亡した年の事業年度が終了するまでは持分払戻請求権は発生も確定もしていないのであり、所得税法36条1項の「権利確定主義」の考え方からも、死亡時に未だ確定していない持分払戻請求権が、死亡脱退した組合員に帰属することは考えられない。

の払戻請求権は、組合員の脱退の事実があった日すなわち死亡の日に確定し、その日に組合員の所得が実現することとなる。

(2) 組合員死亡脱退時に払戻請求権の額が未確定でも払戻請求権は脱退時に発生している

持分の払戻請求権の額が、組合員が脱退した事業年度の終わりにおける組合財産によって定められるとしても、そのことは、持分の払戻請求権の額に未確定要素があるために行使できない状態にあるというにすぎず、死亡した組合員の納税義務を承継した相続人は、払い戻される額を見積もって準確定申告を行い、後に金額が具体的に確定すれば更正の請求（通則法23①）をし、組合も同様に払い戻される額を見積もって源泉徴収を行い、後に金額が具体的に確定すれば過誤納金還付請求（通則法56）等で対応すればよいのであり、持分の払戻請求権が脱退の時に発生すると解することの妨げとなるものではない。

(3) 「権利確定主義」は年度帰属の問題であり権利が誰に帰属するかという問題ではない

所得税法36条1項のいわゆる権利確定主義は、当該所得が、1つの権利義務の主体のどの年の所得として認識されるかという年度帰属の問題であり、権利が誰に帰属するかという問題ではないところ、組合員が死亡により脱退すれば組合員に当然に払戻請求権が発生し帰属することになるから、この払戻請求権は組合員の死亡の時点で当該組合員のその年の所得として確定するというべきである。

争点2	争点2
出資持分の払戻しは、組合員が生前組合活動に貢献してきた代償としての死亡退職金や賞与等に類似する性格を持つから、相続税法3条1項2号が被相続人の死亡による退職手当金・功労金その他これらに準ずる給与で被相続人の死亡後3年以内に支給が確定したものを相続により取得したものとみなし、また、相続税法基本通達3－32、3－33が、被相続人の死亡後に確定した賞与や相続開始時に支給期が到来していない俸給・給料等は、相続財産であるとして、所得税を課税せず相続税のみを課税するとしているのであるから、死亡後3年以内の支給が確定した死亡退職金・賞与や支給期が到来していない給料等と同様に相続財産として取り扱われるべきであって、所得税を課すべきではない。	そもそも出資持分の払戻金は、死亡した者の勤務に係るものではなく、むしろ、出資持分払戻金のうち出資金超過額は剰余金の分配額とみなされるものであって、原告が主張する退職手当金・功労金等や賞与・給料等とは性質を異にするから、原告主張の相続税法や基本通達等が適用されることにはならず、所得税が課税されないこととはならない。

❺　争点に対する判断

　上記の 争点1 及び 争点2 に関する被告の主張は、次のとおりいずれも理由があり、本件各処分を違法とすべき理由はなく、これらはいずれも適法である。

争点1

(1)　払戻請求権は死亡日に確定・実現した死亡脱退組合員の所得

①　持分払戻請求権が組合員の相続人に発生することをうかがわせる規定はない

　中小企業等協同組合法19条1項や同法20条1号の規定によれば、組合員が死亡した場合には、当該組合員は当然に組合から脱退するとともに、その持分の払戻請求権を取得することを定めたものと解するのが自然である一

方、中小企業等協同組合法の他の規定をみても、持分払戻請求権が組合員の死亡等による脱退の時点ではなく、それよりも後の時点で発生することをうかがわせる規定や、持分払戻請求権が死亡した組合員ではなくその相続人に発生することをうかがわせる規定は何ら存在しない。

② 持分払戻請求権は死亡脱退した組合員にいったん帰属すると解すべき

これに対し原告は、死亡により成立する権利が死亡した者にいったん帰属することはあり得ない旨を主張するが、持分払戻請求権は組合員の死亡によって発生する権利であって、およそ死亡によって組合員にいったん帰属することが法律上あり得ないということはできない上、実質的にみても持分払戻請求権は組合員が有していた持分がいわば金銭に転化したものであって同一性が認められるから、持分払戻請求権が死亡した組合員にいったん帰属すると解すべきことには合理性が認められるのであって、この点について原告の主張は採用の限りでない。

③ 払戻請求権は相続人固有の権利とは認められない

また、原告は、原告の定款 11 条により組合員が死亡した場合、相続人は死亡した組合員の地位を承継することができ、相続人が組合員の地位を承継しない選択をして初めて脱退の効力が生じるのであるから、払戻請求権は相続人固有の権利である旨を主張するが、原告の定款 11 条は、死亡した組合員の相続人で組合員たる資格を有する者の 1 人が相続開始後 30 日以内に加入の申出をしたときは、「相続開始の時に組合員になったものとみなす」旨の規定であり、その規定ぶりからも明らかなように、中小企業等協同組合法 19 条 1 項 2 号の規定により組合員の死亡によっていったん脱退の効果が生じることを前提とした上で、組合員である相続人が被相続人たる組合員の死亡後に加入の申出をした場合に、遡ってその相続人が相続開始の時に組合員となったと「みなす」にすぎず、原告の主張するように組合員たる相続人が加入の申出をしなかったときにはじめて死亡した組合員の脱退の効力が生じたり、持分の払戻請求権が発生することを定めた規定であると解することは到底できないから、この点についての原告の主張も理由がない。

(2) 組合員死亡脱退時に払戻請求権の額が未確定でも払戻請求権は脱退時に発生している

　原告は、原告の定款は持分払戻額の上限額を定めただけであって、平成15年5月30日の総会決議により初めて具体的な払戻請求権が確定したのであり、その時点において死亡した組合員は権利帰属主体たり得ないから、死亡した組合員の所得として観念することは不可能である旨を主張するが、原告の定款が持分払戻請求権の上限額を定めたものであるとしても、総会決議により持分払戻請求権をまったく剥奪したり限度額を下回るものとすることは許されないと解すべきであって脱退者がその持分払戻請求権を取得すると解すべきであるから、原告の上記主張も理由がないというべきである。

(3) 「権利確定主義」は年度帰属の問題である

　原告は、持分払戻請求権は少なくとも事業年度が終了するまでは確定せず法律上行使することは不可能であるから、所得税法36条1項のいういわゆる「権利確定主義」の「確定」の要件を満たしていないと主張するが、そもそも権利確定主義は当該所得が1つの権利義務の主体のどの年の所得として認識されるべきであるかという所得の年度帰属の問題であるところ、組合員の死亡脱退に伴う持分払戻請求権は組合員の死亡によって組合員の所得として発生するのであって、組合員が死亡した年の所得として認識されることになることは明らかであり、また、実質的にも死亡した組合員の納税義務を承継した相続人は払い戻される額を見積もって準確定申告を行い、後に金額が具体的に確定すれば更正の請求（通則法23①）をし、組合も同様に払い戻される額を見積もって源泉徴収を行い、後に金額が具体的に確定すれば過誤納金還付請求（通則法56）等で対応すれば済む。

　したがって、原告において、組合員の死亡による脱退に伴う持分の払戻請求権は組合員が死亡した時点で確定的に発生し死亡した組合員に帰属するというべきであるから、その出資超過払戻額は死亡した組合員の所得となるというべきであって、争点1 に関する被告の主張は理由がある。

⑴　死亡退職手当金等には相続税が課税されても所得税は課税されない

　相続税法3条1項2号は、被相続人の死亡により相続人その他の者が当該被相続人に支給されるべきであった退職手当金・功労金その他これらに準ずる給与で被相続人の死亡後3年以内に支給が確定したものの支給を受けた場合においては、当該給与の支給を受けた者について当該給与を相続又は遺贈により取得したものとみなす旨定め、所得税法9条1項15号はこのようなみなし相続財産につき所得税を課さないものと規定している。

　また、相続税法基本通達3－32、3－33は、被相続人の死亡後に確定した賞与や相続開始時に支給期が到来していない俸給・給料等は相続財産であるとして、所得税を課税せず相続税のみ課税するとしている。

⑵　払戻請求権は死亡退職手当金等と同一に扱われない

　しかしながら、中小企業等協同組合法の定めの下での組合員の持分あるいはその払戻請求権が、上記⑴の所得税法又は相続税法基本通達にいう退職手当金・功労金及びこれらに準ずる給与あるいは賞与・俸給又は給与等に直接に該当すると解することはできず、原告の主張はそもそも租税法律主義の点からも疑問があることはもとより、組合員の持分あるいはその払戻請求権は、いわば組合の純資産に対して組合員が当然に持つべき「分け前」であり、組合員の基本的な権利として位置づけられる性質を有するものであって、実質的にみても、これを雇用契約等から生じる退職手当金・賞与・給与等と同一に扱うべき理由はない。

　したがって、争点2に関する被告の主張も理由がある。

Ⅷ　所得区分の判断ポイント

❶　Ⅵの裁判例

(1)　法人の該当性

　本件 LLC が、我が国の私法上「法人」に該当する場合は、法人からの分配金は配当所得となり、法人に該当しない場合はパス・スルー課税の対象として、不動産貸付けによる収入は不動産所得に該当することとなり、法人に該当するか否かが所得区分を行う上で重要な判断基準となる。

　一審判決では、我が国の租税法上「法人」に該当するかどうかは、私法上の法人格を有するか否かによって基本的には決定されていると解するのが相当であるとしている。

　本件 LLC は、NYLLC 法上、法人格を有する団体として規定されており、自然人とは異なる人格を認められた上で、実際に自己の名において契約を締結し、その収益や資産を管理し、自らの名において抵当権を設定するなど、原告等から独立した法的実在として存在していることが認められると判示して、本件 LLC が我が国租税法上の「法人」に該当するとしている。

(2)　国税庁質疑応答事例

　国税庁は、今回の裁判内容を踏まえ、国税庁質疑応答事例に「米国 LLC に係る税務上の取扱い」を公表しているため紹介する。

◆国税庁質疑応答事例

米国 LLC に係る税務上の取扱い

【照会要旨】

　米国のリミテッド・ライアビリティー・カンパニー（LLC:Limited Liability

Company）は、米国各州が制定する LLC 法（Limited Liability Company Act）に基づいて設立される事業体です。LLC 法は、1977 年に米国ワイオミング州で制定されたのを皮切りに、現在では全米の各州（50 州）及びコロンビア特別区において制定されています。

　LLC は法人（Corporation）に似かよった性質を有していますが、米国の税務上は、事業体（LLC）ごとに、法人課税を受けるか又はその出資者（メンバー）を納税主体とするいわゆるパス・スルー課税を受けるかの選択が認められています。

　米国の税務上、法人課税を選択した LLC 又はパス・スルー課税を選択した LLC は、我が国の税務上、外国法人に該当するものとして課税関係を考えることになるのでしょうか。

【回答要旨】

　LLC 法に準拠して設立された米国 LLC については、以下のことを踏まえると、原則的には我が国の私法上、外国法人に該当するものとして取り扱われます。

① 　LLC は、商行為をなす目的で米国の各州の LLC 法に準拠して設立された事業体であること。

② 　事業体の設立に伴いその商号等の登録（登記）等が行われること。

③ 　事業体自らが訴訟の当事者等になれるといった法的主体となることが認められていること。

④ 　統一 LLC 法においては、「LLC は構成員（member）と別個の法的主体（a legal entity）である。」、「LLC は事業活動を行うための必要かつ十分な、個人と同等の権利能力を有する。」と規定されていること。

　したがって、LLC が米国の税務上、法人課税又はパス・スルー課税のいずれの選択を行ったかにかかわらず、原則的には我が国の税務上、「外国法人（内国法人以外の法人）」として取り扱うのが相当です。

　ただし、米国の LLC 法は個別の州において独自に制定され、その規定振りは個々に異なることから、個々の LLC が外国法人に該当するか否かの判断は、個々の LLC 法の規定等に照らして、個別に判断する必要があります。

（参　考）

　ニューヨーク州の LLC の法人該当性に関するさいたま地判平成 19 年 5 月 16 日及びその控訴審判決東京高判平成 19 年 10 月 10 日では、「本件 LLC は、ニューヨーク州の LLC 法上、法人格を有する団体として規定されており、自

然人とは異なる人格を認められた上で、実際、自己の名において契約をするなど、パートナーからは独立した法的実在として存在しているから、本件 LLC は、米国ニューヨーク州法上法人格を有する団体であり、我が国の私法上（租税法上）の法人に該当すると解するのが相当である」とされています。

(3) 配当所得の該当性

配当所得

　本件 LLC が、我が国の私法上の「法人」に該当することとなると、本件 LLC から送金を受けた分配金が、所得税法上の所得に該当するか否か、また所得に該当することとなった場合の所得区分が問題となる。

　本件一審判決においても最高裁昭和 43 年 11 月 13 日大法廷判決・民集 22 巻 12 号 2449 頁を引用し、会社からの分配は、会社の正式な決算手続に基づき利益が分配されたものでなくても、実質的にみてそれが、出資者である地位に基づいて受ける利益の配分とみられる限りにおいて、配当所得となるものと解されるとしている。

　また、外形的にみても、本件はビルの値上がり益が出ており、その利益を分配した様相を呈しており、その金銭の分配が出資の戻りであることの明らかな証拠はみられず、出資の戻りの後に追加出資の事実もないことから、出資の戻りとすることには無理があるとしている。

(4) 本判決について

① 法人の該当性

　本判決は、米国においてパス・スルー形態（構成員課税）を選択していたとしても、我が国において米国と同様にパス・スルー形態（構成員課税）が行われるか否かが主に争われているが、上記(2)の国税庁質疑応答事例において、米国における課税方法が、我が国でもそのまま採用されることはないということであり、米国での税務上の取扱いと日本での税務上の取扱いに差異がある点について留意する必要がある。

　また、原則的には、米国の LLC は我が国の税務上の外国法人に該当するとしているが、米国の LLC 法は個別の州において独自に制定され、その規

定振りは個々に異なることから、個々の LLC が外国法人に該当するか否か
の判断は、個々の LLC 法の規定等に照らして、個別に判断する必要がある
としている点にも留意する必要がある。

② 配当所得の該当性

配当所得と他の所得区分で争われた裁判例は、今回調べた限りにおいては
事例が少ないように思われる。

今回の裁判においても、所得区分が争点として挙げられているが、争点の
中心は、法人に該当するかどうかであり、法人に該当することになると、法
人からの分配金が出資の払戻しか、配当に該当するかという論点になり、配
当所得以外の所得に該当するなどの論点はあまり議論されていない。

また、所有している不動産に含み益があり、米国における税務申告上も出
資金の戻りと明確な記載がないことを理由に、配当所得と判示されている。
この点、当該税務申告において出資金の戻り等であることの明確な記載があ
れば、その部分は配当所得として課税されなかった旨、判示されることが望
ましかったと考える。

❷ Ⅶの裁判例

(1) 税理士法人の出資承継における東京国税局への確認事項

東京税理士会調査研究部が令和 5 年 6 月 14 日に、令和 4 年 4 月 12 日付会
長諮問事項「税理士法人の出資の評価について」に対する検討結果を足達信
一会長に答申している。

その答申内容の「税理士法人」は、事案の「事業協同組合」に置き換えた
場合にも当てはまることから、以下において答申の一部（(4)税理士法人の出
資承継における東京国税局への確認事項）を抜粋して紹介する。

> ### (4) 税理士法人の出資承継における東京国税局への確認事項
> 税理士法人の出資承継について東京国税局に②照会内容（省略）の確認を
> 行った。

なお当該確認事項は日本税理士会連合会のモデル定款を採用している税理士法人に対するものであり、定款において、損益の分配方法や出資の払戻しについて別段の定めをおいていないこと、さらには税理士法人と社員の間で、出資の払戻し額についての合意書等がないことを前置する。

① 回答

　税理士法人の社員が死亡した場合の税務上の取り扱いについて、東京国税局に②照会内容（省略）を確認した結果、つぎの内容の回答が得られた。

　1　税理士法人の社員が死亡退社した場合の相続税の課税対象となる財産の種類

　　会社法第608条において「持分の相続に関する定款の定め」についての規定があるが、死亡した社員は税理士法人を退社することとなるため、税理士法ではこの規定が準用されていない。よって税理士法人の社員が死亡した場合、その出資持分を死亡した社員の相続人が相続により取得することは認められず、死亡と同時に出資が当該出資持分の払戻請求権に転化し、これが死亡した社員に帰属する。そのため相続税の課税対象となる財産の種類は、出資持分の払戻請求権となり、当該払戻請求権を相続人等が相続することとなる。

　2　出資の払戻しに係る配当所得課税

　　1のとおり、税理士法人の社員が死亡した場合、税理士法人を退社することになり、定款の規定により退社による出資持分の払戻しが行われることとなる。退社の理由から死亡を除外していないため死亡による退社においても、出資持分の払戻しが行われる。当該死亡による払戻請求権の額が、脱退する社員の出資金額を超えるときは、その超える部分の金額は利益の配当又は剰余金の分配とみなされ、被相続人の準確定申告において配当所得として所得税課税が行われる。

　3　源泉所得税の取り扱い

　　2のみなし配当については支払時に税理士法人に源泉徴収義務が生じることになる。税理士法人が行う源泉所得税は、立替金に相当するものであり、死亡した社員に対し税理士法人が求償権を有することになる。そのため当該源泉所得税額は相続時点で、相続税法第13条及び第14条に規定する被相続人が負担すべき確実な債務に該当し、相続税の計算において債務控除の対象となる。

　4　二重課税について

　　被相続人に課される払戻請求権のみなし配当所得に対する所得税課税と

当該払戻請求権を承継する相続人等に課される相続税課税は二重課税ではない。なぜなら当該みなし配当に係る所得税は、既に被相続人に対し課されており、相続人等が相続等により取得し相続税が課されたものに対して課されるわけではない。よって相続人等に対し相続税と所得税の二重課税が生じる余地はないため「相続、遺贈又は個人からの贈与により取得するものに所得税を課さない」という所得税法第9条第1項第17号の非課税規定は適用されない。

5　払戻請求権の評価

　……本照会は日本税理士会連合会のモデル定款を採用している税理士法人に対するものであり、同モデル定款では、《除名以外の事由による退社員に対する持分の払戻》として、「脱退当時における当法人の財産の状況によってその持分を払い戻すものとする。」とされている。そのため当該払戻請求権は、これに見合う一定の方法により評価される必要がある。この評価方法については、税理士法人は合名会社に準じていることを理由とし、国税庁質疑応答事例（持分会社の退社時の出資の評価）によることが相当である。具体的には、「評価すべき持分会社の課税時期における各資産を財産評価基本通達の定めにより評価した価額の合計額から課税時期における各負債の合計額を控除した金額に、持分を乗じて計算した金額」が評価額となる。

　一方で定款や合意書等において、具体的に払戻額を定めている場合は、この限りではない。

(2)　事案の事業協同組合の定款等の規定

　事案の事業協同組合の組合員が死亡脱退した場合の出資持分の課税関係についても、上記(1)と同様に事業協同組合の定款又は中小企業等協同組合法の規定により判断すべきといえる。

　定款等の規定により、死亡脱退した組合員の出資持分が相続人に承継可能であるか否かにより、課税関係が異なることになる。

①　持分払戻請求権の性質

　中小企業等協同組合法では、同法19条1項2号により死亡によって脱退し、同法20条1項により組合員は死亡により脱退したときは定款の定めるところによりその持分の全部又は一部の払戻しを請求することができるとさ

れている（相続人への承継は認められない）。

　したがって、東京地裁の判示にもあるように、組合員の持分あるいはその払戻請求権は、いわば組合の純資産に対して組合員が当然に持つべき「分け前」であり、組合員の基本的な権利として位置付けられる性質を有するものであって、下記④の雇用契約等から生じる死亡退職金と同一に扱うことはできない。

②　死亡により脱退組合員の払戻請求権に転化

　中小企業等協同組合法の上記①の規定によれば、組合員が死亡した場合には組合員は組合から脱退するとともに、持分払戻請求権は組合員が有していた持分がいわば金銭に転化したものであって同一性が認められるから、持分払戻請求権が死亡した組合員にいったん帰属すると解される。

　したがって、図表4－6のように被相続人に持分払戻請求権のうち出資超過払戻額には「みなし配当」として源泉所得税が課税されるとともに、相続人に承継された持分払戻請求権に相続税が課税されることになるが、所得税の課税（みなし配当）は被相続人に対するものであり、相続税の課税（持分払戻請求権）は相続人に対するものであることから、二重課税には当たらないことになる。

■図表4－6　出資超過払戻金等の課税の考え方

	所得税の課税	相続税の課税
出資超過払戻金 （所得税の課税） 持分払戻請求権 （相続税の課税）	＜被相続人に対する所得税の課税＞ 　組合員の出資持分が死亡脱退によって持分払戻請求権に転化し、組合員（被相続人）に帰属するため、持分払戻請求権のうち出資超過払戻額には「みなし配当」として、被相続人に対し源泉所得税が課税される。	＜相続人に対する相続税の課税＞ 　持分払戻請求権（源泉所得税は控除）は、いったん組合員（被相続人）に帰属した後に、組合員の遺産として相続人に承継されるため、相続人に対し相続税が課税される。

③　死亡退職金に対する課税関係

　原告は、死亡脱退した組合員の出資持分は死亡退職金と同様の性質を持つ

と主張したが、その主張が認められたとすれば課税関係は次のようになる。

（イ）　みなし相続財産として相続人等に相続税の課税

相続税法では、被相続人の死亡により、相続人等が被相続人に支給されるべきであった退職手当金等で、被相続人の死亡後3年以内に支給が確定したものの支給を受けた場合の退職手当金等は、相続人等が相続又は遺贈により取得したものとみなすと規定されていることから（相法3①二）、相続人等に対し相続税が課税される。

（ロ）　所得税の非課税所得

所得税法では、個人が「相続、遺贈又は個人からの贈与により取得するものについては、所得税を課さない」こととされている（所法9①十七）。

（ハ）　所得税と相続税の調整措置

一般論としては、賃金債権は遺族等が相続によって取得し、退職金債権は遺族等が原始的に取得するものといわれているが異論もあることから、所得税と相続税の取扱いとの調整を図るため、相続税の課税価格計算の基礎に算入されるものについては、所得税を課税しないものとされた。

■図表4－7　死亡退職金の課税の考え方

	所得税の課税	相続税の課税
死亡退職金	＜被相続人に対し所得税の課税なし＞ 　死亡退職金は、被相続人に帰属することなく、相続人に相続されるため、被相続人に所得税が課税されることはない。	＜相続人に対し相続税の課税あり＞ 　死亡退職金は、相続人に直接帰属する財産と解されるため、相続人に対し相続税が課税される。

④　持分払戻請求権の評価

（イ）　企業組合等の出資の評価

事案の原告は、事業協同組合であることから「企業組合等の出資の評価」により評価することになる（評基通196）。

具体的には、企業組合・漁業生産組合その他これに類似する組合等（営利を目的として事業を営む組合等）に対する出資の価額は、課税時期にお

けるこれらの組合等の実情によりこれらの組合等の純資産価額（評基通196）の定めを準用して計算した純資産価額（取引相場のない株式に関する純資産価額方式を準用して評価した金額）を基とし、出資の持分に応ずる価額によって評価される。

㈹　持分会社に近似する組合

　中小企業団体の組織に関する法律に基づき設立される協同組合であっても、相互扶助等の組合原則より会社制度の要素を多く取り込み、その実態は持分会社に近似する場合には（営利を目的として事業を営む組合等）、「持分会社の出資の評価」により評価される（評基通194）。

㈦　持分会社の出資の評価

　合名会社・合資会社又は合同会社である持分会社（会社法575①）に対する出資の価額は、財産評価基本通達に定める取引相場のない株式の評価方法に準じて、「持分の払戻しを受ける場合」と「持分を承継する場合」により区分して評価するが（評基通194）、国税庁の質疑応答事例には次のように「持分会社の退社時の出資の評価」が掲載されている。

◆国税庁質疑応答事例

持分会社の退社時の出資の評価

【照会要旨】

　合名会社、合資会社又は合同会社（以下「持分会社」と総称します。）の社員は、死亡によって退社（会社法第607条第1項第3号）することとされていますが、その持分について払戻しを受ける場合には、どのように評価するのでしょうか。

　また、出資持分の相続について定款に別段の定めがあり、その持分を承継する場合には、どのように評価するのでしょうか。

【回答要旨】

1　持分の払戻しを受ける場合

　持分の払戻請求権として評価し、その価額は、評価すべき持分会社の課税時期における各資産を財産評価基本通達の定めにより評価した価額の合計額から課税時期における各負債の合計額を控除した金額に、持分を乗じて計算した金額となります。

（理由）

　持分の払戻しについては、「退社した社員と持分会社との間の計算は、退社の時における持分会社の財産の状況に従ってしなければならない。」（会社法第611条第2項）とされていることから、持分の払戻請求権として評価します。

2　持分を承継する場合

　取引相場のない株式の評価方法に準じて出資の価額を評価します。

（理由）

　出資持分を承継する場合には、出資として、取引相場のない株式の評価方法に準じて評価します。

第5章
不動産所得

Ⅰ　不動産所得の範囲

❶　不動産所得の意義

(1)　不動産所得とは

　不動産所得とは、「不動産の貸付け」、「不動産の上に存する権利の設定等」及び「船舶航空機の貸付け」による所得をいう（所法26①）。

　不動産とは、土地及び建物等の定着物をいう。不動産の上に存する権利とは、地上権又は永小作権、地役権をいう。また、船舶には、総トン数20トン未満の小型船舶及び端舟その他ろかいのみで運転するものは含まれない（所基通26 − 1）。さらに貸付けとは、地上権等の設定のほか他人に不動産等を使用させる一切の行為をいう。

(2)　事業所得・譲渡所得との区分

　不動産所得の範囲から、事業所得又は譲渡所得に該当するものは除かれる。不動産所得は資産性所得であるが、事業所得は資産と勤労の合算所得であり、人的役務の提供が伴わない人的役務が付随的なものは不動産所得と区分される。

　また、地上権の設定等に当たっての対価は原則不動産所得に該当するが、一定の要件に該当するものは譲渡所得とされる。

❷　不動産所得と類似する所得との区分

　不動産所得の範囲は、次のように譲渡所得、事業所得又は雑所得あるいは一時所得と類似性があり、これらと区分することとなる。

①　いわゆるケース貸し（商業施設の一区画を貸し付けること）は、不動産

の貸付けに該当する（所基通 26 − 2）。

② 　アパート、下宿等の所得の区分は、アパート、貸間のように食事を供しない場合の所得は、不動産所得に該当し、下宿等のように食事を供する場合は事業所得又は雑所得に該当する。

③ 　広告のため、土地、家屋の屋上や壁面、塀等にネオンサインや広告看板を取り付けることにより受け取る使用料は、不動産所得に該当する（所基通 26 − 5）。

④ 　借地権、地役権等の存続期間の更新の対価として支払を受けるいわゆる更新料、及び借地権者等の名義書換料は、その実質が契約の更改に係るものであり、所得税法施行令 79 条（資産の譲渡とみなされる行為）の規定の適用があるものを除き、不動産所得に該当する（所基通 26 − 6）。

⑤ 　不動産業者が販売の目的で取得した土地、建物等の不動産を一時的に貸し付けた場合の所得は、不動産業から生ずる事業所得に該当する。

　　この場合に、その貸し付けた不動産が建物その他使用又は時の経過により減価する資産である場合は、当該資産につき減価償却資産に準じて計算した償却費の額に相当する金額を当該事業所得の金額の計算上必要経費に算入する（所基通 26 − 7）。

⑥ 　事業所得を生ずべき事業主が、その従業員に寄宿舎等を提供して受ける使用料の所得は、当該事業から生ずる所得に該当する（所基通 26 − 8）。

⑦ 　建物若しくは構築物の所有を目的とする借地権等の設定や転貸により一時に受け取る権利金は、原則、不動産所得とされる。ただし、当該借地権、地役権の設定により受ける対価の金額等で当該土地等の金額の 10 分の 5 に相当する金額を超えるものは譲渡所得とされる場合がある（所令 79）。

⑧ 　不動産所得を生ずべき業務に係る債務の免除を受けた場合は、当該免除により受ける経済的利益等は不動産所得に該当する（所法 44 の 2 ②一）。

⑨ 　不動産等の貸借により受ける金員で使用貸借に該当するものは、不動産所得の総収入金額とされないで借主からの必要費の負担とされ、不動産所得に該当しない（民法 595）。

⑩ 　不動産賃貸業のアパートの屋上に太陽光発電設備を設置し、その余剰電

不動産所得

力を固定価格買取制度に基づき電力会社に売却した収入は不動産所得の収入金額に該当する（国税庁質疑応答）。

❸ 臨時所得に該当するもの

次に掲げるものに係る所得は、臨時所得に該当する

① 3年以上の期間にわたる不動産の貸付けの対価の総額として一括して支払を受ける賃貸料で、その全額がその年分の不動産所得の総収入金額に算入されるもの

② 不動産の賃貸人が、賃借人の交替又は転貸により賃借人又は転借人から支払を受けるいわゆる名義書換料、承諾料その他これらに類するもの（交替又は転貸後の貸付期間が3年以上であるものに限る）で、その金額がその交替又は転貸後に当該賃貸人が支払を受ける賃貸料の年額の2倍に相当する金額以上であるもの（譲渡所得に該当するものを除く）

③ 不動産等に係る損害賠償金その他これに類するもので、その金額の計算の基礎とされた期間が3年以上であるもの（譲渡所得に該当するものを除く）

④ 金銭債権の債務者から受ける債務不履行に基づく損害賠償金で、その計算の基礎とされた期間が3年以上であるもの（所基通2−37⑷）

⑤ 金銭債権の債務者から受ける債務不履行に基づく損害賠償金及び国税通則法58条1項（還付加算金）又は地方税法17条の4第1項（還付加算金）に規定する還付加算金で、その金額の計算の基礎とされた期間が3年以上であるもの

> **(注)** 上記においては、その所得が事業所得、不動産所得又は雑所得に該当するものであること及びその所得の計算の基礎とされた期間が3年以上であることを必須条件とし、その所得の性格に応じ金額基準（平年使用料等の2倍以上）を要件としている。

Ⅱ　不動産所得の金額の計算

❶　不動産所得の金額

不動産所得の金額の計算は、次による（所法 26 ②）。

不動産所得の金額 ＝ その年中の総収入金額 － 必要経費

❷　青色申告

　不動産所得、事業所得又は山林所得を生ずべき業務を行う居住者は、所轄税務署長の承認を受け青色の申告書を提出することができる（所法 143）。

(1)　青色申告における要件

①　青色申告者は、財務省令で定める帳簿書類を備え付けて取引を記録し、当該書類を保存しなければならない（所法 148）。

②　青色申告書を提出しようとする者は、あらかじめ、所轄税務署長に青色申告の承認の申請書を提出しなければならない（所法 144、146、147）。

(2)　青色申告特別控除

　青色申告書を提出するにつき所轄税務署長の承認を受けている個人のその年分の不動産所得の金額、事業所得の金額又は山林所得の金額から次の金額のいずれか低い金額を順次控除する。

①　10 万円

②　青色申告特別控除を控除しないで計算した不動産所得の金額、事業所得の金額又は山林所得の金額の合計額

　(注)　次の要件を満たしている場合には、その年分の不動産所得の金額又は事業所得の金額から順次 55 万円を控除。

(イ)　不動産所得、事業所得を生ずべき事業を営む者（現金主義の選択者を除く）。

(ロ)　正規の簿記の原則に従い取引を記録していること。

(ハ)　貸借対照表、損益計算書その他の計算明細書を添付し、所定の事項を記載した申告書を期限内に提出する。

(3)　記載要件

①　その年分の確定申告書に 65 万円又は 55 万円の控除を受ける旨及び金額に関する事項を記載すること。

②　次の要件のいずれかを満たすこと。

(イ)　所轄税務署長から電子帳簿保存法に基づく承認を受けて「電子的記録の備付け及び保存」又は「電磁的記録の電子計算機出力マイクロフィルムによる保存」を行っている。

(ロ)　その年分の所得税の確定申告書、青色申告決算書（貸借対照表及び損益計算書等）を、電子情報処理組織（e-Tax）を使用して送信している。

❸　臨時所得

　不動産等を 3 年以上使用させることを約することにより一時に受ける権利金、頭金その他の対価で、当該金額が、その契約により資産の使用料の 2 年分に相当する金額以上である場合の不動産所得は、臨時所得として平均課税の方法により税額の計算をすることができる（所法 2 ①二十四、所令 8)。

①　不動産等を3年以上の期間、他人に貸し付けることにより一時に受ける権利金等で、次の要件に該当するものに係る所得（譲渡所得に該当するものを除く） （使用料の年額の2倍） 　　≦　（権利金等）	㈑　契約には、最初に締結する契約のほか、その契約を更新し、又は更改する契約も含まれる（所基通2－33）。
	㈡　「使用料年額」は、契約締結の際において見積もった使用料の平年額をいう（所基通2－34）。
	㈦　「権利金等」が使用料年額の2倍に相当する金額以上であるかどうかは、契約ごとに判定する（所基通2－35）。
②　業務の全部又は一部の休止、転換又は廃止により3年以上の期間の所得の補償として支払を受ける補償金に係る所得	3年以上の期間にわたる、不動産の貸付けの対価の総額として一括して支払を受ける賃貸料（所基通2－37⑴）
	賃借人の交替又は転貸により支払を受ける名義書換料、承諾料等（貸付期間が3年以上であるものに限る）で使用料年額の2倍に相当する額以上であるもの（譲渡所得に該当するものを除く）（所基通2－37⑵）
	不動産等に係る損害賠償金等で、その計算の基礎とされた期間が3年以上であるもの（所基通2－37⑶）

不動産所得

Ⅲ　収入の時期

　不動産所得の総収入金額の収入すべき時期は、別段の定めのある場合を除き、それぞれ図表5－2に掲げる日によるものとする（所基通36－5、36－6、36－7）。

区　　分		収入の時期
①　契約、慣習により支払日が定められているもの（所基通36−5⑴）		定められた支払日
②　支払日が定められていないもの（所基通36−5⑴）	請求があったときに支払うべきもの	請求の日
	その他のもの	支払を受けた日
③　供託家賃（所基通36−5⑵）	賃貸料の額に関する係争	供託された金額は①又は②による供託金を超える部分は判決、和解等のあった日
	賃貸借契約の存否の係争	判決、和解等のあった日
④　頭金、権利金、名義書換料、更新料（所基通36−6）	貸付資産の引渡しを要するもの	引渡しのあった日（又は契約の効力発生の日）
	引渡しを要するもの	契約の効力発生の日
⑤　敷金・保証金（所基通36−7）	㈲　全額返還するもの	収入に計上しない
	㈹　貸付期間の経過に関係なく返還しないこととなっている部分の金額	④による
	㈨　貸付期間の経過に応じて返還しないこととなる場合の当該返還しない部分の金額	変換しないこととなった日
	㈬　貸付期間が終了しなければ返還しないことが確定しない部分の金額	貸付が終了した日

Ⅳ　必要経費

❶　必要経費の計算

　不動産所得の必要経費には、賃貸した土地、建物その他の物件に係る固定資産税、管理費、修繕費、損害保険料、減価償却費、借入金利息等がある。

■図表５－３　必要経費の制限等

項　目			取扱い
①　生計を一にする親族に支払う対価	地代等		必要経費不算入
	労務の対価	貸付けが事業として行われている場合(注1)(注2)	青色事業専従者給与（事業専従者給与）
		上記以外	必要経費不算入
②　立退料（所基通33－7、37－23、38－11、49－4）	原則		必要経費算入
	土地、建物の譲渡に際して支払うもの		譲渡所得の譲渡費用
	土地、建物の取得に際して支払うもの		土地、建物の取得価額に算入
③　固定資産の損失（所法51）	賃貸が事業として行われている場合(注1)(注2)		その年分の必要経費算入
	上記以外		損失額控除前の不動産所得の金額を限度として必要経費算入
④　土地の取得のための負債利子（措法41の4）			所得金額の計算上生じた損失のうち、土地等の取得のための負債利子に相当する部分は生じなかったものとみなされ損益通算はできない

（出典）　田仲正之稿『図解　所得税　令和５年版』（大蔵財務協会）
（注１）　建物の貸付けが事業として行われているか否かの判定（所基通 26 － 9）

建物の貸付けが不動産所得を生ずべき事業として行われているかどうかにより判定するべきであるが、次に掲げる事実のいずれか一に該当する場合又は賃貸料の収入の状況、貸付資産の管理の状況等からみてこれらの場合に準ずる事情があると認められる場合には、特に反証がない限り、事業として行われているものとする。

① 貸間、アパート等については、貸与することができる独立した室数がおおむね 10 以上であること。

② 独立家屋の貸付けについては、おおむね５棟以上であること。

（注２）　土地の貸付けが事業として行われているか否かの判定

土地の貸付けが不動産所得を生ずべき事業として行われているかどうかは、社会通念上事業と称するに至る程度の規模で土地の貸付けが行われているかどうかにより判定する。

❷　事業的規模とそれ以外の規模の取扱いの差異

不動産の貸付けが事業として行われている場合とそれ以外の場合の所得金額の計算上の差異は、次のとおりである。

(1)　資産損失の必要経費算入（所法 51 ①・④、72 ①）

賃貸用固定資産の取壊し、除却、滅失等により生じた資産損失については、事業の場合には、その損失の金額がそのまま必要経費に算入される。一方、事業でない場合には、①災害によらないものは、その年分の資産損失を差し引く前の不動産所得の金額を限度として必要経費に算入される。②災害等によるものは、必要経費としないで雑損控除の対象とされる。

(2)　貸倒損失（所法 51 ②）

債権の貸倒れによる損失については、事業の場合には、その損失が生じた年分の必要経費に算入されるが、事業でない場合には、収入金額に計上された年分に遡って収入金額から減算される。

(3)　貸倒引当金（所法52①・②）

　事業として行われている場合には、金銭債権の貸倒れ等による損失の見込額として一定の方法により計算した繰入限度額に達するまでの貸倒引当金の繰入額が必要経費に算入される。

(4)　事業専従者給与等（所法57①・③）

　事業として行われている場合は、青色申告の事業専従者給与額や白色申告の事業専従者控除額が必要経費に算入される。

(5)　青色申告特別控除（措法25の2③）

　青色申告特別控除のうち、55万円の特別控除（一定の要件を満たす場合は65万円）は、不動産所得又は事業所得を生ずべき事業を営む場合に適用することができる。

(6)　確定申告における延納に係る利子税（所法45①二、所令97①一）

　事業の場合には、不動産所得に対応する部分は必要経費に算入される。

❸　家事費及び家事関連費の必要経費不算入

(1)　居住者が支出する家事上の経費及び家事関連費

　原則、不動産所得の金額、事業所得の金額、山林所得の金額及び雑所得の金額の計算上必要経費に算入しない（所法45、所令96）。

(2)　家事関連費で必要経費に算入できる金額

①　家事上の経費に関連する経費の主たる部分が不動産所得、事業所得、山林所得及び雑所得を生ずべき業務の遂行上必要であり、かつ、その必要である部分を明らかに区分することができる場合における当該部分に相当す

不動産所得

る経費。

② ①のほか、青色申告者は、家事上の経費に関連する経費のうち、取引の記録等に基づいて、不動産所得の金額、事業所得の金額又は山林所得の金額を生ずべき業務の遂行上直接必要であったことが明らかにされる部分の金額に相当する経費については必要経費に算入することができる（所令96）。

❹ 生計を一にする親族に支払う給料、賃借料等

居住者と生計を一にする配偶者その他の親族がその居住者の営む不動産所得、事業所得又は山林所得を生ずべき事業に従事したことその他の事由により当該事業から対価の支払を受ける場合には、その対価に相当する金額は、当該事業の所得の金額の計算上、必要経費に算入しない。

この場合に、その支払を受けた親族にその支払の対価を得るために要する必要経費とされる金額がある場合には、その金額を当該居住者の必要経費に算入し、その親族が支払を受けた対価に係る各種所得の金額の計算上、その対価の額及びその対価を得るために要した金額はないものとみなされる（所法56）。

■図表5−4　生計一の親族への支払と必要経費算入の可否

区　　　分	取扱い
親族に支払う給与、賃借料等	必要経費不算入
事業のため、親族が支払う賃借料、保険料、公租公課等	必要経費算入
事業の用に供した親族の資産の減価償却費、資産損失等	

❺ 借地権の更新料の支払をしたとき

居住者が、業務の用に供する借地権（地上権若しくは土地の賃借権又はこれらの権利に係る土地の転借権をいう）又は地役権の存続期間の更新をする場合において、その更新の対価（以下「更新料」という）を支払ったとき

は、次の算式により計算した金額は、その更新のあった日の属する年分の必要経費に算入する。

＜算　式＞

$$(A+B-C) \times \frac{D}{E} ＝借地権又は地役権の取得費の必要経費算入額$$

A：借地権又は地役権の取得費

B：その更新前に支出した改良費等

C：取得費のうち当該更新前に必要経費に算入した額

D：借地権又は地役権の更新料の額

E：借地権又は地役権の更新時の価額

Ⅴ 損失が生じた場合の特例

❶ 不動産所得の損益通算の特例

　個人の平成４年分以後の不動産所得の金額の計算上生じた損失の金額がある場合には、当該年分の不動産所得の金額の計算上必要経費に算入した金額のうち、不動産所得を生ずべき業務の用に供する土地等を取得するために要した負債の利子の額があるときは、当該損失の額のうち、当該負債の利子の額に相当する部分の金額は、損益通算の適用については、生じなかったものとみなす（措法41の４）。

(1)　負債の利子が損失の金額を超える場合

①　土地等を取得するために要した負債の利子の額

②　総収入金額－その他の必要経費の額

　①の金額から②の金額を控除した金額が損益通算から除外される。

⑵　負債の利子の額が損失の金額以下である場合

　土地を取得するために要した負債の利子の額が損益通算から除外される。

⑶　土地と建物を一括して借入金で取得した場合の土地等に係る負債の利子の額

$$\text{負債の利子の額} \times \frac{\text{土地等を取得するために要した負債等の額}^{(\text{注})}}{\substack{\text{建物等と土地等を取得するために要した}\\ \text{負債等の額}}}$$

（注）　土地等と建物を取得するために要した負債の額は、まずその建物の取得の対価に充てられたものとし、次にその土地等の取得の対価の額に充てられたものとする。

❷　有限責任事業組合の事業に係る組合員の事業所得等の所得計算の特例

　有限責任事業組合契約に関する法律3条1項に規定する有限責任事業組合契約を締結している個人組合員の不動産所得の金額の計算上、その組合契約に基づいて営まれた組合事業から生じた不動産所得の損失額があるときは、出資金額等を基礎に計算される一定の金額を超える部分の金額については、必要経費にすることができない（措法27の2、措令18の3①・②）。

　ただし、組合事業の不動産所得に損失が生じた場合に、同じ組合事業から生ずる事業所得又は山林所得が黒字であるときは、その同じ組合事業から生じた黒字を差し引いた残額の部分以外は必要経費とすることができる（措令18の3①）。

❸　特定組合員等の不動産所得に係る損益通算等の特例

　特定組合員又は特定受益者に該当する個人の不動産所得の金額の計算上、

平成 18 年以後の各年分の不動産所得の計算において組合事業又は信託から生じた損失の金額については、なかったものとみなされる（措法 41 の 4 の 2）。

> （注）　特定受益者とは、信託の所得税法 13 条 1 項に規定する受益者及び同条 2 項の規定により受益者とみなされる者をいう。

(1)　対象組合契約の範囲（措法 41 の 4 の 2 ②、措令 26 の 6 の 2 ⑤）

① 　民法 667 条 1 項に規定する組合契約
② 　投資事業有限責任契約に関する法律 3 条 1 項に規定する投資事業有限責任組合契約
③ 　外国における上記①、②に類する契約
④ 　外国における有限責任事業組合契約（有限責任事業組合契約に関する法律 3 条 1 項に規定する有限責任事業組合契約）に関する契約

(2)　対象から除かれる特定組合員の範囲

　上記(1)の対象となる組合契約を締結している組合員のうち、組合契約を締結した日以後引き続き次の①及び②の両方に該当する人は、対象から除かれる（措法 41 の 4 の 2 ①、措令 26 の 6 の 2）。ただし、業務の執行の全部を組合事業の業務執行組合員又は業務執行組合員以外の者に委任している場合は対象から除かない（措令 26 の 6 の 2 ③）。

① 　組合事業に係る重要な財産の処分若しくは譲受け又は組合事業に係る多額の借財に関する業務（以下「重要業務」という）の執行の決定に関与する組合員
② 　当該重要業務のうち契約を締結するための交渉その他の重要な部分を自ら執行する組合員

(3)　特定組合員の判定時期（措令 26 の 6 の 2 ②）

原則：その年の 12 月 31 日まで組合が活動している場合は、その年の 12 月 31 日
例外：年の中途で組合員が死亡している場合には、その死亡した日

年の中途で組合から脱退している場合には、その脱退の日

年の中途で組合が解散している場合には、その解散の日

❹ 特定組合事業の不動産所得の損失の金額

　組合事業による不動産所得の損失の金額は、特定組合員又は特定受益者のその年分の組合事業又は信託から生ずる不動産所得の金額の計算上、その組合事業又はその信託による不動産所得の損失の金額があるときは、生じなかったものとみなされる（措法41の4の2）。

❺ 国外中古建物の不動産所得に係る損益通算の特例

　個人が、令和3年以後の各年において、国外中古建物（個人において使用され、又は法人において事業の用に供された国外にある建物であって、個人が取得してこれをその個人の不動産所得を生ずべき業務の用に供したもののうち、その不動産所得の金額の計算上その建物の償却費として必要経費に算入する金額を計算する際に所得税法の規定により定められている耐用年数をいわゆる「簡便法」等により算定しているものをいう）から生ずる不動産所得を有する場合においては、その年分の不動産所得の金額の計算上国外不動産所得の損失の金額があるときは、その国外不動産所得の損失の金額は所得税に関する法令の規定の適用については生じなかったものとみなす（措法41の4の3）。

■ 国外不動産所得の損失の金額の範囲

　国外不動産所得の損失の金額とは、個人の不動産所得の金額の計算上国外中古建物の貸付けによる損失の金額のうち、当該国外中古建物の償却費の額に相当する部分の金額として計算された金額をいう。

① 国外中古建物の償却費の額に相当する部分の金額

　個人が国外中古建物を有する場合におけるその年分の不動産所得の金額の

計算については、次による。

(イ)　2以上の国外中古建物を有する場合

　当該個人が2以上の国外中古建物を有する場合には、これらの国外中古建物ごとに区分して、それぞれ不動産所得の金額を計算する（措令26の6の3③一）。

(ロ)　不動産所得を生ずべき資産の区分

　ⓐ　国外中古建物

　ⓑ　国外不動産等（ⓐに掲げる資産に該当するものを除く）

　ⓒ　ⓐ及びⓑに掲げる資産以外の不動産所得を生ずべき業務の用に供される資産

(ハ)　共通必要経費の配分

　(イ)及び(ロ)の場合において、その年分の不動産所得の金額の計算上必要経費に算入されるべき金額のうちに2以上の資産についての貸付けに要した費用の額（「共通必要経費の額」という）があるときは、当該共通必要経費の額は、これらの資産の貸付けに係る収入金額その他の基準によりこれらの資産の貸付けに係る必要経費の額に配分し、国外不動産所得の損失の金額に相当する金額を計算する（措令26の6の3③三）。

> **（注1）**　資産の貸付けによる不動産所得を生ずべき業務の収入金額その他の基準のうち当該資産の貸付けの内容及び費用の性質に照らして合理的と認められるものとされる（措規18の24の2③）。
>
> **（注2）**　共通必要経費の額は、個々の費目ごとに合理的と認められる基準により配分することになる（措通41の4の3－1）。
>
> 　　　　ただし、継続して次に掲げるいずれかの方法によりすべての同一資産共通必要経費の額を配分している場合には、認められる（措通41の4の3－1ただし書）。
>
> 　(一)　同一資産共通必要経費の額に、下記ⓘに掲げる金額のうちに下記ⓘⓘに掲げる金額の占める割合を乗じて配分する方法
>
> 　　ⓘ　当該個人のその年分における当該2以上の資産の貸付けによる不動産所得に係る総収入金額の合計額
>
> 　　ⓘⓘ　当該個人の当該2以上の資産のうちそれぞれの資産の貸付けによる不動産所得に係る総収入金額
>
> 　(二)　同一資産共通必要経費の額に、下記ⓘに掲げる金額のうちⓘⓘに掲げる金額の占める割合を乗じて配分する方法

ⓘ 当該個人のその年分の当該2以上の資産の取得価額（その資産の業務の用に供した部分に相当する金額に係る。ⓘⓘにおいて同じ）の合計額
ⓘⓘ 当該個人の当該2以上の資産のうちそれぞれの資産の取得価額

Ⅵ 不動産所得と一時所得の所得区分が争われた裁判例

●ショッピングセンターの賃貸借契約の中途解約により取得した残存期間の賃料相当額は不動産所得かが争われた裁判例

・東京地裁平成23年3月23日判決（平22（行ウ）192）棄却・控訴
・東京高裁平成23年10月19日判決（平22（行コ）156）棄却・上告・上告受理申立て
・最高裁平成24年3月30日決定（平24（行ツ）67、平成（行ヒ）70）棄却・不受理・確定

---

❶ 事案のあらまし

本件は、訴外会社に20年間賃貸する旨の契約を締結した地位を相続した甲氏が、平成19年、A社の事業撤退により、賃貸借契約を合意解約し、保証金等について、1億1,459万円余（本件金員）を返還するとともに、中途解約に伴いA社から取得する1億9,645万円余（本件金員）とB社へ譲渡した区分所有建物等の代金5,000万円を充て清算した。本件は、原告が、A社から取得した本件金員を譲渡所得として申告したところ、不動産所得に該当するとして更正処分を受けた事案である。なお、総所得金額は、2億1,811万3,902円である。

❷ 事案の概要

　原告の父である乙は、昭和 61 年、土地区画整理法により本件土地の所有権を取得した。本件所有地を含む他の土地にショッピングセンターの出店を計画していた A 株式会社と株式会社 D、乙及び丙との間で、事業協定を交わした。A 社及び D 社は、乙及び丙に対し、建物の建設に必要な建築関係費用として建設協力金を支払い、70％を保証金に、残り 30％を敷金の一部に変更した。A 社及び D 社は、乙及び丙が支払う建設代金を立替払した。乙及び丙は、本件建物の 4 階部分、5 階部分及び 6 階部分を共有で区分所有した。乙と A 社は、本件区分所有建物について以下の賃貸借契約を締結した。

・期間　平成 4 年 11 月 27 日から平成 24 年 11 月 26 日までの 20 年間

・賃料　月額 327 万 4,254 円

・保証金等　A 社は、乙に対し、保証金 2 億 2,919 万 7,822 円、及び敷金 1 億 3,097 万 184 円を支払う。乙は、A 社に対し平成 19 年 11 月 27 日及び平成 24 年 11 月 27 日限り、各 1 億 1,459 万 8,911 円ずつ返還する。本件区分所有建物の明渡しと同時に本件敷金を返還する。

・特約 1　乙及び A 社は、双方とも、賃貸借契約期間中に本件賃貸借契約を解約することはできない。

・特約 2　（一部省略）A 社は、本件賃貸借契約が失効したときは、直ちに一括してその失効時から残存賃貸期間までの賃料相当損害金を支払う。

・特約 3　（省略）

　乙は平成 17 年 1 月 13 日に死亡し、原告が、本件区分所有建物及び本件原告所有地の各所有権を相続により取得し、本件賃貸借契約に係る賃貸人の地位を承継した。

　原告は、平成 19 年 11 月 26 日、本件賃貸借契約を合意解約するとともに、以下の事項について合意した。

　原告は、A 社に対し本件敷金 1 億 3,097 万 178 円及び本件保証金のうち未返還の 1 億 1,459 万 8,911 円の合計 2 億 4,556 万 9,089 円の返還義務がある。

A 社は、本件賃貸借期間内に解約することに伴う残存期間賃料相当額として、1億9,645万5,240円の支払義務を確認した。原告とDは、平成19年11月27日、本件区分所有建物及び本件土地に関する権利を代金額5,000万円でDに売却する旨の不動産売買契約を締結した。

　原告は、当時の原告の納税地の所轄税務署長に対し確定申告した。この際、原告は、本件金員を譲渡所得としており、所得税法90条1項の規定の適用を受ける旨及び同項各号に掲げる金額の合計額の計算に関する明細を記載することなく確定申告書を提出した。所轄税務署長は、平成20年7月4日、原告に対し、更正処分等を行った。原告は、異議申立て、審査請求を得て、本件訴えを提起した。

❸　争　点

| 争点1 | 本件金員は不動産所得に係る収入金額に算入すべきか。 |
| 争点2 | 本件金員が不動産所得に係る収入金額に算入される場合に、所得税法90条1項に規定する平均課税の適用があるか（同条5項所定の「やむを得ない事情」があるか）。 |

❹　争点に関する当事者の主張

　原告等（納税者）及び被告等（国）の主張は、次のとおりである。

原告等の主張	被告等の主張
争点1 (1)　不動産所得に該当しない 　所得区分の判断の前提となる当該所得の性質は、その名目にかかわらず、当事者の合理的意思を解釈するなど内容を実質的に分析した上で判断されるべきである。 　A社が本件ショッピングセンターに係る事業から撤退することに伴い、本件区分所有建物及び借地権を売却し、	争点1 (1)　不動産所得に該当する 　本件金員は、本件解約合意に基づいて支払われたものであるが、原告とA社が原告に対し支払債務を負うものであることを相互に確認している。 　また、本件賃貸借契約は中途解約ができないとされており、天変地異等の不可抗力及び原告の責めに帰すべき事由以外の事由で本件賃貸借契約が失効

本件原告所有地に利用権を設定するのと引き換えに、本件保証金等返還債務を清算することを意図して取引を行っていたのであり、本件解約合意は、本件区分所有建物及び借地権を売却し、本件原告所有地に利用権を設定することを主たる内容としていた。

本件解約合意、売買契約及び土地賃貸借契約は一連の取引として一体ととらえられるべきであり、このような取引の経過を客観的にみれば、本件金員は、その名目にかかわらず本件区分所有建物及び本件借地権の譲渡の対価又は本件原告所有地への借地権設定の対価にほかならない。

このことは、本件区分所有建物の固定資産税評価額が 1 億 5,670 万円余と高額であるのに比して、本件売買契約上の本件区分所有建物及び本件借地権の譲渡額が 5,000 万円と低額すぎること、原告が本件原告所有地に新たに設定した借地権は、きわめて長期で堅固な区分所有建物の所有を目的とするもので、それ自体資産価値があることも明らかである。

不動産所得とは、不動産を使用させる対価としての性質を有する経済的利益又はそれに代わる性質を有する利益と解釈すべきであり、使用収益と直接的な強い結び付きを有しない経済的利益については、不動産所得から除かれるべきである。

(2) 損害賠償金に該当し一時所得

本件金員は、仮に譲渡所得に該当しないとしても、損害賠償金としての性質を有するから、一時所得に該当する。すなわち、本件賃貸借契約は、期間満了前に解約することができないと規定し、契約当事者に期間満了時まで契約を維持することを義務付けている。

A 社は、上記義務に反して期間満了

したときは、A 社から原告に対して補償金が支払われることが定められているが、本件金員の額は、本件賃貸借契約が解約された日から賃貸借期間満了までの残存賃貸期間（5 年間）の賃料相当額であり、上記の補償金と一致している。以上によれば、本件金員は、原告が、本件賃貸借契約によって保証され、期待していた 20 年間の賃料収入のうち、残存期間である 5 年間の賃料に相当する得べかりし賃料収入の補償として支払われたものである。

所得税法施行令 94 条 1 項 2 号は、不動産所得を生ずべき業務に関し、当該業務の全部又は一部の休止、転換又は廃止その他の事由により当該業務の収益の補償として取得する補償金その他これに類するもので、その業務の遂行により生ずべき不動産所得に係る収入金額に代わる性質を有するものは、不動産所得に係る収入金額に算入すべき旨規定するところ、上記のような本件金員の性質からすれば、本件金員は、不動産所得に係る収入金額に算入されるべきである。

本件解約合意、売買契約、及び土地賃貸借契約は一体の取引であり、本件金員は、本件区分所有建物、借地権の譲渡又は原告所有地への借地権設定の対価である旨主張する。

しかし、上記各契約書等に照らしても、その当事者や給付内容はそれぞれ異なっており、これらを一体のものとみることはできない。また、本件原告所有地の借地権は A 社に設定されているものの、契約書上、A 社から原告に対して借地権設定の対価を支払う旨の記載はない。

(2) 損害賠償金は不動産所得に該当する

原告と A 社は、合意により本件賃貸

前に解約を申し入れているから、A社の行為は本件賃貸借契約の債務不履行を構成する。

　これにより、原告は、期間満了までに支払われるべき賃料相当額の損害を被っているから、本件金員は、原告に生じた上記損害を賠償する趣旨で支払われたものであり、不動産の利用の対価ではないから、一時所得に該当する。

借契約を解約したものであり、本件金員は、A社が一方的に債務不履行をした結果、原告に生じた損害を支払われたものではない。仮に損害賠償金に該当するとしても、損害賠償金の所得区分は、その性質によって判断されるものであり、本件金員の性質からすれば、不動産所得に区分されるから一時所得には該当しない。

争点2
○平均課税の適用

　所得税法90条1項は、納税者のその年分の変動所得及び臨時所得の金額の合計額の金額の合計額が、その年分の100分の20以上である場合には平均課税の方法で課税総所得金額に係る所得税の額を計算することができる旨規定し、確定申告書に適用を受ける旨及び計算に関する明細の記載をする必要がある旨規定する。

　同条5項は、同条4項に定める事項の記載を欠く確定申告書の提出があった場合でも、同項に定める申告に係る要件を欠いたことについて「やむを得ない事情」があると認めるときは、同条1項の規定を適用することができる旨規定している。

　原告は、所轄税務署の職員が原告からの問い合わせに対し本件金員について明確な所得認定ができなかったなどを挙げて、「やむを得ない事情」があると主張する。

争点2
○平均課税の不適用

　本件金員が所得税法施行令8条3号に定める臨時所得に該当し、所得税法90条1項に定める変動所得及び臨時所得の金額の合計額に関する要件を満たしていること、原告は、所轄税務署の職員が原告からの問い合わせに対し本件金員について明確な所得認定ができなかったことなどを挙げて「やむを得ない事情」があると主張するが、そもそも、本件申告書の提出前に所轄税務署の職員が原告あるいは原告の委任を受けた税理士から照会を受けたことはなく、原告が主張する所轄税務署の職員による回答の有無やその内容に関する主張自体、明確さに欠け失当というべきである。

　所得税法90条5項に定める「やむを得ない事情」とは、天災その他納税者の責めに帰すことのできない客観的事情を指し、納税者の主観的事情や個人的な事情はこれに当たらないと解すべきところ、原告にかかる意味における「やむを得ない事情」は認められない。

❺ 争点に対する判断（東京地裁）

(1) 不動産所得に該当する

　不動産所得とは、不動産、不動産の上に存する権利、船舶又は航空機（以下「不動産等」という）の貸付け（地上権又は永小作権の設定その他他人に不動産等を使用させることを含む）による所得（事業所得又は譲渡所得に該当することを除く）をいう。また、不動産所得を生ずべき業務を行う者が受けるもので、その不動産所得に係る収入金額に代わる性質を有するものは、不動産所得に係る収入金額とされる（所法 26、所令 94）。

　本事例の中途解約により取得する金員は、賃借人から賃貸人に移転される経済的利益のうち、目的物を使用収益とする対価としての性質を有するもの又はこれに代わる性質を有するものと解するのが相当と判示している。本件金員は、賃貸借契約期間中に解約することができないという契約内容に反して、賃貸人と賃借人との間で、残存期間賃料相当額として残存賃貸借期間 60 か月に賃料月額 327 万 4,254 円を乗じた金額として、支払義務が確認されたものである。

　賃貸借契約が失効した場合に、賃貸人の責めに帰すべき事由がない場合に、賃貸借期間満了時までの賃貸人の賃料債権が保護される内容となっていることを参酌すると、残存期間賃料相当額として本件金員を支払う合意は賃貸借契約と整合性があり、合意契約の内容として合理性を有するものといえる。

(2) 臨時所得の適用

① 臨時所得に該当する

　臨時所得とは、役務の提供を約することにより一時に取得する契約金に係る所得その他の所得で臨時に発生するものをいうのであるが、臨時所得の一類型として、一定の場所における業務の全部又は一部を休止し、転換し又は廃止することとなった者が、当該休止、転換又は廃止により当該業務に係る

3 年以上の期間の不動産所得、事業所得又は雑所得の補償として受ける補償金に係る所得（所法 2 ①二十四、所令 8）がこれに当たる旨規定するところ、本件金員は、賃貸人において得べかりし残存期間賃料相当額を補償する趣旨で支払われたものであり、その算出の基礎となる期間が 5 年間に及んでいることから臨時所得に該当することになる。また、居住者のその年分の臨時所得の金額の合計額がその年分の総所得金額の 100 分の 20 以上という要件を満たすことになり、所得税法 90 条 1 項の平均課税の適用を受ける実体的要件を満たすことになる。

② やむを得ない場合の平均課税の適用

確定申告時に記載要件（選択要件）があり、本事例においては「やむを得ない事情」に該当しないため適用されない。

ただし、平均課税の適用は、確定申告において記載の要件があるところ、所得税法 90 条 4 項所定の事項を確定申告書に記載しなかった「やむを得ない事情」に該当しないため、平均課税の適用を受けることはできない。

❻ 所得区分の留意点

不動産所得とされるものには、不動産の賃貸により一時的に受ける金員も該当し、当該金額が 3 年以上の期間に対応するもので、当該金額がその賃貸料の月額の 2 年分以上であるときは、臨時所得に該当する。この場合、平均課税の適用を受ける旨の記載をするとともに、変動所得及び臨時所得の計算に関する明細を記載した書類を添付する必要がある（所法 90 ④）。

本事例は、当初申告において、不動産所得の業務に関連するものであり、当初において不動産所得（臨時所得）の検討をすべきと思われる。

Ⅶ 不動産所得の必要経費性が争われた裁判例

●使用貸借の賃貸料は、不動産所得の収入金額と認められず、これに係る経費は必要経費に算入されるかが争われた裁判例

・東京地裁平成 23 年 1 月 28 日判決（平 21（行ウ）551）棄却・控訴
・東京高裁平成 23 年 7 月 19 日判決（平 23（行コ）84）棄却・上告・上告受理申立て
・最高裁平成 25 年 1 月 25 日決定（平 23（行ツ）355）棄却・不受理・確定

❶ 事案のあらまし

　原告は、本件土地建物について乙から毎月 5,000 円の支払を受けていたものの、それは、土地建物の使用収益の対価というよりは、原告の援助及び土地建物の使用許諾に対する謝礼のようなものであったというのが相当であり、対価を得ることを目的としていない使用貸借契約に基づくものであるとして、処分行政庁から、平成 19 年 12 月 10 日付けで、平成 16 年分から同 18 年分までの所得税に係る更正処分及び過少申告加算税賦課決定処分等を受けたため、これらを不服として上記各処分の取消しを求めた事案である。

❷ 事案の概要

(1) 原告は従兄弟に土地・建物を低額で貸付け

　原告は、従兄弟である乙が平成 11 年の T 選挙に立候補したが落選してしまったことから、その選挙費用として借り入れた約 4,000 万円の負債を抱え

ることとなり、その返済が難しくなったため、原告に相談、乙の自宅である本件土地建物を乙及びその妻から買うこととし、他方で、乙は本件土地建物に住み続けるということになった。

本件土地建物に乙が住み続けることについては、原告が乙に「賃料タダではあなたも住みにくいやろ」と言い、乙も同感であったことから、乙は、毎月何万円も支払うことはできないものの、毎月5,000円を原告に支払うこととなった。なお、原告は、本件土地建物の賃料の相場は、1か月当たり2万円から3万円くらいであると認識していた。本件土地建物賃貸借契約に関し、敷金や権利金の支払はされていない。また、本件土地建物に係る固定資産税の金額は平成16年度及び平成17年度がそれぞれ10万5,300円、同18年度が9万6,400円であるが、これらは原告が負担している。

本件土地建物については、毎月5,000円の支払を受けていたものの、これは土地建物の使用収益の対価というより原告の援助及び土地建物の使用許諾に対する謝礼のようなものであったというのが相当である。

原告は、本件土地建物以外に、A有限会社にマンション土地建物を賃貸料月額132万円で賃貸している。株式会社Bに、賃貸借期間、平成14年8月1日から同15年7月31日までの期間の1年間とし、マンション土地建物を月額賃貸料192万円で賃貸し、原告が取締役であるF株式会社に土地を月額25万円で賃貸するなど複数の土地建物等を賃貸している。上記は、期間満了1か月前までにA又はBのいずれかにより解約の意思表示がなければ契約更改の成立がしたものとされる。

(2)　原告の不動産業務の状況

原告は、本件自宅以外に複数の賃貸物件を持ち、それらの家賃管理、新規入居者の募集及び建物の維持管理のための業務（以下「本件不動産業務」という）を自ら行っている。

また、本件不動産業務について、オフィスを借りることもなく本件自宅で行っている。本件自宅には専用のパソコン等の本件不動産業務に係る専用機器も備えている。本件自宅のうち家事専用に使用する部屋は、浴室、寝室及び納戸であり、延床面積に占めるこれらの部屋の面積の比率は2割程度であ

る。一方、事務所として使用しているのは、玄関、応接室、座敷、居間、食堂、トイレ及び倉庫であり、不動産事業専用の事務スペースも設けてある。そうすると、本件自宅に係る費用については、家事関連費用であるところ、少なくともその2分の1は、必要経費として認められなければならないと考えている。さらに、原告は上記のほかに二輪車の軽自動車税、海外旅行の旅費交通費、修繕取壊積立金、雑費、寄附金を必要経費に算入している。

❸ 争　　点

| 争　点 | 原告が乙から本件土地建物の貸付けに係る対価として受領した金員が不動産所得に係る賃貸料収入に該当するか。 |

❹ 争点に関する当事者の主張

原告等（納税者）及び被告等（国）の主張は、次のとおりである。

原告等の主張	被告等の主張
○不動産所得の総収入金額に算入される 　原告と乙との間には、土地建物賃貸借契約が締結されているのであり、それに基づいて賃料を受け取っているのであるから、これは賃貸借に該当する。 　そもそも、賃料をどれだけ取れば賃貸借となり、あるいは使用貸借と認定されてしまうのかについて明確な基準はないのであり、それでは、税務当局による恣意的取扱いによる一方的課税を許容することになる。また、月額5,000円、年額6万円という賃料が、使用貸借であるとされるほど僅少な金額であるとは思われない。 　したがって、本件土地建物の賃料については賃貸料収入に算入される。 　また、本土地建物に係る減価償却費、登記費用の減価償却費、固定資産	○使用収益の対価に該当しない 　自己が所有する物を他人に使用させている場合において、当該物の使用収益の際に少額の金員の支払があったとしても、それが対象物の使用収益に対する対価の意味を持たない金員の支払である場合には、当該契約は、民法601条に規定する賃貸借には該当せず、同法593条にいう使用貸借に該当すると解される。 　他方、不動産所得の意義については、所得税法26条1項において、不動産等の貸付けによる所得をいう旨規定されており、ここにいう不動産等の貸付けによる所得とは、当事者の一方が相手方に不動産等を使用収益させて、その対価を得ることを目的とする行為から生ずる所得をいうものと解されているところであり、仮に、不動産

税はいずれも必要経費として認められるべきものである。

の賃貸借契約との名称で契約がされ、対象不動産の使用収益に際して金員の支払がされているような場合であったとしても、その金員の支払が物の使用収益に対する対価の意味を持たない場合には、不動産の賃貸借契約と認めることはできず、対価を得ることを目的とはしていない使用貸借契約と認められ、そこでの収入金額は、同項の規定する不動産等の貸付けによる所得に該当せず、不動産所得と認めることはできない。

これを本件についてみると、本件土地建物賃貸借契約に係る賃料名目で乙から原告に支払われる金員は、乙の金銭的事情及び親族間という特殊関係に基づき、原告から乙への生活扶助的な意味合いを有する無償と同義の金額の設定であるとみるのが自然かつ相当というべきであり、原告から乙への本件土地建物の貸付けは、賃貸借契約に基づくものとは認められず、使用貸借契約によるものと認められ、原告が乙に本件土地建物を使用収益させて、その対価を得ることを目的とするというものではないことが明らかである。

したがって、本件土地建物賃貸借契約に基づく収入金額は、所得税法26条1項に規定する不動産所得に該当しない。

収入金額が不動産所得と認められないのであるから、本件土地建物に係る減価償却費、固定資産税等は、不動産所得を生ずべき業務について生じた費用とは認められない。

❺ 争点に対する判断（東京地裁）

(1) 受領した金員は不動産所得に係る賃貸料収入に該当しない

　所得税法26条は、不動産所得とは不動産貸付け（地上権又は永小作権の設定その他他人に不動産等を使用させることを含む）による所得（事業所得又は譲渡所得に該当するものを除く）をいうと定めている。したがって、不動産等の賃料が不動産所得の総収入金額に算入されるためには、当該賃料が不動産等の貸付けによる所得に該当することが必要である。

　そして、不動産等の貸付けによる所得とは、当事者の一方が相手方に不動産等を使用収益させて、不動産等の賃貸借から生ずる賃料は、これに該当するが、対価を伴わない使用貸借については、借主から貸主に対して金員の交付等があっても、それは当該不動産等の経費の一部にすぎず、不動産等の貸付けによる所得に該当しないと解すべきである。

　本件土地建物賃貸借契約に関し、敷金や権利金の支払はされていない。また、本件土地建物に係る固定資産税の金額は、平成16年度及び同17年度がそれぞれ10万5,300円、同18年度が9万6,400円であるが、これらは原告が負担している。

　乙が、原告に毎月5,000円を支払っていたが、原告は、本件土地建物の賃料の相場は1か月当たり2万円から3万円くらいであると認識していた。原告は、経済的な窮状にある乙を、従兄弟という親戚関係にあることから援助することとし、乙から毎月5,000円の支払を受けていたものの、それは本件土地建物の使用収益の対価というよりは、原告の使用許諾に対するいわば謝礼のようなものであったというのが相当であり、本件土地建物の固定資産税の額にも満たないことからも明らかというべきである。そうすると、乙による本件土地建物の使用は、対価を得ることを目的としていない使用貸借契約に基づくものというのが相当である。

不動産所得

(2)　使用貸借に係る減価償却費、固定資産税等の必要経費不算入

　使用貸借契約に基づき貸し付けている資産に係る減価償却費や固定資産税は、不動産所得を生ずべき業務に供されたことにより生じたものではないのであるから、不動産所得の計算上必要経費に算入されないものであり、本件土地建物に係る減価償却費、登記費用の減価償却費及び固定資産税は、原告の不動産所得の計算上必要経費に算入すべきでない。

❻　不動産所得の金額の計算の留意点

(1)　使用貸借に該当する場合

　賃貸借と認められるためには、その賃貸料がその使用収益の対価として認められる金額であることが必要である。使用収益した場合の謝礼程度である場合には、使用貸借とされ、受け取った金員は、必要費の一部の負担とされ、不動産所得の総収入金額には算入されない。また、当該不動産の経費は不動産所得の必要経費に算入されない。

(2)　家事関連費と必要経費

　不動産所得の金額の計算上必要経費に算入すべき金額は、別段の定めがあるものを除き、不動産所得の金額の総収入金額に係る売上原価その他当該総収入金額を得るため直接に要した費用の額及びその年における販売費、一般管理費その他これらの所得を生ずべき業務について生じた費用（償却費以外の費用でその年において債務の確定しないものを除く）の額とされる（所法37①）。また、家事関連費について、家事上の経費に関連する経費の主たる部分が不動産所得を生ずべき業務の遂行上必要であり、かつ、その必要である部分を明らかに区分することができる場合における当該部分に相当する部分は必要経費に算入される。また、その他、青色申告者である居住者は、家事上の経費に関連する経費のうち、取引の経費に基づいて、不動産所得等の業務の遂行上直接必要であったことが明らかにされる部分の金額に相当する

経費は、必要経費に算入される（所令96一・二）。

これらの規定に照らし、家事関連費である自宅及び倉庫に係る減価償却費等の費用は不動産所得の業務の遂行上必要である部分を明らかに区分することができず、必要経費に算入することはできない。

自動車費用（減価償却費、自動車税、損害保険料及び修繕費用）は、不動産所得の業務の遂行上必要な費用であるとは認められず、家事関連費であり、かつ、不動産業務の遂行上必要である部分を明らかに区分することができるものでないから、必要経費に算入することはできない。

各海外旅行は、観光を目的とするもので、不動産業務の遂行上必要なものとは認められない。不動産の将来の取壊しや修繕のための積立金が、不動産所得を得るために直接要した費用又は不動産所得を生ずべき業務の遂行に必要な費用であるということはできず、マンション土地建物の修繕取壊積立金を必要経費に算入することはできない。

Ⅷ 債務免除益の所得区分が争われた裁判例

> ●賃貸用に供される建物の建築資金として借り入れた資金の債務免除益が不動産所得の収入金額に該当するかが争われた裁判例
> ・東京地裁平成30年4月19日判決（平26（行ウ）649）一部認容・棄却・確定

❶ 事案のあらまし

農業を営んでいた原告が、E農業協同組合（以下「E農協」という）に対する借入金債務について債務免除を受け、その債務免除益を一時所得として、平成21年分の修正申告をしたところ、処分行政庁から、この債務免除

益は、借入金の目的に応じて事業所得、不動産所得及び一時所得に該当する
として更正・賦課決定処分を受けたため、本件更正処分等の取消しを求めた
事案である。

❷　事案の概要

　原告は、米麦の作付けを中心とした農業や不動産賃貸業を営むほか、農産
食料品の販売等を目的とする株式会社の代表取締役、農業用畜舎の設計施工
及び管理等を目的とする株式会社 G の取締役等を務めるなどをしてきた者
である。原告は、E 農協の正組合員の資格を取得していた。

　原告は、平成 11 年 9 月時点で E 農協からの借入金債務が 6 億 430 万余
円、F 株式会社は 5,700 万円、株式会社 G は 3,006 万余円になっていた。

　平成 21 年 3 月、原告ほか 2 社は、一括して 1 億 3,000 万円（原告分 4,300
万円）を支払い、原告は、残余 4 億 3,110 万 8,897 円の債務免除を受けた。
また、処分行政庁の慫慂を受けたことにより、一時所得として修正申告をし
た。

　処分行政庁は、平成 25 年 3 月、債務免除益は、事業所得の総収入金額に
6,817 万 5,112 円、不動産所得の総収入金額に 5,539 万 8,013 円、一時所得の
総収入金額に 3 億 753 万 5,772 円がそれぞれ算入されるとして、更正処分を
行った。

❸　争　　点

争　点　債務免除益の所得区分は借入目的により区分されるか。

❹　争点に関する当事者の主張

　原告（納税者）及び被告（国）の主張は、次のとおりである。

原告の主張	被告の主張
(1)　債務免除益の所得区分について 　本件債務免除の発端は、Ｅ農協とＫ農協との合併の際の足かせとなる可能性が高い不良債権について、Ｅ農協から一方的に債権回収機構に売却する旨を申し出てきたことにあり、この申出に対し、返済意思を有していた原告は、Ｅ農協の財産を不当に減少させる行為であるとして異議を唱え、その後の原告とＥ農協との話合いにより、原告ほか２社がＥ農協に対して一部を一括で弁済するとともに、その残額を放棄する旨を双方で合意したものであり、本件債務免除は、和解に基づくものにほかならない。 (2)　所得区分の判断 　そして、和解は、当事者双方が互いに譲歩してその間に存する争いを止める義務を負う契約であり、あらゆる事情の相関関係から偶発的に合意に至るものであるし、その効果は、将来に向かう創設的なものであった本件債務免除益は、一時的かつ偶発的な所得であり、一時所得というほかないのであって、本件債務免除益の所得区分を判断するに当たって、本件債務免除益を生み出す元となる債務の発生原因を重視すべきではない。	(1)　債務免除益の所得区分の判断方法 　所得税法は、所得をその源泉又は性質によって 10 種類に区分しているが、これは、所得がその性質や発生の態様によって担税力が異なるという前提に立って、公平負担の観点から各種所得の金額の計算においてそれぞれの担税力の相違を加味しようという考慮に基づいたものと考えられる。 　これを債務免除益についてみると、その直接の発生原因（債務免除行為）自体はすべての債務免除益についてみると、その直接の発生原因（債務免除行為）自体はすべての債務免除益に共通している事情であるから、債務免除行為それ自体から所得の性質等が決定されるとはいい難く、債務免除益が債務を免れたという消極的な形で経済的利益を得るものであることからすれば、その所得の性質は当該債務と密接に関連するというべきである。 (2)　債務の発生原因による所得区分 　借入金に係る債務免除益が所得とされる実質的な根拠は、消極財産を減少させた債務免除行為ではなく、当該債務の発生時にその対価として受領した経済的対価にあるというべきであるから、その所得の性質は、当該借入金債務の性質等を踏まえて検討すべきと考えられる。 　不動産所得には、不動産を使用収益させる対価として受け取る利益又はこれに代わる性質を有する利益にとどまらず、不動産貸付業務の遂行による副収入や付随収入には、金銭のみならず金銭以外の物や経済的な利益も含まれると解するのが相当である。

不動産所得

❺ 争点に対する判断（東京地裁）

　原告の主張は採用できない。

　原告は、本件債務免除益は、和解に基づき発生したものにほかならないところ、和解は、あらゆる事情の相関関係から偶発的に合意に至るものであることなどからすれば、和解から生じた本件債務免除益は、一時的かつ偶発的な所得であり、一時所得にほかならないなどと主張する。しかしながら、所得税法において、借入金が借主の所得とされていないのは、借入金を取得すると同時に、当該借入金を弁済する債務を負い、借主の純資産が増加しないことによるものと解されるところ、上記債務が免除された場合には、借入金額とそれまでの弁済額の差額について純資産が増加することになり、当該差額が所得として観念されることになるのであるから、借入金の債務免除益の所得区分の判断に当たっては、当該借入れの目的や当該借入金の取得に係る経済的利益の性質をおよそ考慮する必要がないとするのは相当ではない。したがって、原告の上記主張は採用することができない。

❻ 債務免除益における所得区分

⑴ 不動産所得の所得区分の在り方

　所得税法は、公平負担の観点から、納税者の所得は、その源泉又は性質によって 10 種類に区分し、担税力に応じた計算方法等を定めているところ、かかる所得区分の判断に当たっては、当該所得に係る利益の内容及び性質、当該利益が生み出される具体的態様を考慮して実質的に判断されるべきものと解され、借入金の債務免除益の所得区分の判断においては、当該借入れの目的や当該債務免除に至った経緯等を総合的に考慮して判断するのが相当である。

(2) 債務免除益の不動産所得該当性

　不動産所得とは、不動産、不動産の上に存する権利、船舶又は航空機の貸付け（地上権又は永小作権の設定の設定その他他人に不動産を使用させることを含む）による所得（事業所得又は譲渡所得に該当するものを除く）をいい、不動産所得を生ずべき業務に関し、当該業務の全部又は一部の休止、転換又は廃止その他の事由により当該業務の収益の補償として取得する補償金その他これに類するものについて、その業務の遂行により生ずべき不動産所得に係る収入金額に代わる性質を有するものも不動産所得に該当するものとされている（所法26①、所令94①二）。

　所得税法36条1項は、「その年分の各種所得の金額の計算上収入金額とすべき金額又は総収入金額に算入すべき金額」と規定しており、同法は、各種所得の金額について、利子所得、配当所得、給与所得については「収入金額」、不動産所得、事業所得、山林所得、譲渡所得、一時所得及び雑所得については「総収入金額」と規定し、「収入金額」と「総収入金額」とを区別しているが、これらの区別は、利子所得等については、その収益の内容が比較的単純であるのに対し、不動産所得等については、副収入や付随収入等も加わってその収益の内容が複雑な場合が多いことによるものと解される。そうすると、不動産所得には、不動産を使用収益させる対価として受け取る利益又はこれに代わる性質を有する利益にとどまらず、不動産貸付業務の遂行による副収入や付随的収入等も含まれ、かかる付随収入等には、金銭のみならず金銭以外の物や経済的な利益も含まれると解するのが相当である。借入金の債務免除益については、当該借入金をもって購入された不動産等が不動産貸付業務に利用されたものと認められるようなときは、当該借入金の債務免除益については不動産所得に当たると認めることができるといえよう。

Ⅸ 所得区分の判断ポイント

　所得税法は、公平負担の見地から、その所得の源泉や性質によって、10種類に区分し、担税力に応じた計算方法を定めている。その所得区分に当たっては、当該所得に係る利益の内容及び性質、その利益が生み出される具体的態様を考慮して実質的に判断されるべきものと解される。

　Ⅵの裁判例について、当該賃貸借契約を合意解約した場合に受ける金員について、何所得に該当するかは、本合意契約は、賃貸借契約に基づく補償金（損害賠償金）であり、解約された日から賃貸借期間満了まで5年間の期間の賃料相当である点からも、不動産所得に区分されると考える。

　Ⅶの裁判例については、当該収入が不動産所得の当該総収入金額に算入されるか否かは、その者の使用収益に伴い支払われる金員の支払があったとしても、当該対象物の使用収益に対する使用許諾に対するいわば謝礼のようなものといえ、固定資産税の額に満たないことからも明らかであるところから、民法601条に規定する賃貸借に該当せず、民法593条にいう使用貸借に該当するというべきである。

　Ⅷの裁判例については、当該債務免除益の当該借入金に係る目的は、不動産所得を生ずべき不動産を購入するための借入金であり、不動産所得には不動産貸付業務の遂行の副収入や付随収入が含まれ、付随収入には金銭のみならず物や経済的利益も含まれる。そうすると当該借入金の目的が不動産所得を生ずべき不動産を取得することであり、当該借入金の債務免除益も不動産所得に該当するというべきである。

第6章
事業所得

I 事業所得の範囲

　事業所得とは、農業、漁業、製造業、卸売業、小売業、サービス業その他の事業で、政令で定めるものから生ずる所得（山林所得又は譲渡所得に該当するものを除く）をいう（所法 27 ①）。

　政令では、その事業の細目を次のとおり定めている（所令 63）。

◆所得税法施行令

　（事業の範囲）
　第 63 条　法第 27 条第 1 項（事業所得）に規定する政令で定める事業は、次に掲げる事業（不動産の貸付業又は船舶若しくは航空機の貸付業に該当するものを除く。）とする。
　一　農業
　二　林業及び狩猟業
　三　漁業及び水産養殖業
　四　鉱業（土石採取業を含む。）
　五　建設業
　六　製造業
　七　卸売業及び小売業（飲食店業及び料理店業を含む。）
　八　金融業及び保険業
　九　不動産業
　十　運輸通信業（倉庫業を含む。）
　十一　医療保健業、著述業その他のサービス業
　十二　前各号に掲げるもののほか、対価を得て継続的に行なう事業

　上記、1 号から 11 号の業種については事業所得を生ずべき事業であるが、12 号として「前各号に掲げるもののほか、対価を得て継続的に行なう事業」という包括的な規定がある。

　また、事業の遂行に付随して生じる収入がある。「事業の遂行に付随して

生じた収入（付随収入）」は、原則として事業所得の総収入金額に算入すると考えられる。「事業の遂行に付随して生じた収入」は、所得税基本通達においてその例が示されている（所基通 27 − 5）。

① 事業の遂行上取引先又は使用人に対して貸し付けた貸付金の利子

② 事業用資産の購入に伴って景品として受ける金品

③ 新聞販売店における折込広告収入

④ 浴場業、飲食業等における広告の掲示による収入

⑤ 医師又は歯科医師が、休日、祭日又は夜間に診療等を行うことにより地方公共団体等から支払を受ける委嘱料等

　　（注）　地方公共団体等から支給を受ける委嘱料等で給与等に該当するものもある（所基通 28 − 9 の 2）。

⑥ 事業用固定資産に係る固定資産税を納期前に納付することにより交付を受ける地方税法 365 条 2 項《固定資産税に係る納期前の納付》に規定する報奨金

　　さらに、事業所得を生ずべき業務を行う居住者が受ける保険金等、例えば、業務に係る棚卸資産につき損失を受けたことにより取得する保険金や、業務の休止や廃止等によりその業務の収益の補償として取得する補償金等で、その業務の遂行により生ずべき事業所得に係る収入金額に代わる性質のものは、事業所得の収入金額とされる。所得税法施行令 94 条 1 項において、事業所得の収入金額とされる保険金等についての規定がある。

◆所得税法施行令

（事業所得の収入金額とされる保険金等）

第 94 条　不動産所得、事業所得、山林所得又は雑所得を生ずべき業務を行なう居住者が受ける次に掲げるもので、その業務の遂行により生ずべきこれらの所得に係る収入金額に代わる性質を有するものは、これらの所得に係る収入金額とする。

一　当該業務に係るたな卸資産（第 81 条各号（譲渡所得の基因とされないたな卸資産に準ずる資産）に掲げる資産を含む。）、山林、工業所有権その他の技術に関する権利、特別の技術による生産方式若しくはこれらに

準ずるもの又は著作権（出版権及び著作隣接権その他これに準ずるものを含む。）につき損失を受けたことにより取得する保険金、損害賠償金、見舞金その他これらに類するもの（山林につき法第51条第3項（山林損失の必要経費算入）の規定に該当する損失を受けたことにより取得するものについては、その損失の金額をこえる場合におけるそのこえる金額に相当する部分に限る。）

二　当該業務の全部又は一部の休止、転換又は廃止その他の事由により当該業務の収益の補償として取得する補償金その他これに類するもの

（以下略）

II　事業所得の金額の計算

事業所得の金額は、その年中の事業所得に係る総収入金額から必要経費を控除した金額である（所法27②）。

事業所得の金額＝総収入金額－必要経費

III　収入の時期

事業所得の総収入金額の収入すべき時期は、別段の定めがある場合を除き、図表6－1に掲げる収入金額については、それぞれに掲げる日のとおりである（所基通36－8）。

■図表6－1　収入金額の区分と収入すべき時期

	収入金額の区分	収入すべき時期
(1)	棚卸資産の販売（試用販売及び委託販売を除く）による収入金額	・その引渡しがあった日
(2)	棚卸資産の試用販売による収入金額	・相手方が購入の意思を表示した日 ・ただし、積送又は配置した棚卸資産について、相手方が一定期間内に返送又は拒絶の意思を表示しない限り特約又は慣習によりその販売が確定することとなっている場合には、その期間の満了の日
(3)	棚卸資産の委託販売による収入金額	・受託者がその委託品を販売した日 ・ただし、当該委託品についての売上計算書が毎日又は1月を超えない一定期間ごとに送付されている場合において、継続して当該売上計算書が到達した日の属する年分の収入金額としているときは、当該売上計算書の到達の日
(4)	請負による収入金額	・物の引渡しを要する請負契約にあってはその目的物の全部を完成して相手方に引き渡した日、物の引渡しを要しない請負契約にあってはその約した役務の提供を完了した日 ・ただし、一の契約により多量に請け負った同種の建設工事等についてその引渡量に従い工事代金等を収入する旨の特約若しくは慣習がある場合又は1個の建設工事等についてその完成した部分を引き渡した都度その割合に応じて工事代金等を収入する旨の特約若しくは慣習がある場合には、その引き渡した部分に係る収入金額については、その特約又は慣習により相手方に引き渡した日
(5)	人的役務の提供（請負を除く）による収入金額	・その人的役務の提供を完了した日 ・ただし、人的役務の提供による報酬を期間の経過又は役務の提供の程度等に応じて収入する特約又は慣習がある場合におけるその期間の経過又

事業所得

収入金額の区分	収入すべき時期
	は役務の提供の程度等に対応する報酬については、その特約又は慣習によりその収入すべき事由が生じた日
(6) 資産（金銭を除く）の貸付けによる賃貸料でその年に対応するものに係る収入金額	・その年の末日（貸付期間の終了する年にあっては、当該期間の終了する日）
(7) 金銭の貸付けによる利息又は手形の割引料でその年に対応するものに係る収入金額	・その年の末日（貸付期間の終了する年にあっては、当該期間の終了する日） ・ただし、その者が継続して、次に掲げる区分に応じ、それぞれ次に掲げる日により収入金額に計上している場合には、それぞれ次に掲げる日 (イ) 利息を天引きして貸し付けたものに係る利息 …その契約により定められている貸付元本の返済日 (ロ) その他の利息 …その貸付けに係る契約の内容に応じ、36－5の(1)に掲げる日 なお、36－5の(1)に掲げる日とは、「不動産所得の総収入金額の収入すべき時期において、契約又は慣習により支払日が定められているものについてはその支払日、支払日が定められていないものについてはその支払を受けた日（請求があったときに支払うべきものとされているものについては、その請求の日）」をいう。 (ハ) 手形の割引料 …その手形の満期日（当該満期日前に当該手形を譲渡した場合には、当該譲渡の日）

Ⅳ 必要経費に算入すべき金額

　事業所得の金額（事業所得の金額のうち山林の伐採又は譲渡に係るものを除く）の計算上、必要経費に算入すべき金額は、別段の定めがあるものを除き、これらの所得の総収入金額に係る「売上原価その他その総収入金額を得るため直接に要した費用の額」及び「その年における販売費、一般管理費その他これらの所得を生ずべき業務について生じた費用（償却費以外の費用でその年において債務の確定しないものを除く。）の額」とする（所法37①）。

　必要経費に算入すべき費用（償却費以外の費用）は、債務が確定しているものに限られる。債務が確定しているものとは、別段の定めがあるものを除き、次に掲げる要件のすべてに該当するものである（所基通37－2）。

① その年12月31日（年の中途において死亡し又は出国をした場合には、その死亡又は出国の時。以下この項において同じ）までに当該費用に係る債務が成立していること。

② その年12月31日までに当該債務に基づいて具体的な給付をすべき原因となる事実が発生していること。

③ その年12月31日までにその金額を合理的に算定することができるものであること。

事業所得

Ⅴ 事業所得と給与所得の所得区分が争われた裁判例

●弁護士会の無料相談の対価として支給された日当は事業所得と給与所得のいずれに該当するかが争われた裁判例
・京都地裁平成20年10月21日判決（平18（行ウ）21）棄却・控訴
・大阪高裁平成21年4月22日判決（平20（行ウ）172）棄却・上

告・上告受理申立て
・最高裁平成 22 年 6 月 1 日決定（平 21（行ツ）217、平 21（行ヒ）271）棄却・不受理・確定

❶　事案のあらまし

　原告である弁護士は、無料法律相談を行うと所属の弁護士会より日当（「本件日当」という）が支給される。無料法律相談は、Ａ弁護士会の法律相談名簿への登載を受けて、強制加入団体であるＡ弁護士会の会則上義務として定められている。原告には、原則として諾否の自由はない。

　原告の主張は「本件日当は、相談業務に従事するに当たり、弁護士会又は自治体から、空間的、時間的な拘束を受け、その指揮命令の下に提供した労務の対価として支給されたものというべきであり、給与所得に該当する」というものである。これに対して被告は、本件日当は事業所得であると主張する。

　京都地裁及び大阪高裁は、以下の判断により「無料法律相談の本件日当は、事業所得に該当する」という被告の主張を認めた。

　本件日当は、弁護士会の会員である原告が、弁護士会の会員らの総意により、弁護士の使命を達成するための公益的活動の一環である無料法律相談活動を行うための規律として自治的に定められた本件規程の規定に従い、無料法律相談業務に従事した対価として、弁護士会から原告に対し支給されたものであると認められる。その給付の原因である弁護士会と原告との間の法律関係は、雇用契約又はこれに類する支配従属関係ではないことが明らかである。したがって「雇用契約又はこれに類する原因に基づき使用者の指揮命令に服して提供した労務の対価として使用者から受ける給付（給与所得）」に当たらないとされる。

　最高裁は、不受理としたため、大阪高裁の判決が確定した。

❷ 事案の概要

A弁護士会所属の弁護士である原告が、同弁護士会法律相談センターの行う無料法律相談業務に従事した対価として同弁護士会から支給された日当を給与所得として確定申告書を提出した。しかし、被告（国（処分行政庁：右京税務署長））から、本件日当は事業所得であると更正処分を受けたため、その取消しを求めた事案である。

❸ 争　点

争　点 本件日当は、事業所得に当たるか、給与所得に当たるか。

❹ 争点に対する当事者の主張

原告等（納税者）及び被告等（国）の主張は、次のとおりである。

原告等の主張	被告等の主張
○無料法律相談の態様について 　原告が、強制加入団体であるA弁護士会の無料法律相談業務に従事することには諾否の自由はない。本件相談業務に従事するに当たり、A弁護士会から特定の場所・日時を指定され、該当自治体の職員がその設備を用いて運営する会場において、本件規程に定められた遵守事項に従いつつ、1件当たり20分で法律相談に応じることが求められており、その対価として支給される日当は、相談件数にかかわらず、定額である。 　したがって、「本件日当は、A弁護士会又は該当自治体から空間的、時間的な拘束を受け、その指揮命令の下に提供した労務の対価として支給されたもの」というべきである。	○無料法律相談の態様について 　原告は、直接的にはA弁護士会法律相談センター規程（「本件規程」）に基づき本件無料法律相談業務に従事したものである。本件規程はA弁護士会の総会により改廃できるものである。原告はA弁護士会の会員として本件規程の適用を受けるものなので、「雇用契約又はこれに類する関係に基づき労務を提供したもの」ではない。 　本件規程が定める法律相談に当たっての遵守事項は、一般的な指導監督にすぎない。また、A弁護士会は、原告に対し、法律相談の内容については何ら指揮命令をしていない。指定された相談担当日に差支えを生じた場合には交代も可能であり、原告が本件相談業務に従事する際にA弁護士会から受け

<table>
<tr><td>

　弁護士の行う業務から生じる所得が所得税法上いかなる所得区分に該当するのかは、当該業務の具体的態様に応じて判断されるべきである。本件相談業務は、弁護士が行う通常の法律相談とは態様が異なっている。

　以上により、本件日当は、給与所得に当たる。

</td><td>

ている空間的、場所的拘束はきわめて希薄である。したがって、原告は、「Ａ弁護士会の指揮命令に従って労務を提供した」とはいえない。

　原告は、弁護士としての公益的使命の実現のため、弁護士法並びにこれを受けて定められたＡ弁護士会会則及び本件規程の規定に基づき本件相談業務に従事して、本件日当の支給を受けた。ゆえに「本件相談業務は、原告の計算と危険において独立して営まれたもの」である。

　本件相談業務は、通常の法律相談とその態様がまったく同一とはいえないけれども、その違いは、対価である本件日当の所得税法上の区分を給与所得に変えるべき、「特段の事由」には当たらない。

　以上により、本件日当は、事業所得に当たる。

</td></tr>
</table>

❺　争点に対する判断

⑴　京都地裁の判断

　京都地裁では、以下の①の㋑、㋺の２つの考え方を本件に当てはめ、本件日当は給与所得には当たらず、弁護士がその計算と危険において独立して行う業務から生じた所得であって、所得税法施行令63条11号にいう「その他のサービス業」から生ずる所得に該当し、事業所得に当たるというべきと判断している。

① 「所得税法における事業所得と給与所得の規定」と「最高裁昭和56年判決」による考え方

　㋑　所得税法における事業所得と給与所得の規定

　　事業所得は所得税法27条１項に規定され、所得税法施行令63条において具体的な事業の範囲が示されている。給与所得は所得税法28条１項に

規定されている。

㈨ 最高裁昭和 56 年判決

事業所得と給与所得について、以下の最高裁判決（昭和 56 年 4 月 24 日判決「最高裁昭和 56 年判決」）がある。

> ⓐ およそ業務の遂行ないし労務の提供から生ずる所得が所得税法上の事業所得（所法 27 ①、所令 63 十二）と給与所得（所法 28 ①）のいずれに該当するかを判断するに当たっては、租税負担の公平を図るため、所得を事業所得、給与所得等に分類し、その種類に応じた課税を定めている所得税法の趣旨、目的に照らし、当該業務ないし労務及び所得の態様等を考察しなければならない。
>
> ⓑ その場合、判断の一応の基準として、両者を次のように区別するのが相当である。すなわち、事業所得とは、「自己の計算と危険において独立して営まれ、営利性、有償性を有し、かつ反覆継続して遂行する意思と社会的地位とが客観的に認められる業務から生ずる所得」をいう。これに対し、給与所得とは、「雇傭契約又はこれに類する原因に基づき使用者の指揮命令に服して提供した労務の対価として使用者から受ける給付」をいう。なお、給与所得については、とりわけ、給与支給者との関係において何らかの空間的、時間的な拘束を受け、継続的ないし断続的に労務又は役務の提供があり、その対価として支給されるものであるかどうかが重視されなければならない。

② **本件日当が空間的、時間的な拘束、指揮命令の下に提供した労務の対価であるか（「所得税法における事業所得と給与所得の規定」と「最高裁昭和 56 年判決による考え方」の本件日当への当てはめ）**

「その給付の原因である A 弁護士会と原告との間の法律関係」は、「雇用契約又はこれに類する支配従属関係」ではない。ゆえに、本件日当は、「雇用契約又はこれに類する原因に基づき使用者の指揮命令に服して提供した労務の対価として使用者から受ける給付」に当たらないというべきである。遵守事項は、無料法律相談業務が公益的活動であることに伴う最低限のルールを定めたものにすぎないと認められ、遵守事項があることが、本件日当が「雇用契約又はこれに類する原因に基づき使用者の指揮命令に服して提供した労

務の対価として使用者から受ける給付」に当たらないとの判断を左右するものではない。

③ 医師等が支給を受ける休日、夜間診療の委嘱料等との比較

所得税基本通達28－9の2（医師又は歯科医師が支給を受ける休日、夜間診療の委嘱料）は、「医師又は歯科医師が、地方公共団体等の開設する救急センター、病院等において休日、祭日又は夜間に診療等を行うことにより地方公共団体等から支給を受ける委嘱料等は、給与等に該当する」としている。すなわち、医師等への自治体等の各委嘱業務に対する報酬は、「医師等が一定の契約に基づき、自己の病院等以外の場所で、自治体長等の指揮監督の下に医療保健業に従事する場合等（一定の場合を除く）」は、給与所得として取り扱われる。

所得税基本通達28－9の2における「医師等が受ける委嘱業務」と「本件無料相談業務」について、「業務収入の帰属者」と「業務担当者に対する対価の支払義務者等」に関する法律関係という点で検討してみると、次のとおり指摘できる。「医師等に対する報酬の支払者とその支払を受ける診療担当医師との間の法律関係は、本件相談業務に関する弁護士と弁護士会との間の法律関係とは異なり、会員間の自治的な取り決めに基礎を置くものではない」ということである。

したがって、医師等が支給を受ける委嘱料等と比較して、本件無料相談業務による本件日当の性格を論ずることはその前提を欠いており失当である。

(2) 大阪高裁の判断

大阪高裁においても、京都地裁の判断のとおり、本件日当は事業所得に当たると判断している。そして、以下の判断を加えている。

① 業務の具体的態様に基づく判断

業務から生じる所得が所得税法上いかなる所得区分に該当するのかは、当該業務の具体的態様をよく検討し、社会通念に基づいて、法令、判示や裁決事例等に照らして、それらを参考に判断する。

したがって、医師、歯科医師又は弁護士の各委嘱業務と本件相談業務について、その主体が高度の専門的業務を行う有資格者であることのみを重視し

て、同一性格の業務であるという前提に立ち、その対価の所得税法上の区分も同一（給与所得）になると判断するのは相当ではないため、具体的態様の異同をはじめに検討する必要がある。

　具体的態様の異同の検討をすると、まず、業務の性格において「有料の診療行為である医師及び歯科医師が受ける委嘱業務」と「無料の法律相談である本件相談業務」は、同一ではない。次に、「業務収入の帰属者」と「業務担当者に対する対価の支払義務者等」に関する法律関係も、京都地裁における判断のとおり異なっている。また、受診者が支払う医療費等の帰属主体、休日診療の実施費用全体の負担者等の点においても、本件相談業務と同視すべきものではないとされる。

②　通常の業務と態様が同一でない業務における特段の事情

　弁護士業は、「特段の事情がない限り」所得税法 27 条 1 項における事業所得に該当する。弁護士法により一般の依頼者の求めに応じて行う法律相談は、弁護士の業務である。したがって、弁護士が、通常、法律相談によって取得する対価は、所得税法上、事業所得に区分される。本件相談業務は、この弁護士が行う法律相談という点において異ならないため、「特段の事情がない限り」事業所得に区分される。では、本件相談業務において、通常の法律相談と異なる「特段の事情」となる状況等とは、空間的、時間的な拘束、指揮命令の下に提供した労務の対価ということである。すなわち「法律相談者の選択」、「執務方法や態様の決定」、「対価額の決定」が、担当弁護士の随意に委ねられていないということである。

　しかし、無料法律相談サービスの提供に当たり、ある程度の範囲等の大枠を設けることは不可欠なため、それらが「弁護士が行う法律相談業務の事業性を否定する要因」とはいうことができないとされる。

　以上により、本件相談業務は通常の法律相談と同様に弁護士が事業として行う法律相談であるというべきである。したがって、無料法律相談業務の対価である本件日当は、所得税法上の事業所得に当たるというべきである。

(3)　最高裁の判断

　最高裁は、不受理としたため、大阪高裁の判決が確定した。

Ⅵ 事業所得と一時所得の所得区分が争われた裁判例

> ●弁護士事務所移転に伴い受領した立退料名目の金員は事業所得と一時所得のいずれに該当するかが争われた裁判例
> ・東京地裁平成25年1月25日判決（平23（行ウ）736）棄却・控訴
> ・東京高裁平成26年2月12日判決（平25（行コ）70）棄却・上告・上告受理申立て
> ・最高裁平成27年3月5日決定（平26（行ツ）204、平26（行ヒ）206）棄却・不受理・確定

❶ 事案のあらまし

　弁護士である原告が、賃借をしていた法律事務所の建物の明渡しに伴い、賃貸人から取得したいわゆる立退料（本件金員）に係る所得は、一時所得の収入金額であると主張する。

　東京地裁では、本件金員は事業所得の収入金額に区分されるとした。弁護士がその業務の遂行に当たり、法律事務所を設けることは必要であり、事務所の維持及び管理の業務は、本体の弁護士の営む事業において、その重要性に鑑み、所得税法施行令94条1項の柱書「事業所得（中略）を生ずべき業務」に含まれると考えられる。本件金員は、賃貸人の申入れで、原告が事務所移転により生ずる必要経費の金額を補填する趣旨のもとでその授受が合意され、原告が取得したと認められる。したがって、本件金員はその名目いかんにかかわらず、所得税法施行令94条1項2号の規定により、事業所得の収入金額になると判断した。

　東京高裁では、本件金員は、事業所得の収入金額と一時所得の収入金額に区分されるとした。本件金員について、控訴人が事務所移転に伴い計上した

事業所得の必要経費の内容等に照らして、本件金員をどのような内容の費用に充てたのか検討をした。すると、本件金員は3種類（「新旧事務所の賃料等差額補填分」、「新事務所開設費用補填分」、「退去費用補填分」）に区分される。本件金員のうち「新旧事務所の賃料等差額補填分」と「新事務所開設費用補填分」に該当する金額相当額は、事業所得の収入金額であると判断した。事務所の維持及び管理の業務は、弁護士業の本体を成す業務の遂行と関連性が高く、それに係る費用により事業所得の収入を生み出すという対応関係は明確だからである。また、本件金員のうち「退去費用補填分」に該当する金額相当額は、一時所得の収入金額であると判断した。賃貸人の都合により旧事務所の退去に係る費用は弁護士業の収入と対応はしていないため、所得税法34条1項に定める営利を目的とする継続的な行為から生じた所得以外の一時的な所得とされるからである。

最高裁では、不受理としたため、東京高裁の判決が確定した。

❷ 事案の概要

原告は、法律事務所を設けて弁護士の業務を行う者である。原告は、賃借していた法律事務所の建物を賃貸人へ明け渡したことに伴い、賃貸人から取得したいわゆる立退料に係る所得を一時所得に区分した内容の確定申告書を提出した。しかし、被告（国（処分行政庁：麹町税務署長））から、当該所得の一部は事業所得に区分される等として、本件各更正処分等を受けたため、それらの一部の取消しを求めた事案である。

法律事務所の明渡しに当たっては、賃貸人と原告の間で明渡合意書が締結され、その内容に従って原告は賃貸人より本件金員を取得した。

❸ 争　　点

争　点 本件金員に係る所得の種類は何か（事業所得か、一時所得か）。

❹ 争点に対する当事者の主張

原告等（納税者）及び被告等（国）の主張は、次のとおりである。

原告等の主張	被告等の主張
(1)　本件金員の区分は一時所得 ①　一時所得の意義等 　一時所得とは、たまたま運良く得た一時的・臨時の収入である。一時所得を認め、事業所得等とは異なった税率を課している所得税法の趣旨は、臨時・偶発的な利得について、税負担の軽減を図ることである。 　これが一時所得と事業所得について異なった扱いをする点である。 （所得税法施行令94条1項について） 　「必要経費を補填」する場合、(イ)「本人の意思に反して生ずる損失の補填」、(ロ)「本人の意思によって生ずる経費の補填」の2つの形態が考えらえる。 　この2つの形態を無視して、所得税法施行令94条1項に規定する「補償金（その他これに類するもの）」を取得した場合、その補償金により「収入金額を補填」しても、「必要経費を補填」しても、「事業所得を生ずべき業務に関する収益を補償するもの」という視点で同列に論ずることは誤りである。 （立退料の所得と種類） 　立退料である「必要経費を補填するため取得する金銭」は一時所得に区分される。事業年度中に「必要経費を補填する金銭」を取得したとしても、事業年度末までに必要経費として使用しなかった場合には必要経費は計上されない。 　「必要経費を補填するため取得する金銭」を「必要経費に充当すれば事業所得」、「必要経費に充当しなければ一	(1)　本件金員の区分は事業所得 ①　事業所得の意義等 　所得税法は「事業から生ずる所得と一体として把握されるべき収入は、付随収入として事業所得の総収入金額に算入する」としている。 　付随収入の範囲の決定は、事業所得の金額の計算上必要経費に算入される支出との関係も考慮要素となる。その上で、事業所得の必要経費を補填のため取得する金額は、当該必要経費を計上する事業所得の金額の計算上総収入金額に算入されるべきである。 （所得税法施行令94条1項について） 　事業所得には、事業から生ずる所得のほかにも、付随収入として「業務の遂行により生ずべき事業所得に係る収入金額に代わる性質のもの」も含まれる。 　それには「業務の全部又は一部の休止、転換又は廃止その他の事由によって、当該業務の収益の補償として取得する補償金（その他これに類するもの）」がある。「補償金（その他これに類するもの）」を取得した場合、その補償金により「収入金額を補填」しても、「必要経費を補填」しても、「事業所得を生ずべき業務に関する収益を補償するもの」といえる。「収入金額に代わる性質のもの」には、「必要経費を補填するため取得する金銭」も含まれる。 （立退料の所得の種類） 　一般に、借家人が受ける立退料は、(イ)譲渡所得に該当する「借家権の消滅

時所得」というのでは、納税者の操作を許し、一貫性のない解釈で徴税上の不公平、混乱を導く。

② 本件事実関係への当てはめ
（所得税法施行令 94 条 1 項について）

（イ） 本人の意思に反する移転

移転に伴い経費（賃料や休業中の従業員の給与等）が二重に発生し損失が生じることがある。その損失は「損害」といえる。損害による「収入の損失」及び「経費の損失」の補填に当たり取得する金員は、「事業収入の損失の補填」であり、事業収入と考えられる（同条が適用される）。

損害賠償として取得する性格の金員は、賠償責任が果たされれば、実質的には事業収入が存在した場合と同様に評価できるからである。

（ロ） 本人の意思による移転

移転に伴い増加する経費（例えば、高額な家賃の事務所移転による賃料、移転により増員した従業員の給与等）や移転費用は、「損害」ではなく本人の意思に従った支出と考えられる。

弁護士業は旧事務所でなくとも継続することは可能であり、「損害」は生じていない。「将来に増加する経費の補填」のため取得する金員は、本人の意思による新たな事業の必要資金の獲得であり、自己資金で対応すべき金員への資金提供である。したがって、明らかに損害とは性格が異なる（同条が適用されない）。

（2） 弁護士業の所得について

弁護士の職務は一般の法律事務である。弁護士の事業所得となる弁護士報酬は、法律相談料や書面による鑑定料、着手金、報酬金、手数料、顧問料、日当であり、立退料はこのいずれにも当てはまらない。立退料は、弁護士の職務とはまったく関係のない収入

の対価という性質のもの」、（ロ）事業所得に該当する「移転による休業等に伴う収益の補償的性質のもの」、（ハ）一時所得に該当する「その他のもの」に区分される。

立退料である本件金員の性質が前掲（イ）から（ハ）のいずれかであるかは具体的な事情を勘案して決められるべきである。

② 本件事実関係への当てはめ
（所得税法施行令 94 条 1 項について）

事務所移転は弁護士業の継続的な収益稼得活動に支障を来すことは明らかなので、「業務の全部又は一部の休止、転換又は廃止」でなくとも所得税法施行令 94 条 1 項 2 号の「その他の事由」に該当する。

（立退料の所得の種類）

原告は、事務所移転に係る必要経費を概算で算出した上で明渡合意書の締結に至ったと認められる。

原告は事業所得の金額の計算上で「旧事務所及び新事務所の賃料等、新事務所への移転費用」を必要経費等に算入している。

このことは、本件金員が支払われた趣旨が必要経費の補償といえる。したがって前掲の立退料の種類は（ロ）事業所得の「移転による休業等に伴う収益の補償的性質のもの」に区分される。

（2） 弁護士業の所得について

事業から生じる所得であるか否かの判断は、当該事業の本体を成す業務の遂行との関連性の強さを考慮して判断すべきである。

本件金員は、弁護士業に使用する事務所移転に必要な費用の補填として取得された金員である。

ゆえに付随収入として、すべて取得した年分の事業所得の金額の計算上総収入金額に算入すべきである。

| であり、事業所得とは評価することができない。

(3) 事業所得と一時所得の判断過程について
　所得税法における 10 種類の所得は、それぞれ明確な概念を持った規定で、一時所得はいわゆるバスケット条項ではない。

　以上により、本件金員に係る所得は、一時所得として扱われるべきである。 | (3) 事業所得と一時所得の判断過程について
　一時所得は一時的・偶発的な利得で、それ自体が積極的な内容をもたず、他の所得の類型に該当しない所得をいわば補充的に分類するカテゴリーである。
　事業所得該当性が肯定される場合は、一時所得該当性の検討の余地はない。ゆえに、所得の種類の判断には、まず、本件金員が事業所得に該当するか否かを検討する。

　以上により、本件金員に係る所得は、事業所得として扱われるべきである。 |

❺　争点に対する判断

(1)　東京地裁の判断

　以下の判示により、本件金員はその取得した年分の事業所得の収入金額に算入されるべきものである。

①　事業所得と一時所得の判断過程

　一時所得に係る所得税法 34 条 1 項の定めの文理から、本件金員に係る所得の種類の区分に当たっては、まず、その事業所得の該当性を判断する。

②　所得税法施行令 94 条 1 項の規定

> 　……事業所得……を生ずべき業務を行なう居住者が受ける次に掲げるもので、その業務の遂行により生ずべきこれらの所得に係る収入金額に代わる性質を有するものは、これらの所得に係る収入金額とする。
> 　一　（略）
> 　二　当該業務の全部又は一部の休止、転換又は廃止その他の事由により当該業務の収益の補償として取得する補償金その他これに類するもの
> （以下略）

③　本件への当てはめ

(イ)　法律事務所の維持及び管理の業務

　居住者が営む事業に係る行為ないし活動は、当該事業のいわゆる本体を成すもののほかにも多様な業務を含む。

　法律事務所の維持及び管理の業務は、当該事業の本体を成す業務の遂行との関連性の強さを考慮すると、弁護士の営む事業に重要であり、所得税法施行令94条1項の柱書にいう「事業所得を生ずべき業務」に含まれる。弁護士がその業務を行うに当たっては法律事務所を設けることが必要とされる（弁護士法20②）。本件金員は、その法律事務所について、移転が生じたことにつき本件明渡合意に基づいて原告が取得したものである。

(ロ)　事務所移転により必要経費が増加すること

　事務所移転は、所得税法施行令94条1項2号の「当該業務の全部又は一部の休止、転換又は廃止その他の事由」に含まれる。

(ハ)　必要経費の補填の趣旨で取得された本件金員

　「事務所の移転を事由として増加する必要経費を補填するために取得した本件金員」は、所得税法施行令94条1項2号の「当該事由により当該業務の収益の補償として取得するもの」に含まれる。一般に当該業務の遂行により生ずべき当該事業所得に係る必要経費はそれに係る収入金額によって賄われることが想定されている。これを踏まえると、本件金員は、当該業務の遂行により生ずべき当該事業所得に係る所得税法施行令94条1項の「収入金額に代わる性質を有するもの」に該当する。

(ニ)　本件金員が事業所得に係る収入金額であるとする判断

　所得税法施行令94条1項2号は、当該居住者が取得する金銭等が、以上のような各要件を満たすものである限り、その名目が「補償金」とはされていなくても、その性質が「これに類するもの」であれば、それを当該事業所得に係る収入金額とする。

(2) 東京高裁の判断

　本件金員について、東京高裁では、本件明渡合意の成立に至る経過、本件明渡合意の内容、控訴人による本件金員の取得の経緯、取得した本件金員についての控訴人による本件各係争年分の事業所得に係る必要経費の計算の内容等に照らし、本件金員6,000万円には、図表6－2に掲げる3つの種類のもの（「賃料等差額補填分」「新事務所開設費用補填分」「退去費用補填分」）が含まれているとされた。

　そして3つの種類の費用の内容を検討して、それぞれの所得の区分を判断している。

■図表6－2　3つの種類の費用

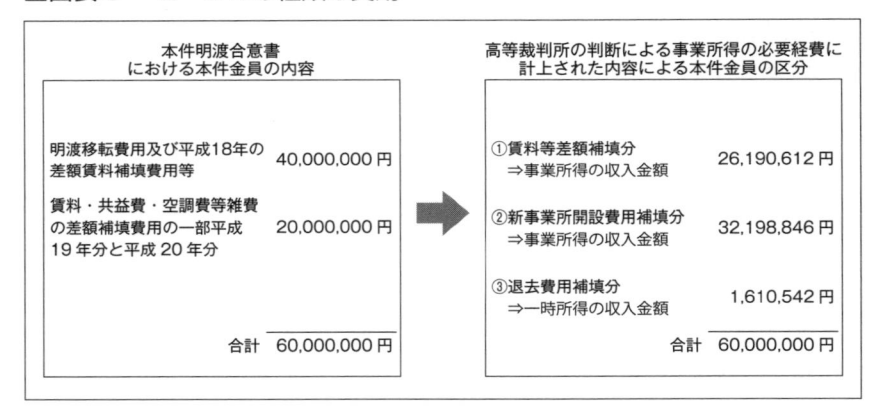

本件明渡合意書における本件金員の内容		高等裁判所の判断による事業所得の必要経費に計上された内容による本件金員の区分	
明渡移転費用及び平成18年の差額賃料補填費用等	40,000,000円	①賃料等差額補填分⇒事業所得の収入金額	26,190,612円
賃料・共益費・空調費等雑費の差額補填費用の一部平成19年分と平成20年分	20,000,000円	②新事業所開設費用補填分⇒事業所得の収入金額	32,198,846円
		③退去費用補填分⇒一時所得の収入金額	1,610,542円
合計	60,000,000円	合計	60,000,000円

① 本件金員のうち「賃料等差額補填分」と「新事務所開設費用補填分」

　「賃料等差額補填分」と「新事務所開設費用補填分」は、事業所得に係る収入金額とされる。

　新事務所の賃料や、新事務所の内装工事や家具代等、新資産の取得等（減価償却費として必要経費となるもの）は、法律事務所の維持及び管理の業務に係る費用であり、事業所得の収入を生み出すことの対応関係は明確なため、全額、当該事業所得に係る必要経費に該当する。

　これらは、事務所移転の事由により増加する必要経費を補填するという合

意がされ、それに基づき取得したと認められる。したがって、所得税法施行令94条1項2号の規定により、事業所得に係る収入金額とするのが相当である。

② **本件金員のうち「退去費用補填分」**

退去費用補填分は、一時所得に係る収入金額とされる。旧事務所の明渡しは、控訴人の意図ではなく、賃貸人の都合による。控訴人は、旧事務所での事業の継続に何の支障もなかったが、賃貸人の都合により旧事務所から退去することになった。退去費用は、特定の事業所得の収入と対応はなく、また、取得した新資産のように将来にわたっての期間の減価償却費として必要経費となるものではないので、控訴人の事業所得の必要経費になるとはいえない。したがって、退去費用補填分の金員は、事業所得の総収入金額に含まれない。所得税法34条1項に定める営利を目的とする継続的行為から生じた所得以外の一時的な所得で、労務その他の役務又は資産の譲渡の対価としての性格を有しないものとして一時所得になるといわざるを得ない。支払われた年の一時所得の総収入金額に算入するのが相当である。

(3) **最高裁の判断**

最高裁は、不受理としたため、東京高裁の判決が確定した。

Ⅶ 所得区分の判断ポイント

❶ 法令等の考え方と最高裁昭和56年判決による事業所得の判断基準

個人による経済活動が、所得税法上の事業所得を生ずべき事業に該当するか否か、その所得区分の判断基準は必ずしも明確ではない。

それゆえ、経済活動について、具体的な態様である事実を詳細に考察し、法令等の考え方や、これまでの判示や裁決事例等の基準をもとに、諸般の事

情を総合的に検討し、社会通念に照らして事業と認められるかどうかを判断することが適切と思われる。

　所得税法27条1項に規定されている「事業所得の範囲」には、政令で定めるものがある。その所得税法施行令63条12号には「前各号に掲げるもののほか、対価を得て継続的に行なう事業」という規定が設けられている。

　この政令で規定する「対価を得て継続的に行なう事業」について、判示では「事業所得とは自己の計算と危険において独立して営まれ、営利性、有償性を有し、かつ反復継続して遂行する意思と社会的地位とが客観的に認められる業務から生ずる所得をいう」とされる（最高裁昭和56年判決）。

　判示による判断基準の要素をまとめると、図表6-3のとおりである。

■図表6-3　「対価を得て継続的に行なう事業」の判断基準

判断基準	具体的な考え方
①　自己の計算と危険において独立して営まれること	・他者から指揮命令や拘束を受けることなく、独立して自己の判断に基づき、リスクを負担することになっているか。 ・経済活動の内容やその成果等によって変動し得る収益を受け取ったり、費用を負担することになっているか。
②　営利性、有償性があること	・利益を得るために、対価を得て活動を行っているか。
③　反復継続して遂行する意思があると客観的に認められる業務であること	・繰り返し、規則的に活動を行っているか。 ・一定期間活動を行っているか。 ・生活状況等から判断して、収入に占める割合が大きく、生業となる主要な活動を行っているか。
④　社会的地位が客観的に認められる業務であること	・社会において職業として客観的に認められる活動を行っているか。

❷ 事業所得と関連する他の所得区分の判断基準

(1) 給与所得と事業所得の区分

「人的役務の提供による所得」の区分には、給与所得と事業所得がある。人的役務の提供について、両所得の考え方は次のとおりである（図表6－4）。

> ① 給与所得は、被用者と雇用者における雇用契約又はこれに類する原因に基づき、被用者が雇用者から受ける労務の対価である。
> ② 事業所得は、依頼者と提供者において請負、委任等の関係に基づき、提供者が依頼者から受ける役務提供の対価である。

■図表6－4　給与所得と事業所得の区分

給与所得	事業所得
・雇用者の指揮命令に服し、雇用者に従属している。被用者は雇用者との関係において空間的、時間的な拘束を受け、労務の対価は継続的ないし断続的に支給される。	・提供者は、役務の提供を自己管理することができ、依頼者に対して独立している。
・雇用者への労務の提供は、他人が代替できない。	・提供者は、契約に基づき成果の実現に当たっては、他人を代替させることもできる。
・被用者は、役務提供の結果に対して危険の負担はない。	・提供者は、役務の提供の過程、また、その成果について危険を負担する。役務の提供は、提供者の主体性に基づき実現される。
・対価は、自己の労務の提供のみに対して支給される。	・報酬は、役務の対価だけでなく、実現に必要な費用も含まれている。

また、給与所得と事業所得の判断基準の考え方について、参考となる図解を図表6－5に示す。

■図表6−5　給与所得と事業所得の判断基準

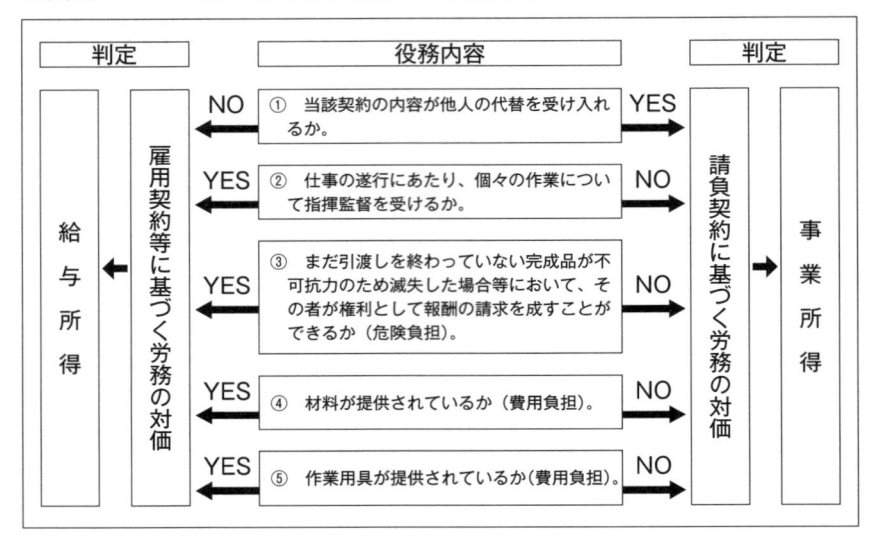

判定	役務内容	判定

（出典）「法個通　法人課税課速報（源泉所得税関係）【給与所得と事業所得との区分　給与？それとも外注費？】東京国税局 平成 15 年 7 月 第 28 号」より抜粋（TAINS コード　法人課税課速報 H150700-28）

(2)　不動産所得と事業所得の区分

「不動産の利用により得られる所得」の区分には、不動産所得と事業所得がある。不動産の利用による業務について、両所得の考え方は次のとおりである。

---

① 　不動産所得は、不動産そのものを貸し付けて得る対価である。
② 　事業所得は、不動産を利用し、かつ、役務の提供を行うことで得る
　　対価である。

不動産貸付業は、事業所得の事業の範囲より除かれている（所令 63）。ゆえに、不動産貸付業から生ずる所得は不動産所得である。しかし、不動産の貸付け（利用）による所得であっても、事業所得に該当するものは不動産所得から除かれている（所法 26 ①）。

不動産の貸付け（利用）は、単に不動産を使用させるだけではなく、役務の提供の対価を伴う場合には、役務提供の度合いにより、それに応じた所得区分を判定することになる。例えば、アパートや下宿等の使用による所得区分は、アパートや貸間等のように食事を供さない場合の所得は不動産所得となり、下宿等のように食事を供する場合の所得は、事業所得（又は雑所得）となる（所基通26－4）。

また、役務提供の度合いも所得区分の判定基準となる。例えば、ホテルを利用した対価は、一室を貸し付けた使用料というよりも、宿泊によるサービスの提供が主であるため、不動産所得ではなく事業所得とされる（『令和3年版　所得税基本通達逐条解説』（大蔵財務協会））。

■図表6－6　不動産所得と事業所得の区分

不動産所得	事業所得
・その所得がほとんど又は専ら、不動産の貸付け（利用）により生ずる所得である。	・不動産を利用しつつ、役務提供を行い、これが一体となった継続的な経済活動の給付の対価である。所得の内容が、不動産を用いて行う役務の提供がメインである。 ・役務提供の内容や成果等により変動する収益の受領や費用の負担がある。

(3) 譲渡所得と事業所得の区分

「資産の譲渡により生ずる所得」の区分には、譲渡所得と事業所得がある。「資産の譲渡により生ずる所得」について、両所得の考え方は次のとおりである。

① 譲渡所得は、資産の譲渡（キャピタルゲイン（又はキャピタルロス））による所得をいう。
② 事業所得は、営利を目的として継続的に行われる資産の譲渡による所得をいう。

棚卸資産の譲渡その他営利を目的として継続的に行われる資産の譲渡による所得は、譲渡所得に含まれない（所法33②一）。それらは、事業所得（又は雑所得）とされる。

　また、事業所得の事業の範囲には、譲渡所得に該当するものは除かれている（所法27①）。事業活動に使用する事業用資産であっても、一時的、臨時的な資産の処分によって生ずる所得は事業所得ではなく、譲渡所得に該当する。

■図表6−7　譲渡所得と事業所得の区分

譲渡所得	事業所得
・キャピタルゲイン（キャピタルロス）を生ずべき資産の譲渡による所得である。 ・一時的、臨時的な資産の処分である。	・売却により利益を得る（営利）目的で取得した資産（棚卸資産及びそれに準ずる資産）の譲渡による所得である。 ・継続的に行われる売却である。

(4)　一時所得と事業所得の区分

　「臨時的に生ずる所得」の区分には、一時所得と事業所得がある。「臨時的に生ずる所得」について、両所得の考え方は次のとおりである。

> ①　一時所得は、対価の性質がなく、臨時的に生ずる所得をいう。
> ②　事業所得は、対価を得て、継続的行為により生ずる所得をいう。

　一時所得は、営利を目的とする継続的行為から生ずる所得以外の一時の所得で、労務その他役務又は資産の譲渡の対価の性質がない、臨時的に発生する所得である。しかし、そのような所得であっても、事業所得の事業活動に伴うものは、事業所得とされる。

　居住者が営む事業に係る行為ないし活動は、当該事業のいわゆる本体を成すもののほかにも多様な業務を含む。その事業の本体を成す業務の遂行との関連性の強さが判断基準の１つになる。

■図表6-8　一時所得と事業所得の区分

一時所得	事業所得
・一時の所得で、労務その他の役務又は資産の譲渡の対価性がない所得である。	・臨時的に生ずるもののうち事業所得の事業を遂行するに当たり付随収入とされる所得である。

(5)　雑所得と事業所得の区分

　さまざまな態様の業務による所得でその規模の違いにより、雑所得と事業所得がある。両所得の考え方は、次のとおりである。

○雑所得は、その者の主たる所得でなく、事業的規模で行われていない業務により生ずる所得をいう。

○事業所得は、その者の主たる所得で、事業的規模で行われている業務により生ずる所得をいう。

　事業と非事業の区分は、実務上、容易に判断がつかない場合も多いため、所得税基本通達において「事業から生じたと認められない所得で雑所得に該当するもの」の例が示されている。

◆所得税基本通達

　（業務に係る雑所得の例示）

35-2　次に掲げるような所得は、事業所得又は山林所得と認められるものを除き、業務に係る雑所得に該当する。

(1)　動産（法第26条第1項《不動産所得》に規定する船舶及び航空機を除く。）の貸付けによる所得

(2)　工業所有権の使用料（専用実施権の設定等により一時に受ける対価を含む。）に係る所得

(3)　温泉を利用する権利の設定による所得

(4)　原稿、さし絵、作曲、レコードの吹き込み若しくはデザインの報酬、放送謝金、著作権の使用料又は講演料等に係る所得

(5) 採石権、鉱業権の貸付けによる所得

(6) 金銭の貸付けによる所得

(7) 営利を目的として継続的に行う資産の譲渡から生ずる所得

(8) 保有期間が5年以内の山林の伐採又は譲渡による所得

(注) 事業所得と認められるかどうかは、その所得を得るための活動が、社会通念上事業と称するに至る程度で行っているかどうかで判定する。

なお、その所得に係る取引を記録した帳簿書類の保存がない場合（その所得に係る収入金額が300万円を超え、かつ、事業所得と認められる事実がある場合を除く。）には、業務に係る雑所得（資産（山林を除く。）の譲渡から生ずる所得については、譲渡所得又はその他雑所得）に該当することに留意する。

■図表6−9　雑所得と事業所得の区分

雑所得	事業所得
・その者の主たる所得ではない。 ・所得税基本通達35−2が参考となる。	・その者の主たる所得である。 ・所得を得るための活動が、社会通念上、事業と称するに至る程度で行っており、一般に認識されるものであり、客観的にみて、独立し、継続的、規則的に行われるものである。

❸ ⅤとⅥの裁判例における事業所得の判断基準

(1) Ⅴの裁判例（弁護士会の無料相談の対価として支給された日当が事業所得と給与所得のいずれに該当するか争われた裁判）

「人的役務の提供による所得」の区分については、判断が難しい事例が頻繁にある。上記Ⅴの裁判例のとおり、所得が生ずる具体的な態様を、すなわち、どのような状態で生じる所得であるのか、十分に把握した上で、所得区分の判断基準の1つとして最高裁昭和56年判決が示す事業所得と給与所得の一応の基準をその事実関係に当てはめて、検討することが考えられる。

Ⅴの裁判例は、弁護士会の無料相談の対価として支給された日当（「本件

日当」）が、給与所得であるか、事業所得であるか、争われた事例で所得区分は事業所得と判決された。はじめに、所得が生ずる具体的な態様として、どのような状態で、業務収入が支払義務者からその帰属者へ支払われるか、業務収入の内容、業務収入を得るための要件、その帰属者と支払義務者との法律関係等の事実関係についてつぶさに把握する。その上で、その事実関係について、事業所得となる「自己の計算と危険において独立して営まれ、営利性、有償性を有し、かつ反覆継続して遂行する意思と社会的地位とが客観的に認められる業務から生ずる所得」であるのか、給与所得となる「雇傭契約又はこれに類する原因に基づき使用者の指揮命令に服して提供した労務の対価として使用者から受ける給付」であるのか、1つ1つ、当てはめていく過程を経て、所得区分を判断することになる。

　また、その業務が、通常は事業所得に該当すると考えられる業務であっても、業務の遂行に当たり「特段の事情」がある場合もある。弁護士の業務についていうと、弁護士業務とは主に一般の依頼者の求めに応じて行う法律相談である。それにより取得する対価は、所得税法上、事業所得に区分される。裁判例では、本件日当における法律相談業務も、弁護士が行う法律相談である点においては、「特段の事情」がない限り、通常の法律相談と異なるものではないとされる。では、弁護士会法律相談センターが行う無料法律相談業務が、弁護士の通常の法律相談業務と異なる点は何かというと、それは、特定の場所や時間の指定、定められた設備や相談時間、相談件数にかかわらず定額な対価という指揮命令の下に提供した労務の対価ということである。これらの事情が、事業所得の区分に当たり「特段の事情」に該当するか、その判断が必要となる。判決では、「開催場所を訪れた相談者の選択を認めないこと、自治体が住民に無料法律相談サービスを提供するための執務方法や態様に大枠を設定すること、対価額の決定が担当弁護士の随意に委ねられていないこと、これらの事情は、自治体が住民に提供するサービスの1つである相談業務を充実すること、非弁活動を禁止する弁護士法の下で法律的サービスを社会に広く提供すべき弁護士の使命を果たすことを目的とする無料法律相談の趣旨、機能に照らすと、弁護士が行う法律相談業務の事業性を損ない、事業性を否定する要因ということはできない」とされた。

事実関係の判断基準への当てはめの過程では、個々の態様の当てはめはもちろん重要である。しかし、無料法律相談という業務収入が生ずる背景や、業務収入の帰属者の立場、すなわち無料法律相談を担当できるのは法律相談を業務にすることができる有資格者の弁護士という立場の者のみであること、無料法律相談の業務収入の帰属者は弁護士のみで、弁護士という事業性が存在して初めて成立する業務収入であるという大きな視点の当てはめが判断の前提として必要である。

⑵　Ⅵの裁判例（弁護士事務所移転に伴い受領した立退料名目の金員が事業所得と一時所得のいずれに該当するか争われた裁判）

　業務を営んでいると、本体の業務を成すもののほかにも、意図するか否かにかかわらず、それに伴い多様な所得が生ずることがある。所得税基本通達27－5では、事業所得を生ずべき事業の遂行に付随して生じた収入についての例示を掲げ、それらは事業所得の金額の計算上総収入金額に算入するとしている。しかし、実務においては、本体の業務を成す事業所得に含まれるものなのか、それとも本体の業務とは関係のない所得として区分されるのか、判断が難しいものも多くあり、その判断基準の１つに上記Ⅵの裁判例がある。

　Ⅵの裁判例は、弁護士事務所移転に伴い受領した立退料名目の金員について、その所得区分が争われたものである。法律事務所の維持及び管理業務は、業務の本体である弁護士業務の遂行において必要な業務であり、それとの関連性も強いため、事業所得を生ずべき業務に含まれる考えられる。とはいえ、法律事務所の維持及び管理業務より生ずる収入がすべて、弁護士業務の遂行に付随した収入となり事業所得に区分されるのか、この裁判例ではもう少し踏み込んだ判断基準を示している。

　東京高裁の判決は、「必要経費とはその所得を生ずべき業務について生じた費用」（所法37①）であるため、事業所得の収入と必要経費の関係に着目し、費用が事業所得の収入を生み出すことの対応関係を基準に所得区分の判断をしている。

　まず、事務所移転により生ずる費用を３種類（「賃料等差額補填分」、「新

事務所開設費用補填分」、「退去費用補填分」）に区分し、受領した金員の相当額はその3種類の費用の補填に投じられたとした。3種類の費用それぞれについて、事業所得の収入を生み出す対応関係にあるか否かを検討し、それを所得区分の判断基準とした。立退料の名目で受領した金員のうち、事業所得の収入を生み出す対応関係にある賃料等の差額補填、新事務所の開設費等の補填へ投じられたと考えられる金額の部分は事業所得に区分され、退去費用等のように事業所得の収入と対応関係がない、臨時的、偶発的な費用の補填へ投じられたと考えられ金額の部分は一時所得に区分されるとした。

　本体の業務を成すことに伴い、本体の業務のほかとして生じた所得区分の判断は、本体を成す業務の遂行との関連性の強さが基準となる。Ⅵの裁判例では、本体の業務のほかとして生じた所得が何に使われたのか、事業所得の収入を生み出す対応関係にあるものに使われたのか否か、その使途等が、関連性の強さを具体的に表す基準の1つとして示されたと考えられる。

事業所得

第7章
給与所得

I 給与所得の範囲

❶ 給与所得の定義

給与所得とは、俸給、給料、賃金、歳費及び賞与並びにこれらの性質を有する給与に係る所得をいう（所法28①）。いわゆる給与とは、人の勤労の対価として期間に応じ、勤労の多寡に即して支給する金銭的給付を意味する（東京地裁昭和34年5月27日判決）。

給与所得には、残業手当や休日出勤手当、家族（扶養）手当、住宅手当等、労務の提供に関連して受ける給付もそれが労務の対価に準ずるものであれば給与所得に含まれる（大阪地裁昭和34年12月26日判決）。

給与は必ずしも金銭による給付である必要はなく、金銭以外の物、又は権利、その他経済的な利益の給付も給与所得に該当する（所法36①かっこ書）。このような経済的な利益の給付は現物給与、あるいはフリンジ・ベネフィットと呼ばれる。

従業員に対して行われる給付がすべて給与所得に該当するわけではなく、使用者の便宜に基づく職務の性質上欠くことのできない給付で、全従業員を対象として希望者全員の費用を負担し、かつ不相当に高額でなければ給与所得には含まれず、福利厚生費等の損金として処理される。

なお、在宅勤務に通常必要な費用についても、その費用の実費相当額を精算する方法により使用者が従業員に対して支給する一定の金銭については、従業員に対する給与には該当しない（国税庁「在宅勤務に係る費用負担等に関するFAQ（源泉所得税関係）」令和3年1月15日（同年5月31日改訂））。

❷ ストックオプション

(1) ストックオプションの種類と課税関係

　ストックオプションは株式報酬制度の１つで、株式会社の役員や従業員に付与される「権利を行使できる期間（権利行使期間）内に、あらかじめ定められた価格（権利行使価額）で自社株を購入できる権利」のことである。

　株価が上昇すると実質的な報酬が増えるため、企業にとっては役員や従業員のモチベーションのアップや優秀な人材の確保、流出防止の効果が期待される。

　ストックオプションの種類と課税関係は図表７－１のとおりである。

■図表７－１　ストックオプションの種類と課税関係

ストックオプションの種類		課税関係		
		権利付与時	権利行使時	株式売却時
ストックオプションを無償で付与	税制適格 SO	課税なし	課税なし	譲渡所得
	税制非適格	課税なし	<u>給与所得</u>	譲渡所得
ストックオプションを有償で付与		課税なし	課税なし	譲渡所得
ストックオプションを信託して付与	従来の解釈	課税なし	課税なし	譲渡所得
	現在の取扱い	課税なし	<u>給与所得</u>	譲渡所得

(2) 税制適格ストックオプション

　いわゆる税制適格ストックオプションに該当する場合には、当該ストックオプションを行使して株式を取得した日の給与課税を繰り延べ、その株式を譲渡した日の属する年分の株式譲渡益として譲渡所得税の課税対象とすることとされている（措法29の2）。

　子会社の役員に対して親会社等からストックオプションが付与される場合があるが、このように直接的な雇用関係がない場合であっても、支配関係のある親会社等から労務の対価として付与されたストックオプションに係る経

■図表7−2 信託型ストックオプションの仕組みと課税関係

〈税制非適格ストックオプション（信託型）のイメージ〉

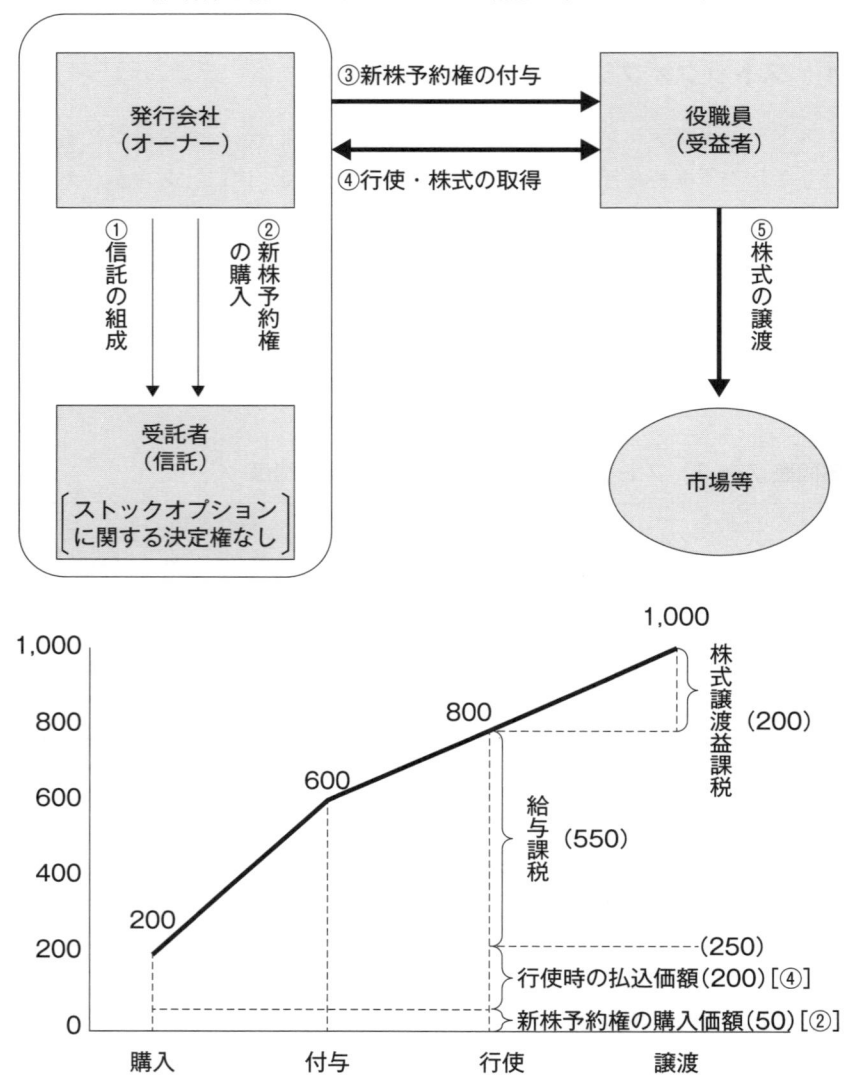

（出典） 国税庁「ストックオプションに対する課税（Q＆A）」令和5年5月
（最終改訂令和5年7月）

済的利益については、給与所得として課税される（最高裁平成 17 年 1 月 25
日判決）。

(3) 信託型ストックオプション

信託型ストックオプションは、これまでストックオプションに伴う経済的
利益は労務の対価に該当しないという理解に基づき、給与所得としての課税
は行われず、権利行使により取得した株式を売却した時に譲渡所得として譲
渡益に課税されるものとして、課税関係が整理されてきた。しかし、令和 5
年 5 月 30 日に「ストックオプションに対する課税（Q＆A）」が公表（同年
7 月 7 日改訂）され、

・実質的には、発行会社がその役員や従業員にストックオプションを付与し
ていること
・役員や従業員に金銭等の負担がないこと

などの理由から、信託型ストックオプションの経済的利益は労務の対価に該
当し、権利行使時に給与所得として課税されることが明示された。

❸　給与所得と事業所得との区分

(1) 給与所得と事業所得

最高裁昭和 56 年 4 月 24 日判決は、給与所得と事業所得を次のように整理
する。

＜給与所得＞
雇用契約又はこれに類する原因に基づき使用者の指揮命令に服して提供し
た労務の対価として使用者から受ける給付をいう。 給与支給者との関係に
おいて何らかの空間的、時間的拘束を受け、継続的ないし断続的に労務又は
役務の提供があり、その対価として支給されるものであるかどうかが重視さ
れなければならない。

<事業所得>

　自己の計算と危険において独立して営まれ、営利性、有償性を有し、かつ反復継続して遂行する意思と社会的地位とが客観的に認められる業務から生ずる所得をいう。

　所得税法の規定ではないが、消費税法基本通達1−1−1は給与であるか請負であるかの区分について、「雇用契約又はこれに準ずる契約に基づく対価であるかどうかによる」とし、その区分が明らかでないときは次の事項を総合的に勘案して判定するとしている。

・（非代替性）その契約に係る役務の提供の内容が他人の代替を容れるかどうか。
・（指揮監督性）役務の提供に当たり事業者の指揮監督を受けるかどうか。
・（危険負担）まだ引渡しを了しない完成品が不可抗力のため滅失した場合等においても、当該個人が権利としてすでに提供した役務に係る報酬の請求をなすことができるかどうか。
・（材料等の支給）役務の提供に係る材料又は用具等を供与されているかどうか。

⑵ 「雇用契約に類する原因」の確認

　最高裁昭和56年4月24日判決は、「給与所得は雇用契約又はこれに類する原因に基づき……」とするが、この場合の「これに類する原因」について確認する。

　判例によれば、直接的な雇用関係のない子会社の取締役に権利付与したストックオプションに係る経済的利益（最高裁平成17年1月25日判決）や、委任・準委任契約等に基づく取締役や監査役の役員報酬等がこれに含まれる（前橋地裁昭和53年7月13日判決）。

　取締役や監査役等は株主総会の決議に基づいて選任される役員であり（会社法329）、会社との契約は雇用契約ではなく委任（準委任）契約である（会社法330、民法643準用）が、これらの役員に対する報酬も「雇用関係に準ずる役員等の委任関係に基づき収受される対価であるとみるのが相当で」あ

るとされる（前橋地裁昭和53年7月13日判決）。

　さらに、雇用契約ではなく、顧問契約や業務委託契約に基づく「顧問」という役職がある。取締役等の役員と異なり意思決定権はないが、専門的な知識や経験、人脈等を活用して会社や組織をサポートする役割である。

　顧問には大きく分けて2通りある。1つは退任・退職した役員や従業員等、元々その会社や組織に所属していた者が就任するケースと、弁護士や公認会計士、税理士等の外部の専門家が就任するケースである。

　顧問に対する報酬も、労務の提供に従属性や非独立性が認められる場合には、「これに類する原因」に基づくものとして給与所得に該当するとされる。

Ⅱ　給与所得の金額の計算

❶　給与所得の金額の計算

　給与所得の金額は、収入金額から給与所得控除を差し引くことにより求められる（所法28①）。

　収入金額は、金銭で支給されたものに限らず、現物給与やストックオプションのような物品や権利その他の経済的利益によるものも含めて、その年中に受け取ることが確定した金額である。

　給与所得は、原則として収入金額から給与所得控除を差し引いて求めるが、給与所得を稼得するための特定の費用がある場合には特定支出控除の特例を受けることもできる（所法57の2①）。

　その他、一定の給与所得者に対しては所得金額調整控除の制度が設けられている。

❷　給与所得控除

　給与所得は、事業所得等のように実額による必要経費を差し引くのではなく、収入金額に応じて所得税法が定める給与所得控除額を給与等の収入金額から差し引いて計算する（所法 28 ①）。給与所得控除の金額は、1 年間の給与収入の金額に応じて定められている（所法 28 ③・④）。

　給与所得が実額による必要経費ではなく、概算額としての給与所得控除額を差し引くこととしているのは、

① 　給与所得者が職場で勤務上必要とする施設、器具、備品等に係る費用等は使用者において負担するのが通例であること

② 　給与所得者はその人数が膨大であるため、各自の申告に基づき必要経費の額を個別的に認定して実額控除を行うことは、租税徴収費用の増加と税務執行上の混乱が懸念されること

③ 　給与所得者個人の主観的事情や立証技術の巧拙によって、租税負担の不公平をもたらすおそれがあること

等の弊害を防ぐことを目的としていることにある（最高裁昭和 60 年 3 月 27 日大法廷判決）。

❸　給与所得者の特定支出控除と所得金額調整控除

　給与所得控除が「勤務費用の概算控除」という機能を有していることに対し、必要経費の実額控除としての性格を有する制度が給与所得者の特定支出控除である。

　給与所得者の特定支出控除は、給与所得者が一定の支出をした場合に、当該支出額から給与所得控除額の 2 分の 1 を差し引いた金額を給与所得控除額に加算して、給与等の収入額から差し引くことができるとする制度である（所法 57 の 2 ①）。

　所得金額調整控除とは、一定の給与所得者の総所得金額を計算する場合

に、一定の金額を給与所得の金額から控除するものである。

Ⅲ 収入の時期

　給与所得の収入時期は給与を受け取ることが確定した時期だが、給与所得の種類により、図表7－3のように分類される。

■図表7－3　給与所得の収入時期

給与所得の種類	給与所得の内容	収入の時期
一般の給与	支給日が定められているもの	その支給日
	支給日が定められていないもの	その支給を受けた日
役員に対する賞与	株主総会の決議等によりその算定の基礎となる利益に関する指標の数値が確定し、支給金額が定められるもの、その他利益を基礎として支給金額が定められるもの	その決議等があった日
	上記の決議等が支給する金額の総額だけを定めるにとどまり、各人ごとの具体的な支給金額を定めていない場合	各人ごとの支給金額が具体的に定められた日
給与規程の改訂（ベースアップ）に伴う新旧給与の差額の支給	支給日が定められているもの	その支給日
	支給日が定められていないもの	その改訂の効力が生じた日

給与所得

給与所得の種類	給与所得の内容	収入の時期
いわゆる認定賞与とされる給与等	支給日があらかじめ定められているもの	その支給日
	支給日があらかじめ定められていないもの	現実にその支給を受けた日（支給を受けた日が明らかでない場合には、その支給が行われたと認められる事業年度終了の日）
経済的利益	金銭以外の物、権利、その他経済的利益の給付	原則として経済的利益を受けた時
	土地、家屋その他の資産（金銭を除く）の貸与を無償又は低い対価で受けた場合における通常支払うべき対価の額、又はその通常支払うべき対価の額と実際に支払う対価の額との差額に相当する利益	その利益を受けた各月ごとにその月の末日
	金銭の貸付け又は提供を無利息又は通常の利率よりも低い利率で受けた場合における通常の利率により計算した利息の額、又はその通常の利率により計算した利息の額と実際に支払う利息の額との差額に相当する利益	その利益を受けた各月ごとにその月の末日又は1年を超えない一定期間ごとにその期間の末日
	上記以外の用役の提供を無償又は低い対価で受けた場合におけるその用役について通常支払うべき対価の額、又はその通常支払うべき対価の額と実際に支払う対価の額との差額に相当する利益	その利益を受けた各月ごとにその月の末日又は1年を超えない一定期間ごとにその期間の末日

IV 原則的課税方式と確定申告が必要な場合

　給与所得者は月々の給与を受け取る際に所得税及び復興特別所得税が源泉徴収されており、他に所得がない場合には、勤務先によって行われる源泉所得税等の精算、すなわち年末調整によって課税関係は完結する。

　しかし、複数の給与所得がある場合や、給与所得に加えて不動産所得や公的年金等の他の所得がある場合には、給与所得金額とそれらの所得金額とを合計して総所得金額を算出し、確定申告により税額を計算する。

　年末調整の対象とならない給与所得者（年間の給与の金額が 2,000 万円を超える者等）も、確定申告をすれば税金が還付される場合を除き、確定申告を行う必要がある。

　また、年末調整では精算できない医療費控除等の適用を受ける場合や住宅借入金等特別控除を初めて受けるような場合にも、確定申告が必要となる。

V 給与所得と一時所得の所得区分が争われた裁判例

> ●米国親会社から付与されたストックオプションが給与所得に該当するのか、一時所得に該当するのかが争われた裁判例
> ・東京地裁平成 15 年 8 月 26 日判決（平 12（行ウ）309、平 13（行ウ）208）認容・控訴
> ・東京高裁平成 16 年 2 月 19 日判決（平 15（行コ）235）原判決取消し・上告・上告受理申立て
> ・最高裁平成 17 年 1 月 25 日判決（平 16（行ヒ）141）棄却・確定

❶ 事案のあらまし

　米国法人である乙社の 100％子会社である日本法人丙株式会社の代表取締役を務める甲（原告、被控訴人、上告人）に対して乙社が権利付与した乙社株式のストックオプションの権利行使益が給与所得に該当するのか、一時所得に該当するのかが争われた。

　東京地裁は権利行使益の給与所得該当性を否定し、一時所得に該当するとして納税者勝訴の判決を下したが、東京高裁第 8 民事部では給与所得に該当するとして納税者の逆転敗訴の判決を下した。最高裁第三小法廷は東京高裁の判断を認め、甲の上告を棄却して納税者の敗訴が確定した。

❷ 事案の概要

　甲は、本件権利行使益が所得税法 34 条 1 項所定の一時所得に当たるとしてその税額を計算して確定申告書を提出したところ、被告は本件権利行使益が同法 28 条 1 項所定の給与所得に当たるなどとして、所得税につき増額更正をした。

　本件は、甲が上記増額更正は本件権利行使益の所得税法上の所得区分を誤るものであるとして、本件各更正のうち本件権利行使益を一時所得として計算した税額を超える部分の取消しを求めた事案である。

❸ 争　　点

|争点 1| ストックオプションの権利行使益が米国親会社からの給付に該当するのか。

|争点 2| ストックオプションの権利行使益は労務の対価に該当するのか。

|争点 3| ストックオプションの権利行使益は給与所得に該当するのか、一時所得に該当するのか。

❹ 争点に対する当事者の主張

原告等（納税者）及び被告等（国）の主張は、次のとおりである。

原告等の主張	被告等の主張
争点1 本件ストックオプションの権利行使益は米国親会社からの給付に該当しない。 被告は、そもそも所得税法28条1項に規定する「これらの性質を有する給与」には使用者以外のものからの給付も含まれる旨主張するが、同項は勤労の提供先である給与支給者（使用者）から支払を受ける勤労の対価である給付に限ることを当然の前提としており、このことは同項の例示や同条の改正の経緯に照らしても明らかである。 したがって、本件権利行使益の場合のように、使用者以外の第三者から支払われる金員について、法令上の手当てなくして給与所得に該当することを承認する被告の見解は採り得ない。	争点1 本件ストックオプションの権利行使益は米国親会社からの給付に該当する。 使用者は従業員等の勤労の成果が使用者に帰属するという関係にあるからこそ給与を支給するものであるから、使用者以外の第三者である親会社の場合も、従業員等の労働力を利用して、勤労の成果を得ることができる関係にあるということができる。 言い換えれば、原告の子会社に対する役務提供は、付与会社である親会社との関係で空間的、時間的拘束を受けた役務の提供とみることができる。
争点2 本件ストックオプションの権利行使益は労務の対価に該当しない。 株価は企業の業績のほか、金利、為替、株価格付け、国際情勢等のさまざまな要因により形成されるものであり、子会社役員の精勤と親会社の株価の上昇は直接的には関係しないことからすれば、被付与者である従業員等が提供した役務の質及び量と関係なく、株価の上昇という偶発的な事実により実現するストックオプションの権利行使益が、役務提供の対価であるということはできない。 加えて、ストックオプションの権利	争点2 本件ストックオプションの権利行使益は労務の対価に該当する。 ストックオプション制度は、会社が従業員等に権利行使益を与える目的でストックオプションを付与し、被付与者がこれを行使して初めて利益を得ることができるものであり、付与会社が実質的に自己の損失において被付与者に損失相当分の経済的利益を与えるものである。合理的経済活動を行う会社が何らの反対給付を求めないことはあり得ないことからすれば、このような利益を与える理由は当該被付与者から受ける役務の提供が反対給付に該当す

行使の時期は被付与者の投資判断に委ねられており、権利行使益の発生する時期及び金額が被付与者である従業員等の判断に委ねられていることに照らしても、権利行使益を役務の提供の対価ということはできない。

るものと解するほかない。

したがって、権利行使益は労務の対価というべきであり、現実に生じた株価上昇と被付与者の提供した労務の質及び量との直接的な関連が希薄であったとしても、権利行使益が労務の対価であることに変わりはない。

争点3

本件ストックオプションの権利行使益は一時所得に該当する。

本件権利行使益が給与所得に該当しないこと、その他の利子所得、配当所得等の7つの所得区分にも該当しないことは明らかである。

また本件権利行使益は株価の値上がりにより生じる所得であるところ、株価が金利、為替、株価格付け、国際情勢等の一時的かつ偶発的に変動する要因により形成されるものであって、非常に不確実なものであることからすれば、株価の上昇により発生するストックオプションの権利行使益が一時性、偶発性を有する所得であることは明らかである。

さらに、本件権利行使益が労務その他の役務の対価でないことは 争点2 で述べたとおりであり、資産の譲渡の対価でもないことは明らかである。

したがって、本件権利行使益が一時所得に該当することは明らかというべきである。

争点3

本件ストックオプションの権利行使益は給与所得に該当する。

本件ストックオプションに係る権利行使益が子会社における労務の対価としての性質を有するから、本件権利行使益は一時所得の要件である労務その他の役務の対価としての性質を有しないものに該当しないと言わざるを得ない。

権利行使益が株価の上昇という偶発的要素により生じる点については、株価が会社の業績以外にもさまざまな要因により形成されることは否定できないものの、原告は株価の変動状況をみて確実に利益を得られる状況下でストックオプションを行使した結果、本件権利行使益を取得したものであり、本件権利行使益は偶発的な所得とは言い難い。

❺ 争点に対する判断

争点1

(1) 東京地裁における判断

原告に生じた本件権利行使益は、それが乙社から付与された本件ストック

オプションを行使して得られたものであったとしても、その具体的な経済的利益の額が企業の業績のみならず、企業の将来の収益力、金利、為替、国内外の景気の動向、政治や社会の情勢、投資家の動きなど、多様な要因によって形成された株式の時価の変動と原告自身の権利行使の時期に関する判断とに大きく起因するものであることを捨象し、これをもって乙社から原告に対して与えられた経済的利益であると評価することは相当でないというべきであるとして、ストックオプションの権利行使益が給与所得に該当するための要件である米国親会社からの給付に該当しないと判断した。

(2)　東京高裁における判断

　権利行使益の発生の有無及び額が付与後の株価の変動や被付与者による権利行使時期についての判断に左右されるとしても、付与会社は被付与者が権利行使をした場合にその時点での当該株式の株価と権利行使価格との差額相当の経済的利益を被付与者に取得させることに合意しており、その合意に基づいて付与会社から被付与者に移転された経済的利益が権利行使益にほかならない。このような法律関係は、自社株方式のストックオプションの場合でも、本件のような親会社株方式のストックオプションの場合でも、基本的に同一である。

　そうすると、ストックオプションの権利行使益は被付与者が付与会社から受ける給付に当たるというべきであり、本件権利行使益は給与所得に該当するための要件である被控訴人が乙社から受けた給付に該当するとして、東京地裁と異なる判断を下した。

(3)　最高裁における判断

　本件ストックオプション制度に基づき付与されたストックオプションについては、被付与者の生存中はその者のみがこれを行使することができ、その権利を譲渡し、又は移転することはできないものとされており、被付与者はこれを行使することによって初めて経済的な利益を受けることができるものとされている。そうであるとすれば、乙社は上告人に対し本件付与契約により本件ストックオプションを付与し、その約定に従って所定の権利行使価格

で株式を取得させたことによって本件権利行使益を得させたものであるということができるから、本件権利行使益は乙社から上告人に与えられた給付に当たるものというべきである。本件権利行使益の発生及びその金額が乙社の株価の動向と権利行使時期に関する上告人の判断に左右されたものであるとしても、そのことを理由として本件権利行使益が乙社から上告人に与えられた給付に当たることを否定することはできないとして、東京高裁の判断を支持し、本件権利行使益を給与所得に該当するための要件である乙社から上告人に与えられた給付に当たると判断した。

争点2

(1) 東京地裁における判断

原告は、乙社におけるストックオプション制度に基づき、原告と乙社との間で締結されたストックオプション付与契約によって本件ストックオプションの付与を受けたものである。本件ストックオプションに係る権利行使の条件として原告が丙社の社員又は社外取締役の職に一定期間留まることとされているが、このような条件は被付与者である従業員等に対して子会社等に勤続するインセンティブを与え、もって優秀な人材を確保する趣旨から付されたものと解され、それによって親会社との間で何らかの空間的、時間的拘束に服することや継続的ないし断続的な労務の提供を義務付けるものとは解されないとして、ストックオプションの権利行使益は給与所得に該当するための要件である労務の対価に該当しないと判断した。

(2) 東京高裁における判断

乙社は、被付与者がストックオプションを行使した場合には、株式の時価と権利行使価額との差額相当の経済的利益を権利行使益として被付与者に取得させることとなるが、会社が何らの見返りもなく従業員等に対して経済的負担を負うとは考え難いのであるから、乙社が被付与者に権利行使益を取得させるのは、当該被付与者が乙社及びその子会社においてストックオプションの付与前あるいは付与後に労務の提供をするからにほかならないと考

えられる。

　そのような乙社のストックオプションの付与契約の趣旨、目的やその仕組みからうかがわれるストックオプションの付与と被付与者の労務提供との不可分の関係に着目するならば、本件ストックオプションは、被控訴人の丙社における精勤の継続に対して付与されたものと認めることができる。

　したがって、本件ストックオプションの行使により発生した本件権利行使益も、被控訴人の丙社の指揮命令に服して提供した労務の対価として乙社から被控訴人に対して給付されたものということができるとして、東京地裁と異なり給与所得に該当するための要件である労務の対価に該当すると認定した。

(3)　最高裁における判断

　本件ストックオプション制度は、乙社及びその子会社の一定の執行役員及び主要な従業員に対する精勤の動機付けとすることなどを企図して設けられているものであり、乙社は上告人が職務を遂行しているからこそ、本件ストックオプション制度に基づき、上告人との間で本件付与契約を締結して本件ストックオプションを付与したものである。そうであるとすれば、本件権利行使益が上告人の職務を遂行したことに対する対価としての性質を有する経済的利益であることは明らかというべきであり、ストックオプションの権利行使益は労務の対価に該当するとして東京高裁の判断を支持し、給与所得に該当するための要件である労務の対価に該当すると判断した。

給与所得

争点3

(1)　東京地裁における判断

　本件権利行使益が親会社の株価の変動及び原告自身の権利行使の時期に関する判断によってその発生の有無及び金額が決まる偶発的、一時的な性格を有する経済的利益であるから、所得税法34条1項にいう一時所得に該当すると判断した。

(2) 東京高裁における判断

　指揮命令者と給与の支給者は一致するのが通常であり、従業員等が雇用契約等に基づいて使用者の指揮命令に服して労務を提供する場合において、従業員等に対して指揮命令を行っておらず、労務の提供も受けていない第三者がその対価として経済的利益を供与することは通常は考え難い。しかしながら、所得税法28条1項は指揮命令者と支給者とが一致することを文言上要求しているわけではなく、指揮命令者と支給者が一致することが前提条件として定められているとみることができる規定は見当たらない。

　そして、「雇用契約又はこれに類する原因に基づき使用者の指揮命令に服して提供した労務の対価」として経済的利益を受けている場合には、その経済的利益を直接付与した者が指揮命令者であるかそれ以外であるかによって担税力やその所得の性質に相違が生ずるとは考え難く、指揮命令者と支給者とが常に一致しなければならない合理的な理由はない。

　本件権利行使益は、被控訴人が代表取締役であった丙社からではなく、乙社から与えられたものである。しかしながら、乙社は丙社の発行済株式の100％を有している親会社であり、乙社は丙社の役員の人事権等の実権を握ってこれを支配しているものとみることができるから、被控訴人は乙社の統括の下に丙社の代表取締役としての職務を遂行していたものということができる。

　本件ストックオプション制度は乙社とその子会社の一定の執行役員及び主要な従業員に対する精勤の動機付けとすることなどを企図して設けられているものであり、乙社は被控訴人が職務に精勤しているからこそ、本件ストックオプション制度に基づき被控訴人との間で本件付与契約を締結して被控訴人に対して本件ストックオプションを付与したものであって、本件権利行使益が被控訴人の職務に精勤したことに対する対価としての性質を有する経済的利益であることは明らかというべきである。

　以上より、本件権利行使益は雇用契約又はこれに類する原因に基づき提供された非独立的な労務の対価として給付されたものであり、所得税法28条1項所定の給与所得に当たるとして、東京地裁と異なり納税者逆転敗訴の判

決を下した。

(3) 最高裁における判断

本件権利行使益は、上告人が代表取締役であった丙社からではなく、乙社から与えられたものである。しかしながら、乙社は丙社の発行済株式の100％を有している親会社であるから、乙社は丙社の役員の人事権等の実権を握ってこれを支配しているものとみることができる。上告人は、乙社の統括の下に丙社の代表取締役としての職務を遂行していたものということができる。本件権利行使益は、雇用契約又はこれに類する原因に基づき提供された非独立的な労務の対価として給付されたものに該当するとして、東京高裁の判断を支持し、所得税法 28 条 1 項所定の給与所得に当たると判断した。

Ⅵ 給与所得の該当性が争われた裁判例

●従属性要件が希薄な場合でも非独立性が明らかであれば給与所得に該当するとされた裁判例
・東京地裁平成 25 年 4 月 26 日判決（平 22（行ウ）308）棄却・控訴
・東京高裁平成 25 年 10 月 23 日判決（平 25（行コ）224）棄却・上告・上告受理申立て
・最高裁平成 27 年 7 月 7 日決定（平 26（行ツ）41、平 26（行ヒ）53）棄却・不受理・確定

---

❶ 事案のあらまし

最高裁昭和 56 年 4 月 24 日判決、最高裁平成 13 年 7 月 13 日判決、最高裁平成 17 年 1 月 25 日判決及び下級審の裁判例並びに通説に基づいて、労務の

提供等の従属性は給与所得の必要要件であるとされていると主張した原告に対して、東京地裁は、最高裁昭和 56 年 4 月 24 日判決はあくまでも「判断の一応の基準」を示しているだけであり、労務の提供等の従属性は給与所得に該当するための必要要件ではないとして、本件各金員が給与所得に該当すると認定した。

東京高裁は東京地裁の判断を認めて控訴を棄却、最高裁も上告を棄却、不受理とした。

❷ 事案の概要

原告は、民間教育機関・公的教育期間での講師による講義等の業務、及び一般家庭での家庭教師による個人指導の業務を行う原告の業務に関連して締結した業務委託契約に基づき、講師又は家庭教師に対して支払った金員（本件各金員）が給与所得に該当しないものとして源泉所得税の源泉徴収をせず、また、本件講師等から本件各金員を対価とする役務の提供を受けたことが消費税法 2 条 1 項 12 号に規定する課税仕入れに当たるものとして同法 30 条 1 項の規定に従い、これに係る消費税額を同法 45 条 1 項 2 号に掲げる課税標準額に対する消費税額から控除した上で消費税等の申告をした。

被告（処分行政庁）は、本件各金員が給与所得に該当し、また、本件各金員を対価とする役務の提供を受けたことは課税仕入れに該当しないとして更正処分及び賦課決定処分を行った。

本件は、原告が本件各金員は給与所得に該当しないなどとして、被告に対して行った各処分の取消しを求めた事案である。

❸ 争　　点

争点 1 　労務の提供等の従属性は、給与所得に該当するための必要要件か。
争点 2 　本件各金員は所得税法 28 条 1 項に規定する給与所得に該当するか。

❹ 争点に関する当事者の主張

原告等（納税者）及び被告等（国）の主張は、次のとおりである。

原告等の主張	被告等の判断
争点1 　労務の提供等の従属性は、給与所得に該当するための必要要件である。 　そもそも給与所得は、雇用契約又はこれに類する原因に基づき、指揮命令を受けて提供した労務の対価をいうものと解されているのであって、この点において給与所得の本質的な性質として従属性要件が必要になる。 　したがって、所得税法28条1項は給与所得の性質から当然に従属性を1つの要件として予定しているというべきであり、従属性が希薄であっても非独立性があれば良いと解することはできない。	**争点1** 　労務の提供等の従属性は、給与所得に該当するための必要要件ではない。 　従属性は労務提供の態様に関する基準である。 　非独立性は収入の稼得態様に関わる基準である。 　従属性と非独立性とは異なる内容を持つ基準であり、従属性は外形的に判断することが可能な給与所得該当性の判断要素ではあるものの、従属性が希薄であることから直ちに給与所得に該当しないことになるのではなく、従属性が希薄な場合であっても、非独立性が明らかであれば給与所得と判断するのが相当である。
争点2 　本件各金員に係る所得は、所得税法28条1項に規定する給与等に係る所得（給与所得）に該当しない。 ① （危険負担）本件講師等は「独立性」を有していることが明らかであること ② （費用負担）本件講師等には費用負担があること ③ （指揮監督）原告が本件講師等の業務の開始に当たり、また業務遂行上、指揮監督をしていないこと ④ （空間的、時間的な拘束）本件講師等は、原告との関係において空間的、時間的な拘束を受けないこと ⑤ （代替性） （陳述なし）	**争点2** 　本件各金員に係る所得は、所得税法28条1項に規定する給与等に係る所得（給与所得）に該当する。 ① （危険負担）本件講師等は自己の計算と危険により役務提供しているとはいえないこと ② （費用負担）本件講師等は業務の遂行上必要な費用を基本的に負担していないこと ③ （指揮監督）本件講師等は原告の指揮監督に服していると認められること ④ （空間的、時間的な拘束）本件講師等は原告との関係において空間的、時間的な拘束を受けていること ⑤ （代替性）本件講師等は自らの判

形式的にみても実質的にみても、原告と本件講師等の間には雇用契約とは明確に区別された業務委託契約があるのみであり、原告及び本件講師等は契約書記載の義務を単に履行しているにすぎず、これとは別に雇用契約及びこれに類する原因に特有な事情は認められないのであるから、本件各金員に係る所得は給与所得に該当しない。	断で代行者を立てることは許されないこと 　以上を併せ考えると、原告と本件講師等との間の契約は、「雇用契約及びこれに類する原因」に該当するというべきであり、原告から本件講師等に支払われる本件各金員は、本件講師等が原告に対して提供した非独立的ないし従属的な労働の対価として支払われたものというべきであり、給与所得に該当する。

❺　争点に対する判断

争点1

(1)　東京地裁における判断

　最高裁昭和 56 年 4 月 24 日判決は、業務の遂行ないし労務の提供（これらを併せて、以下「労務の提供等」という）から生ずる所得が所得税法上の事業所得と給与所得のいずれに該当するかを判断するに当たって、その「判断の一応の基準」としながらも事業所得と給与所得を次のように定義する。

　事業所得とは、自己の計算と危険において独立して営まれ、営利性、有償性を有し、かつ反覆継続して遂行する意思と社会的地位とが客観的に認められる業務から生ずる所得をいう。

　これに対し、給与所得とは雇傭契約又はこれに類する原因に基づき、使用者の指揮命令に服して提供した労務の対価として使用者から受ける給付をいう。なお、給与所得については、とりわけ給与支給者との関係において何らかの空間的、時間的な拘束を受け、継続的ないし断続的に労務又は役務の提供があり、その対価として支給されるものであるかどうかが重視されなければならないとする。

　同判決はこれらの定義を前提として、労務の提供等から生ずる所得の給与所得該当性を、

・事業所得の定義に該当するものを給与所得の範ちゅうから外すことにより、労務の提供等が自己の計算と危険によらないものであること（労務の提供等の非独立性）」を給与所得該当性の判断要素と位置付け、

・給与所得の定義に該当しているかどうか（労務の提供等の従属性）を重視して判断する

という枠組みを提示したものであるが、同判決も明示しているとおり、そこに示されているのはあくまでも「判断の一応の基準」にとどまるものであって、業務の遂行ないし労務の提供から生ずる所得が給与所得に該当するための必要要件を示したものではない。

　ところで、所得税法28条1項は「給与所得とは、俸給、給料、賃金、歳費及び賞与並びにこれらの性質を有する給与等に係る所得をいう」と規定しているところ、このような同項の規定の内容や、同法に他に給与所得の概念を定義付ける規定が置かれていないことからすれば、同法の解釈において給与所得の概念は同項に例示されている「俸給」、「給料」、「賃金」、「歳費」及び「賞与」といったものの性質から帰納的に把握するほかないものというべきであって、このことは最高裁昭和56年4月24日判決も当然の前提としているものと解される。そして、同項は上記のとおり、国会議員が国から受ける給与を意味する「歳費」（憲法49）が給与所得に含まれることを明らかにしており、また、法人の役員が当該法人から受ける報酬及び賞与が給与所得に含まれることは特に異論がないところ、これらの者の労務の提供等は自己の危険と計算によらない非独立的なものとはいい得ても、使用者の指揮命令に服してされたものであるとはいい難いものであって、労務の提供等が使用者の指揮命令を受け、これに服してされるものであること（労務の提供等の従属性）は、労務の提供等の対価が給与所得に該当するための必要要件とはいえないものというべきであると判断した。

(2)　東京高裁における判断

　控訴人は従属性が給与所得に該当することの必要要件である旨主張するが、最高裁昭和56年4月24日判決、最高裁平成13年7月13日判決及び最高裁平成17年1月25日判決は、当該所得が給与所得に該当するかどうかに

関し、それぞれの事案に鑑み、いわゆる従属性あるいは非独立性等についての検討を加えているものにすぎず、従属性が認められる場合の労務提供の対価については給与所得該当性を肯定し得るとしても、従属性をもって当該対価が給与所得に当たるための必要要件であるとするものではないとした。

その上で、給与所得に該当することが明らかな国会議員の歳費や会社の代表取締役の役員報酬・役員賞与等は、それらの者の労務の提供が従属的なものとはいい難く、従属性を必要要件とする解釈は歳費及び賞与を給与所得として例示列挙する所得税法28条1項の解釈として採り得ない。控訴人が引用する下級審の裁判例及び学説等の中には従属性が給与所得に該当するための必要要件であるかのように説くものがあるが、それらは上記各最高裁判決を正確に理解していないといわざるを得ない。したがって、従属性要件は給与所得に該当するための必要要件とはいえないとして、東京地裁の判断を支持した。

争点2

(1) 東京地裁における判断

① 危険負担

本件講師等は、その行った講義や個別指導の内容の優劣、具体的な成果の程度、本件各顧客が原告に対して支払う委託報酬の額やその履行状況のいかんにかかわらず、原告から講義や個人指導の業務に従事した時間数に応じて本件各金員の支払を受けることができるものとされており、危険を負担していない。

② 費用負担

本件塾講師は、本件教育機関等から業務の遂行及び原告に対する報告をするに当たり通常必要と認められる物を貸与されるとともに、原告から交通費の支払を受けるものとされており、また、本件家庭教師については派遣先がその交通費を負担することとされ、業務遂行に必要なテキストの引渡しも受けることとされている。原告と本件講師等との間の契約をみても、本件講師等において、本件各金員の振込手数料及び事務手数料ないし本件講師登録証

の代金 1,000 円（原告と本件講師等が初めて契約を締結する場合のみ）を負担すべきものとされているものの、本件講師等に対して当該契約に基づく義務を履行するための費用の負担を義務付ける趣旨の定めは見当たらない。

これらの点からすれば、本件講師等は基本的にはその労務の提供等に当たって必要な費用を負担する義務を負っていないものというべきである。

③ 指揮監督、代替性

原告は、本件塾講師に対し原告の指定する様式及び方法により業務に従事した時間等の業務の遂行状況を報告することを義務付けるとともに、本件塾講師への指示・命令系統を有し（いわゆる代講の依頼についても原告に対して事前に申告すべきものとされる）、講義の変更・中止などの連絡を行い、緊急の場合等の本件塾講師の「窓口」となるものとされている。また、原告は本件塾講師に対し、雇用条件の漏えい、契約期間中又は契約終了後 3 年以内の派遣先教育機関等との直接契約、契約期間満了前の辞任を禁ずる一方で、派遣先教育機関等から申出を受けた場合は、本件塾講師との契約を解除することができるものとされている。

さらに原告と本件塾講師との間の契約においては、契約に定めのない事項につき両者の協議が整わない場合、本件塾講師は原告の指示に従うべきものとされている。

原告は、本件家庭教師に対し、業務遂行期間中において原告の講師であることを示す講師登録証の携帯及び訪問先における提示を求めている。

また、原告の指定する方法により業務遂行の状況を報告することや、その報告に係る書面を持参して研修を受けることを義務付けるほか、本件各処分に係る税務調査の際に原告側が調査担当者に対して本件家庭教師との間の契約に係る契約書として示した本件各家庭教師契約書においては、本件家庭教師に対し、原告のマニュアルに沿って指導を遂行することを義務付ける定めが置かれている。

さらに、原告は本件家庭教師に対し、委託条件等の漏えい、契約期間中又は契約終了後 3 年以内の家庭教師先との直接契約、原告に無断での業務内容の変更や辞任を禁じ、本件家庭教師においてやむを得ず指導の交代等が必要となった場合には、原告に対して連絡をすることを要するものとされてい

る。

　以上に述べたところからすれば、本件講師等は直接的又は少なくとも間接的に原告の監督下に置かれているものというべきであり、原告による指揮監督が認められる。

④　**時間的・空間的拘束**

　原告と本件各顧客との間の契約及び原告と本件講師等の間の契約の各内容に照らせば、少なくとも派遣先教育機関等における講義や本件家庭教師先の子弟と対面して行う個人指導の際には、基本的には原告が本件各顧客との間の契約において定めた業務場所や業務時間数に従ってその労務の提供等をすべき義務を負うものというべきであり、また、本件講師等は上記のように原告の指定する方法により原告に対して業務遂行の状況を報告すべき義務を負っているものであって、本件講師等は以上のような意味において、原告から空間的、時間的な拘束を受けているものということができる。

⑤　**結　　論**

　以上から、本件各金員は雇用契約に類する原因に基づき提供された非独立的な労務の対価として給付されたものであり、それに係る所得は所得税法28条1項所定の給与所得に当たるものというべきであるとする。

(2)　**東京高裁における判断**

① 　**危険負担**

　家庭教師が事業所得を生ずべき事業の1つであり、実際に家庭教師として得た所得が事業所得と認定されることがあるとしても、そのことによって本件講師等に支払われた本件各金員が事業所得に該当することになるものではない。

　また、本件講師等の個別業務を受託するか否かの決定権及び単価その他の契約条件についての交渉権並びに費用負担の点が、その独立性を肯定し、給与所得に該当することを否定する根拠となるものでない。

② 　**費用負担**

　本件講師等が基本契約又は個別契約において負担することを義務付けられている費用（講師等の登録に必要な事務手数料1,000円及び本件各金員の振

込手数料を負担すべき義務に係る費用）があることをもって、その労務の提供等に当たって必要な費用を負担する義務を負っているということはできないし、それ以外に本件講師等が労務の提供等に当たって必要な費用を義務として負担していることを認めるに足りる客観的な証拠はない。また、本件講師等が義務なくして上記費用を負担したことがあったとしても、そのことによって本件各金員が給与所得に該当しなくなるものではない。

③　指揮監督

　控訴人は、本件講師等に対する研修及び指導は実際に行われておらず、これを行う必要はなく、また、控訴人がこれを行う能力等もないから、本件講師等が直接的又は間接的に控訴人の監督下に置かれているとすることはできない旨主張する。

　しかし、原判決に説示のとおり、控訴人の行う業務の内容、控訴人のホームページ等の記載及び本件アンケートの結果等に照らし、控訴人においては本件講師等ないしその希望者に対し、研修や指導を受けることを義務付け、必要に応じてこれを行っているものと認められ、控訴人による指揮命令に服しているということができる。

④　時間的・空間的拘束

　本件講師等は講義等ないし個人指導に従事した時間数に応じて本件各金員の支払を受けることができるところ、その場所及び時間は控訴人と本件講師等との間の契約においてあらかじめ定められているのであって、仮に本件講師等が控訴人の了解を得ずに本件顧客と相談して指導の場所や時間を変更することがあるとしても、そのことによって本件講師等の空間的・時間的拘束が存在しないことになるものではない。

⑤　結　　論

　本件各金員が非独立的な労務の対価として給付されたものであり、それに係る所得は所得税法 28 条 1 項所定の給与所得に当たるものという東京地裁の判断を支持し、控訴人の請求を棄却した。

給与所得

　雇用契約は、雇用者の下で労務を提供し、その労務の対価として金員その他の給付を約する契約であり、給与所得は使用者との雇用関係に基づきその指揮命令下で得られる対価としての性質（地位性）と労務の対価としての性質（対価性）という2つの側面を有する。

　しかし、対価性は事業所得や雑所得に該当する場合にもみられる性質であり、それのみをもって給与所得に該当するとはいえない。

　労務の対価性は給与所得に該当するか否かを判断するに当たっての必要条件ではあるが、必ずしも十分条件とはいえない。給与所得に該当するか否かを判断するに当たっては、地位性についての考察が必要となる。

　地位性は従属性要件と独立性要件の2つの側面から検討する必要があり、最高裁昭和56年4月24日判決を基にしてこの両者の要件を次のように整理する。

＜従属性要件＞
・雇用契約又はこれに準ずる契約等に基づいている
・使用者の指揮命令に服して提供している
・使用者との関係において、何らかの空間的、時間的な拘束を受けている
・継続的ないし断続的に労務又は役務の提供がある

＜独立性要件＞
・自己の計算と危険において独立して営まれている
・営利性と有償性を有している
・反復継続して遂行する意思がある
・社会的地位が客観的に認められる業務である

　さらに、所得税法の規定ではないが、消費税法基本通達1－1－1に基づいて従属性要件と独立性要件を整理すると次のようになる。

<従属性要件>
・仕事の遂行に当たり、個々の作業について指揮監督を受けている
・まだ引渡しの終わっていない完成品が不可抗力のために滅失した場合であっても、権利として報酬の請求をすることができる
・材料が提供されている
・作業用具が供与されている

<独立性要件>
・契約の内容として他人の代替を容れることができる

　給与所得に該当するか否かを判断するに当たっては、これら従属性要件を充足していることと、独立性要件を充足してないこと（すなわち非独立性要件を充足していること）に着目する必要がある。

　Ⅴの裁判例の第一審である東京地裁平成 15 年 8 月 26 日判決は、指揮命令者と支給者が異なることなどからストックオプションに係る経済的利益を一時所得に該当すると判断した。

　しかし、その控訴審である東京高裁平成 16 年 2 月 19 日判決は、指揮命令者と給与の支給者は一致するのが通常であるとしながらも、その経済的利益を直接付与した者が指揮命令者であるかそれ以外であるかによって担税力やその所得の性質に相違が生ずるとは考え難く、指揮命令者と支給者とが常に一致しなければならない合理的な理由はないとして、ストックオプションに係る経済的利益を給与所得と認定した。

　同判決は、最高裁昭和 56 年 4 月 24 日判決が用いる「使用者」、「給与支給者」という文言について、同一の者を指すと読むのが自然であるとしながらも、給与所得に該当することの要件として指揮命令者と支給者が一致する必要があることを判示しているのではないかとの批判に対して、最高裁昭和 56 年 4 月 24 日判決は指揮命令者と経済的利益の支給者とが一致する事実関係を前提として事業所得と給与所得の区分について判断したものであり、指揮命令者と支給者が一致することが給与所得に該当するための不可欠の要件であるとまで判示したものではないとする。

給与所得

その上級審である最高裁平成 17 年 1 月 25 日判決も、指揮命令者と支給者が異なる場合であっても、雇用契約又はこれに類する原因に基づき提供された非独立的な労務の対価として給付されたものであるならば、給与所得に該当するとした。同判決は「非独立的」という文言を用いているが、独立性要件（非独立性要件）について言及しているというよりも、むしろ「指揮命令者と支給者が異なる」場合の従属性を認め、従属性要件を広く解釈したと考える方が適当であろう。

これまで給与所得に該当するか否かを判断するに当たり、多くの判決において従属性要件が重視されてきた。しかし、Ⅵの裁判例の控訴審である東京高裁平成 25 年 10 月 23 日判決は、それらの判決がそれぞれの事案に鑑みて給与所得に該当するか否かを従属性や非独立性を通して検討しているにすぎないとし、従属性が認められる場合については給与所得該当性を肯定し得るとしても、従属性をもって当該対価が給与所得に当たるための必要要件であるとするものではないとした。

同判決は、従属性が希薄であったとしても、非独立性要件が充足されていれば給与所得に該当する可能性があるとする。この判決に対して、従属性要件を軽視しすぎるのではないかとの批判もある。しかし、テレワーク（リモートワーク）やフレックスタイム制、社内起業や業務委託化など、多様な働き方が求められている現代においては、労務提供の態様を示す従属性要件は、ますます多様化・複雑化することが予想される。その中にあって、収入の稼得態様を示す非独立性要件に着目して給与所得への該当性を検討することは、重要な視点を提供するものと考える。

【参考資料】

・金子宏『租税法〔第 24 版〕』（弘文堂、令和 3 年）

・酒井克彦『〔二訂版〕裁判例からみる所得税』（大蔵財務協会、令和 3 年）

・佐藤英明『スタンダード所得税法〔第 3 版〕』（弘文堂、令和 4 年）

・酒井克彦「所得税法における給与所得該当性のメルクマール」中央ロー・ジャーナル 14 巻 1 号（平成 29 年）

第8章
退職所得

I　退職所得の範囲

❶　退職所得の意義

　退職所得とは、退職手当等に係る所得をいい（所法 30 ①）、退職手当等は、退職手当・一時恩給その他の退職により一時に受ける給与及びこれらの性質を有する給与をいう。

❷　退職所得とみなす一時金

　次に掲げる一時金は、上記❶の退職手当等とみなす（所法 31）。

① 　国民年金法・厚生年金保険法・国家公務員共済組合法・地方公務員等共済組合法・私立学校教職員共済法及び独立行政法人農業者年金基金法の規定に基づく一時金その他これらの法律の規定による社会保険又は共済に関する制度に類する制度に基づく一時金（これに類する給付を含む）で一定のもの

② 　石炭鉱業年金基金法の規定に基づく一時金で坑内員又は坑外員の退職に基因して支払われるものその他同法の規定による社会保険に関する制度に基づく一時金で一定のもの

③ 　確定給付企業年金法の規定に基づいて支給を受ける一時金で加入者の退職により支払われるものその他これに類する一時金として一定のもの

II 退職所得の金額の計算

❶ 一般退職手当等の場合

(1) 退職所得の金額（原則）

退職所得の金額は、その年中の退職手当等の収入金額から退職所得控除額を控除した残額の2分の1に相当する金額とする（所法30②）。

$$退職所得の金額 = （収入金額 − 退職所得控除額）\times \frac{1}{2}$$

(2) 退職所得の金額（障害者基因）

障害者になったことに直接基因して退職したと認められる場合などは、次の算式により計算した金額とする（所法30⑥三）。

$$退職所得の金額 = （収入金額 − 退職所得控除額^{(注)}）\times \frac{1}{2}$$

(注) 下記(4)の退職所得控除額に100万円を加えた全額

(3) 退職所得の受給に関する申告書

退職手当等の支給を受ける者は、退職手当等の支払者に退職所得の受給に関する申告書を提出する。

その申告書を提出しないときは、退職所得控除が適用されなくなり、退職手当等に20.42%の税率により所得税が源泉徴収される。

(4) 退職所得控除額

退職所得控除額は、次の区分に応じそれぞれに定める金額とする（所法30③）。

① 勤続年数（1年未満切上げ）が20年以下の場合　40万円 × 勤続年数
② 勤続年数が20年を超える場合　800万円＋70万円×（勤続年数－20年）

❷ 短期退職手当等の場合（令和4年以後適用）

短期退職手当等に該当する場合には、次の算式により計算する。

(1) 収入金額－退職所得控除額　≦　300万円の場合

退職所得の金額 ＝（収入金額 － 退職所得控除額）× $\dfrac{1}{2}$

(2) 収入金額－退職所得控除額　＞　300万円の場合

退職所得の金額 ＝ 150万円（300万円× $\dfrac{1}{2}$）＋ ｛（収入金額 －（300万円 ＋ 退職所得控除額）｝

(3) 短期退職手当等

短期退職手当等とは、退職手当等のうち、退職手当等の支払をする者から短期勤続年数（役員等以外の者として勤務した期間により計算した勤続年数が5年以下であるものをいい、役員等として勤務した期間がある場合にはその期間を含めて計算する）に対応する退職手当等として支払を受けるものであって、特定役員退職手当等に該当しないものをいう（所法30④）。

(4) 具体例

○使用人として4年2か月勤務（5年）し、退職金600万円のとき

退職所得の金額 ＝ 150万円＋ ｛600万円 －（300万円 ＋ 40万円 × 5年）｝ ＝ 250万円

❸ 特定役員退職手当等

(1) 特定役員退職手当等の意義

　特定役員退職手当等とは、退職手当等のうち、役員等として役員等勤続年数が5年以下である者が、退職手当等の支払をする者からその勤続年数にて対応する退職手当等として支払を受けるものをいう（所法30⑤）。

　役員等とは、次に掲げる者をいう。

① 　法人の取締役・執行役・会計参与・監査役・理事・監事・清算人や法人の経営に従事している者で一定の者

② 　国会議員及び地方公共団体の議会の議員

③ 　国家公務員及び地方公務員

　なお、特定役員退職手当等の場合の退職所得の金額は、次の算式により計算する。

> 退職所得の金額＝収入金額－退職所得控除額

(2) 具体例

① 　役員として勤続年数4年9か月　役員退職金600万円の場合

> 退職所得の金額 ＝ 600万円 － （40万円 × 5年） ＝ 400万円

② 　使用人として10年勤務し、その後役員に就任して3年勤務し退職した場合

> 使用人退職金700万円　役員退職金600万円
>
> 退職所得の金額 ＝ {600万円 － （40万円 × 3年）} ＋ {700万円 －
>
> $$（40万円 × 13年 － 40万円 × 3年）\} × \frac{1}{2} ＝ 630万円$$

Ⅲ 収入の時期

退職所得の収入すべき時期は、図表 8 − 1 のように取り扱われる（所基通 36 − 10）。

■図表 8 − 1　退職所得の収入すべき時期

区　　分		収入すべき時期
1　原則		退職の日
2　役員に支払われる退職手当等で株主総会等の決議を要するもの	支給金額を定めている場合	退職後、決議のあった日
	支給金額を定めていない場合	支給金額が具体的に定められた日
3　退職給与規程の改訂により既往分に対して支われる差額	支給日を定めているもの	支給日
	支給日を定めていないもの	改訂の効力が生じた日
4　退職手当等とみなされる一時金		一時金の支給基礎となる法令等により定められた給付事由が生じた日

Ⅳ 課税方式と課税の特例

❶　課税方式

退職所得は、所得税の分離課税方式により課税される。

❷ 手　続

⑴ 「退職所得の受給に関する申告書」を提出した者

　退職金の支払者が所得税額及び復興特別所得税額を計算し、その退職手当等の支払の際、退職所得の金額に応じた所得税等が源泉徴収されれば、原則として確定申告は不要になる。

⑵ 「退職所得の受給に関する申告書」を提出していない者

　退職金等の支払金額の 20.42% の所得税等が源泉徴収され、受給者本人が確定申告を行うことにより清算される。

⑶ 住民税の特別徴収

　退職手当等に係る市町村民税及び都道府県民税の所得割は、退職手当等の支払を受けるときに特別徴収される。

⑷ 退職所得の源泉徴収票

　退職所得の源泉徴収票等は、退職後 1 か月以内に受給者、支払者の所轄税務署（まとめて翌年 1 月 31 日までに提出も可）及び支払った日の 1 月 1 日現在の受給者の住所地の市町村にそれぞれ 1 枚ずつ提出しなければならない。

Ⅴ　退職所得と給与所得の所得区分が争われた裁判例⑴

● 5 年経過ごとに退職金として支払った金額は退職所得か給与所得かが争われた裁判例

> ・東京地裁昭和 51 年 10 月 6 日判決（昭 47（行ウ）118）棄却・控訴
> ・東京高裁昭和 53 年 3 月 28 日判決（昭 51（行コ）74）棄却・上告
> ・最高裁昭和 58 年 9 月 9 日判決（昭 53（行ツ）72）棄却・確定

❶　事案のあらまし

　原告は、勤続年数を 5 年で打切り計算し就職後 5 年ごとに退職金名義で手当を支給することとし、昭和 41 年 4 月から昭和 44 年 5 月までの間に勤続年数が 5 年に達した従業員に対して支給した金員について退職所得として処理し、源泉徴収を行わなかった。

　これに対して所轄税務署長は、右金員は給与所得に該当するとして、各源泉所得税の納税告知処分及び不納付加算税賦課決定をしたため、納税者が提訴した。

　第一審・控訴審・上告審ともに納税者の請求を棄却した事例であり、退職所得の要件について争われた著名な事例である。

❷　事案の概要

　昭和 40 年頃、中小企業が営業停止をし従業員の退職金を支払わずに解雇する事例が相次いで起こったため、原告の従業員労働組合は同年 12 月頃、原告がいつ営業停止し従業員解雇になるかもしれず、その際退職金を支払わないのでは労働意欲も涌かないので、3 年の期間ごとに退職金に相当する金員を支払って欲しい旨の申込をした。これに対し、原告は当時の経営状態から経営が危機に瀕することもあり得る上、その時に一時に多額の退職金を支払う財源に乏しい状態であったため、右申込みに基づいて検討した結果、そのころ、原告が設立後 5 年未満であったため遡及支払手続を要しない 5 年間で勤務期間を区切り、就職後 5 年ごとに退職金名義で手当を支給し、営業停止による解雇の場合の退職金支払を実質上前払の形で保障し、合わせて、原告の営業停止の際の退職金支払に要する経理上の負担を軽減することとし

た。そして原告は、そのころ給与規程を右趣旨に改正し、労働組合の同意をえた上、労働基準監督にもその届出をした。

　原告は、昭和41年4月から同44年5月までの間に勤続期間が5年に達した従業員に対しこの規定に基づきその都度支給した金員について、退職所得として取り扱って、源泉徴収すべき所得税額は存在しないとして、所得税の源泉徴収をしなかった。これに対し、所轄税務署長は、右金員が賞与であり、給与所得に該当するとして、右金員に係る各源泉所得税の納税告知処分及び各不納付加算税賦課決定を行ったため、これらの処分の取消しを求めて、原告は提訴した。

❸　争　　点

> 争　点 　所得税法30条1項にいう「退職手当、一時恩給その他の退職により一時に受ける給与」及び「これらの性質を有する給与」に該当するか否か。

❹　争点に対する当事者の主張

　原告等（納税者）及び被告等（国）の主張は、次のとおりである。

原告等の主張	被告等の主張
(1)　労働契約による退職金債権の取得 　本件退職金は給与規程を改定し、労働組合の同意を得た上、労働基準監督署にもその届出したいわば労働協約であり、右労働協約により、はじめて従業員の退職金債権を取得するに至ったものである、	(1)　雇用契約の終了を意図していない 　原告が給与規程15条4項の規定を設けたのは、原告と従業員との雇用契約の終了を意図したものでなく、会社の業績悪化等による退職手当等の不支給の危機を回避するためにあることが明らかである。
(2)　従業員と使用者との協約による退職金 　本件退職金は納税者である原告の恣意によるものでなく、租税回避の目的に出たものでなく、専ら従業員の退職金の支払を確保する目的から、従業員	(2)　従業員の退職により支給されたものではない 　本件金員は、原告の従業員の退職により支給されたものとはいえないから退職所得に該当しない。すなわち、原告が本件金品を支給する基因として従

退職所得

と使用者との協約によるものである。

(3) 所得税法上の退職所得である

かかる退職金は、退職所得の制度趣旨、協約が改定された経緯、税法上のいわゆる権利確定主義等に照らし、所得税法上の退職所得とすべきものである。

(4) ５年間の打切り支給以外は何ら支給されない

本件退職金は従業員が５年を経過した時点において、退職金を受領することを機に他に転職するか、それとも従前の経過年数は将来退職金計算に際し何ら加味されないことを甘受することを前提として、さらに雇用関係を継続するかの二者択一により支給されるものである。本件退職金は５年を経過したという事実のみによって支給されるものである。原告の従業員はたとえ長期間勤続しようとも、５年間に対する打切り支給以外には、何らの退職金も支給されないのである。

(5) 実質的にも退職金である

以上のように、本件は実質的にみても退職金であり、税法上の実質主義の原則にも何ら劣るものはないのである。

(6) 課税庁は退職金の解釈適用の誤り

しかるに「これらの性質を有する給与」に該当しないとする課税庁の主張は退職金の解釈適用を誤っているものというべきである。

業員の退職という事実を不要としていたことは、給与規程 15 条 4 項が退職した場合を規定する 2 項に規定されていること、4 号の文言自体において、「その後満 5 年」が到来した場合と規定し退職することを予定していないこと、また、給与規程 17 条 2 項 2 号が「第 15 条第 4 項の場合は第 16 条に規定する中小企業退職金共済制度による退職金を支給せずその後に継続する」旨の規定をしていることが明らかである。

(3) 退職であるとするのは観念的な擬制

したがって、給与規程 15 条 4 項該当の事実を退職であるとするのは観念的な擬制にすぎない。

(4) 雇用関係は絶たれず職務内容も変動がない

原告と従業員との雇用関係は絶たれず、従業員の地位、職務内容については従来と変動がないから、所得税法上の退職金には当たらない。

(5) 退職の事実がない。

税務実務上、退職の事実がなく引き続き勤務する者に一時に支給される給与は、たとえその名目が退職金等とされていても、原則としてその給与は所得税法上の退職所得に該当せず給与所得として取り扱われる。

(6) 所得税基本通達 30 − 2 は例外

所得税基本通達 30 − 2 の規定に該当する場合に限って、引き続き勤務する者に対して支払われたのであっても、例外としてその給与に係る所得は所得税の計算上退職所得として取り扱われている。

	(7)　引き続き勤務する者に対する一時の給与は退職所得ではない。 　しかし、本件におけるように引き続き勤務する者に対し勤務年数５年ごとに一時に支給された給与は、たとえ名義が退職金であっても右通達31－２に規定する場合に該当せず、税務上の取扱いは、本件給与に係る所得を退職所得とすることはできない。

❺　争点に対する判断

(1)　退職所得に対する優遇課税の立法趣旨

　退職所得とは、「退職手当、一時恩給その他の退職により一時に受ける給与及びこれらの性質を有する給与」に係る所得をいうものとされている。一般に退職手当等の名義で、退職を原因として支給される金員は、その内容において、退職者が長期間特定の事業所等によって勤務してきたことに対する報酬及び右期間中の就労に対する対価の一部分の累積たる性質を持つとともに、その機能において、受給者の退職後の生活を保障し、多くの場合いわゆる老後の生活の糧となるものであって、他の一般の給与と同様に一律の累進税率による課税の対象とし、一時に高額の所得税を課することとしたのでは、公正を欠き、かつ社会政策的にも妥当でない結果を生じることになることであるから、かかる結果を避ける趣旨に出たものと解される。従業員が退職に際して支給を受ける金員には、普通、退職手当又は退職金と呼ばれているもののほか、種々の名称のものがあるが、それが法にいう退職所得に当たるかどうかについては、その名称に関わりなく、退職所得の意義について規定した所得税法30条１項の規定の文理及び右に述べた退職所得に対する優遇課税についての立法趣旨に照らし、これを決するのが相当である。

　かかる観点から考察すると、ある金員が、右規定にいう「退職手当・一時恩給・その他退職により一時に受ける給与」に当たるというためには、それが次の①から③の要件を備えることが必要である。

退職所得

① 退職すなわち勤務関係の終了という事実によってはじめて給付されること

② 従来の継続的な勤務に対する報償ないしその間の労務の対価の一部の後払の性質を有すること

③ 一時金として支払われること

　また、上記にいう「これらの性質を有する給与」に当たるというためには、それが形式的には右の各要件のすべてを備えていなくても、実質的にみてこれらの要件を整えることが必要であり、課税上、上記「退職により一時に受ける給与」と同一に取り扱うことを相当とするものであることを必要すると解すべきである。

(2)　本件は退職所得の要件を欠いている

　これを本件についてみると、その従業員に対し5年の勤務期間を経過するごとに支給する退職名義の金員は、少なくとも、既往の右の期間における勤務に対する報償ないし、その間の労務の対価の一部の後払という趣旨以外に特段の趣旨を有するものではないということができるが、他方において、右金員の支給を受けた従業員は、いったん退職した上再雇用されるものではなく、従前の雇用契約はそのまま継続しているものであるとみるべきであり、また、右金員支給の基礎となる5年の期間は、むしろ、将来勤務関係が確定的に終了させる意図から設けられるものではなく、むしろ将来勤務関係が確定的に終了する際に支給される退職金を実質的に前払するための計算の便宜上定められたものにすぎず、5年という年数にそれ以上特段合理的な根拠があるわけではないとみるべきであって、これらの点を考慮すると、右金員は前期の要件である勤務期間終了という事実によって初めて給付されること、という要件を欠くことは明らかであって、所得税法30条1項による「退職手当、一時恩給その他退職により一時に受ける給与」に当たらないというべきであり、また、実質的にみても、右の要件の要求するところに適合し課税上右の給与と同一に取り扱うことを相当とするものということは困難であって、同条同項にいう「これらの性質を有する給与」にも当たらないと解する

のが相当である。

　もっとも、このように解した場合には、上記の従業員は、確定的に退職し雇用関係から最終的に離脱する際に支給される退職金を除いては、勤務満5年ごとに支給される退職金名義の金員につき、課税上優遇措置を受けられないことになるが、原告及び従業員が前記のような給与方式を選択した以上、このような結果となるのはやむを得ないことというべきである。また、退職金の支払の確保及び右支払時における経理上の負担の軽減を図るためであれば、他に方法がないわけではないから、単に実際上の必要があるということから、本件退職金名義の金員の性質につき前記と異なる解釈をとるのは、相当でないといわなければならない。

Ⅵ　退職所得と一時所得の所得区分が争われた裁判例

> ●適格退職年金制度から確定拠出年金制度へ移行する際の一時金は退職所得か一時所得かが争われた裁判例
> ・さいたま地裁平成21年1月28日判決（平19（行ウ）28）認容・控訴
> ・東京高裁平成21年7月1日判決（平21（行コ）88）原判決取消し・上告
> ・最高裁平成21年12月3日決定（平21（行ツ）285）棄却・確定

❶　事案のあらまし

　本件は原告の平成16年分の所得税の確定申告において、一時所得として申告した収入は原告に対して支給された退職金であり、退職所得として税額計算するべきだと主張して、所轄税務署長に対し平成16年分の所得税の更

正請求をしたところ、同署長が同更正請求には、更正すべき理由がない旨の通知処分をしたため、原告が被告に対し同処分の取消しを求めた事案である。地裁は納税者の主張を認め通知処分を取り消したが、高裁においては、原判決が取り消され国側が逆転勝訴（最高裁で確定）した事案である。

❷　事案の概要

　事案の概要は、次の①～⑨のとおりである。

①　平成 14 年 6 月 30 日当時、原告は A 社に籍を有する従業員であり、勤務先は B 社であった。

②　平成 14 年 7 月 1 日、A 社と C 社は合併し、C 社が存続会社となった。

③　平成 15 年 1 月 1 日付で、原告は C 社から勤務先の B 社に転籍した。

④　平成 16 年 6 月 1 日より、B 社が新たな確定拠出年金制度を施行するに当たり、原告は「DC・前払選択申請書」の書面を平成 16 年 5 月 21 日ごろ B 社に提出し、適格退職年金制度から移行する際の持分を確定拠出年金制度に移換せず現金で受け取ることを選択した。

⑤　原告は B 社から平成 16 年 7 月 15 日付けの「新退職年金制度移行に伴う持分分配額確定のお知らせ」という表題の書面を受け取った。上記書面には、原告の持分額は 630 万 2,541 円で、適格退職年金からの分配金が 601 万 5,765 円（本件分配金）、B 社からの支給 28 万 6,776 円（本件持分差額）となり、本件持分差額については、7 月給与支払時に一時金として支給する旨が記載されている。

⑥　平成 16 年 7 月 2 日、原告は D 銀行株式会社に対し、「年金信託財産最終計算承認書」という書面を提出し、同月 22 日本件分配金 601 万 5,765 円が D 銀行から原告名義の預金口座に振り込まれた。

⑦　平成 16 年 7 月 23 日、原告に対する 7 月給与支給時に、本件持分差額 28 万 6,776 円が、B 社から原告に支払われた。

⑧　平成 17 年 3 月 3 日、原告は本件一時金を一時所得に係る総収入金額とし、その所得金額を所得税法 22 条 2 項 2 号に規定する 2 分の 1 相当額として平成 16 年分の確定申告を行った。

⑨　平成 17 年 4 月 13 日、原告は本件一時金が退職所得の収入金額に当たるとして、一時所得の金額を 0 円として平成 16 年分の所得税の更正の請求をした。これに対し、所轄税務署長は平成 17 年 8 月 8 日付で、原告は B 社を退職した事実がない以上、本件一時金には所得税法 30 条の退職所得又は同法 31 条の退職手当等とみなす一時金のいずれも適用することができないとして、更正すべき理由がない旨の通知処分をした。

❸　争　　点

争　点
①　本件分配金に係る所得が退職所得に該当するのか、一時所得に該当するのか。
②　本件持分差額に係る所得が退職所得に該当するのか、一時所得に該当するのか。

❹　争点に対する当事者の主張

原告等（納税者）及び被告等（国）の主張は、次のとおりである。

原告等の主張	被告等の主張
(1)　勤務関係の終了により支払われた分配金は退職所得である 　本件分配金は、勤務関係の終了によって支給されたものであり退職所得である。原告は C 社から B 社へ転籍しているところ、転籍とは転籍元会社との雇用契約の終了を意味するものであり、実際、原告に対し退職証明も出されている。 (2)　確定拠出年金制度に移行する者との不公平	(1)　一時所得に当たる 　本件分配金に係る所得は、営利を目的とする継続的行為から生じた所得以外の一時の所得で労務その他の役務又は資産の譲渡の対価としての性質を有しないから、一時所得に当たる。 (2)　一時金として選択して受領したもので雇用関係が終了したことによって支払われたものでない 　本件分配金は、B 社が確定拠出年金法に基づく企業年金制度を導入するに当たり、C 社から転籍した原告に対し

退職所得

被告は、本件分配金は、確定拠出年金制度へ制度移行する際、原告の選択によって支給されたものだから、退職所得には当たらないと主張するが、仮に、その後原告が確定拠出年金制度に加入したとしても、過去の勤続期間は加算されない。他方、確定拠出年金への移行を希望した者については、確定拠出年金制度上、過去の勤務時間を通算されるものであり、後者に対する支給については、過去の勤続期間分についても退職金と扱われて課税されるのに対し、確定拠出年金制度への移行を希望せず、従来の退職金制度における持分の支給を受けた場合は退職金として扱われないというのは不公平である。

(3) 労務の後払
　確定拠出年金への資産の移行額は、勤続年数により異なり、役職手当を含んでいるので、労務の対価を後払したものとみることができる。

(4) 一時金として支払
　本件分配金は一時金として支払われている。

(5) 持分差額も同様
　また、本件持分差額についても、上記と同様退職に伴い、従来の勤務に係る報酬の後払とみなされた一時金であるから、これに係る所得は退職所得に当たる。

ては、それまでの適格退職年金から確定拠出年金制度へ持分を移行するか否かの選択をゆだね、原告自らが、持分を移行せずに一時金として受領することを選択した結果として、本件分配金が移行前の委託幹事会社たるD銀行から持分の分配として支給されたものであり、原告がC社からB社に転籍し原告がC社との雇用関係が終了したことによって支払われたものでもないから、本件分配金に係る所得を所得税法30条1項の「退職手当、一時恩給その他の退職により一時に受ける給与」に当たるということはできない。

(3) これらの性質を有する給与でもない
　また、本件で問題となっている適格退職年金制度は、退職金資産が外部企業で運用される、いわゆる外部拠出型の退職給付制度であって、本件分配金は、D銀行から原告に支払われたものであり、上記のとおり、雇用関係の終了に基づくもののないことに照らしても「これらの性質を有する給与」ということはできない。

(4) 給与取得に該当する。
　B社から勤労者たる原告に対して支払われた持分差額は、原告が勤労者たる地位に基づき使用者から受ける給与に他ならないから給与所得に該当する。

❺　争点に対する判断

さいたま地裁と東京高裁の判断は、次のとおりである

(1)　地裁の判断（納税者勝訴）

① 使用者以外の者から支給されたものであって、その性質上退職手当等と扱う

所得税法 31 条 3 号及び同施行令 72 条 2 項 4 号の規定は、適格退職年金契約に基づく一時金のうち、その一時金が支給される基因となった勤務をした者の退職により支払うものを退職手当等とみなす旨規定するが、同法令は所得税法 30 条 1 項に定める退職手当等が、通常、使用者から直接支給されるものであることにかんがみ、使用者以外の者から支給されるものであっても、その性質上、退職手当等と扱うべき金員のあることを規定したものであって、同法令の定めが、適格退職年金契約に基づく金員の支給については、課税上の退職と扱うものを、所得税法 30 条 1 項の場合よりも限定する趣旨と解すべきではない。

② 委託幹事会社 D 銀行から支払われる

これを本件についてみると、本件分配金は B 社における退職金制度が適格退職年金制度から確定拠出年金制度へ変更されるに際し、原告が、従来の退職金制度の下での基準給与額及び勤務年数により算定された持分を確定拠出年金制度へ移行せず、持分額の現金の支給を受けることを選択した結果、委託幹事会社である D 銀行から支払われたものであることが認められる。

③ C 社との勤務関係に基づく退職金は、転籍後の B 社の勤務期間を引き継ぎ退職金額算定の基礎となる

しかし、他方、C 社及び B 社は、平成 14 年段階において、C 社からの転籍者については、特例措置として B 社が C 社の適格退職年金を引き継ぐことができるものの、法令上、一定期間内には適格退職年金制度を廃止し、新しい退職金制度へ移行する必要があること、B 社を 1 年以内を目途に適格退職年金制度を廃止し、その後の退職金制度を検討していたこと、これらのことは原告ら B 社への転籍予定者には知らされていたこと、こうした中で、B 社は C 社からの転籍者の退職金制度については、当面 C 社の適格退職年金制度を引き継ぐこととし、これに基づいて、B 社が D 銀行と年金信託契約を締結し、C 社の適格退職年金から B 社の適格退職年金へ資産が移換されたこと、C 社との勤務関連が終了した転籍の時点では、原告ら転籍者に対し退職金が支払われなかったことが認められ、これらの事実からすると、C 社

との勤務関係に基づく退職金は、転籍時点では支給せず、転籍後のB社の勤務期間を引き継がれた適格退職年金制度下での退職金額算定の基礎となる勤務期間を通算して退職金を算定することにしたものと解される。

④　対価の後払としての性格を有する一時金に当たる

そして上記認定のとおり、本件分配金の原資は、適格退職年金制度の下、主にC社（合併前のA社も含む）及びB社が退職年金支払に充てる積立金として、年金信託契約を締結した委託管理会社であるD銀行に信託した金員であること、平成16年6月1日施行のB社の退職金規定には、従業員は、確定拠出年金制度と退職金前払制度の選択が可能である旨及び同日在籍する者で、確定拠出年金制度を選択した者については、旧規定による適格退職年金制度の年金資産等について、個人持分額を算定し、これを確定拠出年金制度の個人別資産として移換し、将来の退職金の支払の一部に充て、退職金前払制度を選択した者については、上記年金信託契約に基づく信託金から、前記持分額を一時金として個人宛に支払うこととしていること、前記持分額は、制度移行時の基準給与及び勤続年数に基づいて決定されること、持分額の支払を選択した場合、後に確定拠出年金へ加入しても、当該持分に係る過去の勤務期間は確定拠出年金制度下での退職金の計算に当たり通算されず、他方、持分額の支給を選択せずに確定拠出年金制度へ持分として移行した場合には、同持分に係る勤務期間は同制度の下での退職金の計算に当たり通算されること、これらの事実からすれば、本件分配金は、平成15年1月1日の転籍によって生じた退職金が、退職年金制度の移換を行う平成16年6月1日に、C社から引き継がれた適格退職年金制度によって支払われたものと認められ、転籍後のB社における勤務期間は、退職金額算定の基準として考慮されたにすぎず、勤務期間終了に基づき、従来の一定の勤務期間に対する報酬ないし対価の後払としての性格を有する一時金に当たるというべきである。

⑤　よって退職所得に当たる

以上によれば、本件分配金は所得税法30条1項に定める退職所得等に当たると解すべきであり、これに係る所得は一時所得に該当するとはいえない。

⑥ 本件持分差額も本件分配金と実質を同じくする

また、本件持分差額は、給与額及び勤務年数に基づいて計算した適格退職年金制度における持分の金額が、法律上、確定拠出年金制度へ移行できる限度額を超える結果、退職金額全額が「分配金」としてD銀行から支払われなかった場合に、B社が、当該従業員に対し、その差額分を現金で支給することとしたものであり、C社から引き継がれた適格退職年金制度に基づく退職金の一部が支払われものというべきである。よって、本件持分差額は、本件分配金と実質を同じくするものであって、所得税法上の退職所得に当たるということができる。

(2) 高裁の判断（原判決取消し：国側勝訴）

① D銀行は使用者に該当しない

本件分配金についてみると、前記前提事実のとおり、本件分配金は、被控訴人の労務提供の相手方であったB社（出向先）あるいは出向元であるA社ないしC社から支払われたものではなく、被控訴人の転籍先であるB社とD銀行との間で新たに締結された年金信託契約に基づき、同銀行から被控訴人に対して支払われたものであり、D銀行は形式的にも実質的にも被控訴人の使用者に該当するものではないから、本件分配金は、所得税法30条の「給与」にも「これらの性質を有する給与」にも該当しないものというべきである。

② 退職手当等とみなしている各年金制度による一時金

そして、このように解釈をすべきことは、下記③のとおり、同法31条が退職手当等とみなしている各年金制度に基づく一時金が、いずれも内部に留保されて使用者から直接支給されるものでなく、外部（厚生年金基金、各共済組合、資産管理機関等）に拠出されて運用されているものから支給されるものであり、このような一時金について「退職により支払われるもの」等の要件の下にこれを同法31条の退職手当等とみなす旨が定められていることからみても明らかというべきである。

③ 所得税法30条と同法31条との関係

次に、所得税法30条と同法31条との関係についてみると、同法31条は、

みなし退職所得として、厚生年金法、国民年金法等に基づいて支給される一時金ないし退職一時金を定めているが、これらはいずれも内部に留保されて使用者から直接支給されるものではなく、外部に拠出して運用されてそこから支給されるものである。そして、所得税法31条がこれらの一時金ないし退職一時金を退職所得として取り扱うこととした趣旨は、前記のとおり、これらの一時金ないし退職一時金は、使用者から直接支給されるものではないため、同法30条の退職手当等に該当するものではないが、過去の雇用関係あるいは勤務関係を前提として退職時に支給されるものであり、しかも、その原資は受給者が被保険者、組合員、又は受益者として負担した保険料又は掛金のほか、使用者の負担に係るものであるため、使用者から支給される退職手当等とみなして、これと同じ取扱いをするのが妥当であるという考え方によるものである。

④ **退職により支払われるものという要件を満たさないから、みなし退職所得には該当しない**

このようにみてくると、所得税法30条1項の退職手当等が、被用者の退職金の引当てとなる資産が使用者ないし勤務先の内部に留保され、そこから使用者ない勤務先が被用者によって支払われる場合、すなわち「給与」として支払う場合の規定であるのに対し、同法31条（みなし退職所得）は、被用者の退職金の引当てとなる資産を使用者ないし勤務先の外部に拠出して運用し、その拠出先から被用者に支払われる場合の規定であると解するのが相当である。そして、適格退職年金は企業が受託機関との間で締結する年金契約により実施する社外積立の企業年金であり、使用者以外の外部の拠出先から支払われるものであることからすれば、本件分配金については、同法30条が適用される前提を欠いているというべきである。これを本件分配金についてみると、本件分配金は所得税法施行令72条2項4号の要件のうち「退職により支払われるもの」との要件を満たさないから、同法31条3号のみなし退職所得には該当しないというべきである。

⑤ **給与所得にも退職所得にも該当しない**

したがって、本件分配金は、労務提供の対価として支払われたものではなく、給与所得（所法28①）にも退職所得（所法30①）にも当たらず、また

同法 31 条のみなし退職所得に当たらないものというべきである。

⑥　一時所得に該当する

そして、本件分配金は上記認定判断のとおり被控訴人の勤務先の退職年金制度が適格退職年金制度から確定拠出年金制度へ移行したことに伴って一時的、偶発的な事由に基づく所得であるから、同法 34 条の一時所得に該当するというべきものである。

⑦　本件持分差額は給与所得に該当する

次に、本件持分差額は退職に起因して支払われるものではなく、退職所得及びみなし退職所得のいずれにも該当しない。そして本件持分差額は B 社が B 労組と協議した結果、新しい退職金制度移行への調整のために B 社の従業員になる被控訴人に対して支給したものであり、被控訴人が B 社の従業員という地位に基づき使用者である B 社から受けた給付にほかならないから、所得税法 28 条 1 項の給与所得に該当するというべきである。

Ⅶ　退職所得と給与所得の所得区分が争われた裁判例(2)

> ●使用人から執行役への就任に伴い打切り支給した退職給与の所得区分は退職所得か給与所得かが争われた裁判例
> ・大阪地裁平成 20 年 2 月 29 日判決（平 17（行ウ）236）認容・控訴
> ・大阪高裁平成 20 年 9 月 10 日判決（平 20（行コ）58）棄却・確定

❶　事案のあらまし

原告の使用人が執行役に就任するに当たり退職金を支給したが、所轄税務署長は給与所得に該当するとして処分したため争った事例であり、地裁・高裁とも納税者が勝訴した。

❷　事案の概要

　原告（X 社）の使用人であった乙ら 6 名が執行役に就任するに当たり、同人らに退職金として合計 6,341 万円を支払い、その際、その金員に係る所得は所得税法 30 条 1 項にいう「退職所得」に該当するとして 20 万 4,100 円の所得税を源泉徴収し、国に納付したところ、所轄税務署長は同法 28 条 1 項に規定する「給与所得」に該当するとして、納税告知処分（源泉徴収税額 1,157 万 7,836 円追加）と不納付加算税決定処分（115 万 7,000 円）をしたため、X 社が処分の取消しを求めた取消訴訟を提起した。

❸　争　　点

争点 1　執行役に対する 6,341 万円の支払は、「所得税法 30 条 1 項に該当する退職所得」かそれとも「所得税法 28 条 1 項に該当する給与所得（賞与）」か。

争点 2　執行役への打切り支給（打切り支給明記要件）について定めのない X 社の内規では、実質的に退職があったのと同視できないか。

❹　争点に関する当事者の主張

　原告等（納税者）及び被告等（国）の主張は、以下のとおりである。

■　執行役に対する 6,341 万円の支払は退職所得か給与所得（賞与）か

原告等の主張	被告等の主張
争点 1 　次の①から③により、退職所得に該当する。 ①　乙ら（6 名の執行役）と原告 X 社	争点 1 　次の①・②により、給与所得に該当する。 ①　退職所得に当たるというために

との勤務関係は、平成15年6月26日、雇用関係の合意解約によって終了している。

② 乙らは、執行役への就任に伴い、雇用保険及び労災保険の被保険者としての資格を喪失している。

③ 執行役の任期は、法律上1年と定められ、また、任期中であっても、取締役会の決議により、いつでも解任することができ、乙らの身分保障はきわめて不安定なものである。

争点2

(1) 打切り支給である旨の就業規則の有無

そもそも、打切り支給とは、使用人が役員に就任した事案に則していえば、将来役員を退任した際に支給される退職慰労金が使用人としての勤続期間を加味して算出されるか否かという将来事実を、使用人としての退職金支給時における事実によって推認しようとするものであるところ、打切り支給である旨を明記した就業規則の有無という事実は、将来において支給される役員退職慰労金の算出方法を推認する根拠としてはきわめて脆弱である。

(2) 役員退職慰労金に関する社内規則の改廃及び変更は、会社の自由な判断に委ねられている

すなわち、役員退職慰労金に関する社内規則の改廃及び変更は、会社の自由な判断に委ねられている上、使用人が役員に就任した場合において当該役員が1年や2年の短期間で退任すると

は、退職すなわち勤務関係の終了という事実によって初めて給付されること、従来の継続的な勤務に対する報償ないしその間の労務としての後払の性質を有すること、一時金として支払われること、との要件を備えることが必要であると解される（最高裁昭和58年9月9日判決・昭53（行ツ）72）。

② ここにいう退職とは、民法上の雇用関係の終了といった私法上の法律関係に即した観念として理解すべきではなく、社会通念上、一般に退職として理解される、実質的にその事業所等との勤務関係を終了するという実態を備えたものでなければならないと解すべきである。

争点2

(1) 退職所得は、本来、退職（勤務関係の終了）という実態を伴うものでなければならない

退職所得が本来は給与所得として課税されるものであるのに、退職手当等の金員の性質及び機能に照らし、税負担の軽減という優遇措置を特別に講じられているものであることからすれば、退職所得は、本来、退職（すなわち当該事業所との勤務関係の終了）という実態を伴うものでなければならないのであって、退職せず、引き続き在職するにもかかわらず、退職と同一に取り扱うことが相当といえる場合というのは、限定的に解釈されなければならない。そうとすれば、引き続き在職するなどとして勤務関係が継続している者に対して支給される金員が退職所得に該当するかどうかの判定に当たっては、それが、退職の事実があったと同様の事情の下に支給され、かつ、本来の退職者が受けるべき退職金（退職者が特定の事業所等において勤務した

退職所得

は限らず、10年、20年といった長期にわたり役員に留任する事例も数多く見受けられるところ、20年以上もの先において現行の社内規則どおりの運用が行われる保証はない。

(3) 打切り支給という要素

このような意味において、被告が主張するところの打切り支給という要素は、将来における事実を現在の事実によって推認するものであるという特殊性を有するのみならず、その将来事実を推認する根拠として脆弱な性格を本質的にはらんでいる。

(4) 打切り支給という要素に全面的に依拠する必要はない

そうであるとすれば、打切り支給明記要件を満たさない限り、「これらの性質を有する給与」に該当する余地はないとするほどに、上記のような性格を有する打切り支給という要素に全面的に依拠することは、退職所得該当性に関する適正な判断を妨げるものであり、到底首肯することができない。

(5) 本件金員は「これらの性質を有する給与」に該当する

そうであるところ、雇用契約終了の前後において乙らの勤務関係に重大な変動があったこと、本件金員が、本件退職金規程に基づき支払われたものであることなどに照らせば、本件金員は少なくとも所得税法30条1項にいう「これらの性質を有する給与」に該当するというべきである。

ことに対する報償及びその期間の就労に対する対価の一括後払としての性質、つまりそれまでの勤務の精算金的性質を有する金員）と同様の算出法によって算出されたか（すなわち精算支給であるか）といった、退職手当等としての当然の性質を有しているか否かの検討を行わなければならない。

(2) 打切り支給でない給与は、上記「これらの性質を有する給与」には当たらない

この点、打切り支給でなければ精算金的性質を有するとはいえず、したがってまた、実質的に退職があったのと同視することもできないから、打切り支給でない給与は、上記「これらの性質を有する給与」には当たらない。そして、退職の事実がないのに退職所得としての優遇措置を受けられること及び公平な課税の観点からして、打切り支給であることは明確でなければならず、打切り支給である旨は、社内の明文の規定により定められていることを要するというべきである。

(3) 「これらの性質を有する給与」に当たらない

したがって、当該支払の時点において、打切り支給である旨が就業規則等に明記されている場合でなければ、「これらの性質を有する給与」に当たらないと解すべきである。

❺ 争点に対する判断

(1) 退職金に該当するための3要件

「退職手当、一時恩給その他退職により一時に受ける給与」に当たるというためには、それが、①退職すなわち勤務関係の終了という事実によって初めて給付されること、②従来の継続的な勤務に対する報償ないしその間の労務の対価の一部の後払の性質を有すること、③一時金として支払われることの要件を備えることが必要であり、また「これらの性質を有する給与」に当たるというためには、それが形式的には上記各要件のすべてを備えていなくても、実質的にみてこれらの要件の要求するところに適合し、課税上、上記「退職により一時に受ける給与」と同一に取り扱うことを相当とするものであるということを必要とすると解すべきである。

そうであるところ、継続的な勤務の中途で支給される退職金名義の金員が、実質的にみて上記3つの要件（①から③）の要求するところに適合し、課税上、上記「退職により一時に受ける給与」と同一に取り扱うことを相当とするものとして、上記「これらの性質を有する給与」に当たるというためには、当該金員が定年延長又は退職年金制度の採用等の合理的な理由による退職金支給制度の実質的改変により精算の必要があって支給されたものであるとか、あるいは、当該勤務関係の性質・内容・労働条件等において重大な変動があって、形式的には継続している勤務関係が実質的には単なる従前の勤務関係の延長とはみられないなどの特別の事実関係あることを要するものと解すべきである。

(2) 執行役への就任は新たな勤務関係である

前記認定の乙らの執行役員就任時における原告の会社としての性格及び規模、原告における役員の位置付け及びその構成、従業員の役員の就任状況、給与体系の変更内容、給与支給額の変動状況、乙らの執行役就任時に採られた各種手続等にかんがみれば、乙らの身分関係の異動がその実質を有するも

のであることは明らかである。

　したがって、乙らと原告との間の勤務関係については、乙らの執行役就任により、その性質・内容・労働条件等において重大な変動を生じたというべきであり、執行役就任後の勤務関係は、実質的にみて、執行役就任前の勤務関係の単なる延長とみることはできないというのが相当である。

　以上を総合すると、本件各金員は原告の従業員から執行役への就任という単なる従前の勤務関係の延長とはみられない実質を有する新たな勤務関係に入ったことに伴い、それまでの従業員としての継続的な勤務に対する報償ないしその間の労務の対価を一括精算する趣旨の下に、一時金として支給されたものというべきであるから、課税上、上記「退職により一時に受ける給与」と同一に取り扱うのが相当であり、所得税法 30 条 1 項に規定する「これらの性質を有する給与」に当たるというべきである。

Ⅷ　所得区分の判断ポイント

❶　Ⅴの裁判例

　上記Ⅴの裁判例は、いわゆる 5 年退職金事件として著名な判決であり、所得税法 30 条 1 項にいう退職手当等に係る所得というためには、次の 3 つの要件を整えることが必要であることを判示した。

> ①　勤務関係の終了という事実（退職の事実）による給付。
> ②　労務の対価の一部の後払の性質を有する。
> ③　一時金として支払われる。

　この判断は、その後のいわゆる 10 年退職金事件（最高裁昭和 58 年 12 月 6 日判決・集民 140 号 589 頁）にもみられ、以後の裁判例において、この 3

条件を備えることが退職所得の判断基準となっている。

　ただし、退職の事実を、私法上の契約関係の終了として判断（借用概念）するか、退職金支給の目的・勤務条件・勤務内容の変更等の事情をも考慮して退職という概念を解釈するか（税法固有概念）が問題となる。定年後の再雇用の場合において、勤務条件の変更を伴わない場合にどう解釈するかである。

　次に「これらの性質を有する給与」に当たるというためには、それが形式的には上記の各要件のすべてを備えていなくても、実質的にみてこれらの要件を整えることが必要であり、課税上、「退職により一時に受ける給与」と同一に取り扱うことも必要とすると解すべきである。すなわち、退職に準ずるような勤務条件等の重大な変更等があった場合の生活保障の性質を有する給与については、これらの性質を有する給与と認められる余地はある。

　最近では、同一労働同一賃金ということがいわれている。いわゆる長澤運輸事件（東京地裁平成 28 年 5 月 13 日判決）では、運送会社の運転手が定年後再雇用された後、定年前と同じ運送業務に従事していたにもかかわらず、定年前より賃金が減額されたことにつき、賃金減額を否定した（東京高裁平成 28 年 11 月 2 日判決では逆転）。このような退職前と同様の勤務・同様の賃金ということは、勤務関係の終了という外観の事実があいまいにされ、今後の検討課題となるべきものである。

❷　Ⅵの裁判例

　上記Ⅵの裁判例は、適格退職年金制度から確定拠出年金制度に移行する際の一時金が、退職所得が一時所得かで争われた事例である（本件分配金が、前記の 3 つの要件に該当するか否かが争われた）。

　本件の D 銀行から支払われた分配金は、平成 15 年 1 月 1 日の転籍によって生じた退職金が、退職年金制度の移換を伴う平成 16 年 6 月 1 日に C 社から引き継がれた適格退職年金制度に基づき平成 16 年 7 月 2 日に D 銀行から直接振り込まれた。

　地裁では、時期はずれるが因果関係が C 社の退職により支払われたもの

であるから、上記❶①の要件を満たし、この分配金を退職所得と判断した。

　一方、高裁では原告の一時金として受け取る選択により支払われたものであり、C社の退職により支払われたものではないので、上記❶①の要件を満たさず退職所得とは判断されなかった。

　この退職金前払制度の選択は、転籍者のみを対象としたものではなく、B社の全従業員を対象とする制度であり、C社からB社へ転籍したことに基因してこの分配金を受け取ったものではないと判断した。筆者も同意見である。

　同様の判決は、厚生年金基金の解散に伴う残余財産の分配金について、一時金の分配金に対し第一審（東京地裁平成18年2月24日判決）では退職所得と判断されたが、控訴審（東京高裁平成18年9月14日判決）では逆転して一時所得と判断された。

　また、適格退職年金制度の終了に伴い支払われた一時金について、納税者は退職所得を主張したが、第一審（東京地裁平成24年12月11日判決）及び控訴審（東京高裁平成25年7月10日判決）とも一時所得と判断された事例がある。

❸　Ⅶの裁判例

　執行役員制度は1999年にソニーで導入されたのが初めてで、今では多くの企業で採用されている。委員会等設置会社でない株式会社において、執行と監督の分離を図り、これにより経営監督及び業務執行の効率を高めるための制度といわれている。

　しかし、執行役員は執行役や取締役等と異なり会社法上の機関ではないため、その地位は会社の自由な設計に委ねられている。また、法人税法上も役員とは定義されていない。

　上記Ⅶの裁判例は、原告の使用人でもある「執行役員」が役員である「執行役」になったことが所得税法上の「退職」に該当するかどうかが争点となったケースである。

　所得税基本通達30－1において、本来退職に起因しない給与であって

も、一定の場合、例えば使用人から役員になった場合や、代表取締役が代表権のない相談役になった場合などは、所得税法30条1項の「これらの性質を有する給与」に該当するとして、退職所得と解する取扱いがされている。

　本件では、被告は原告の会社の内規に打切り支給についての定めがないこと、執行役員と執行役の権限や報酬の額が変わらないので、退職所得とは認められないと主張した。

　一方、原告は「執行役員」は役員ではなく使用人であり、「役員」という名称はあるものの、単に業務執行権限が付与された原告の「使用人」にすぎないし、雇用契約から委任契約に変更したのは、執行役就任時であると主張した。

　判決は、退職所得優遇制度の趣旨を検討し、「退職」とは、「単に勤務関係を基礎づける雇用契約等の私法上の法律関係の変更、解消等に即して判断されるものではなく、当該事業所等との勤務関係を終了するという社会的実態があることが必要である」とし、執行役員と執行役との間の地位の相違について、会社法や労働法を参照し、実質的に勤務関係が終了したと評価して退職所得と判断した。

＜参　考＞

◆所得税基本通達

退職所得

（使用人から執行役員への就任に伴い退職手当等として支給される一時金）

30－2の2　使用人（職制上使用人としての地位のみを有する者に限る。）からいわゆる執行役員に就任した者に対しその就任前の勤続期間に係る退職手当等として一時に支払われる給与（当該給与が支払われた後に支払われる退職手当等の計算上当該給与の計算の基礎となった勤続期間を一切加味しない条件の下に支払われるものに限る。）のうち、例えば、次のいずれにも該当する執行役員制度の下で支払われるものは、退職手当等に該当する。

(1)　執行役員との契約は、委任契約又はこれに類するもの（雇用契約又はこれに類するものは含まない。）であり、かつ、執行役員退任後の使用人としての再雇用が保障されているものではないこと

---

(2) 執行役員に対する報酬、福利厚生、服務規律等は役員に準じたもので
あり、執行役員は、その任務に反する行為又は執行役員に関する規程に
反する行為により使用者に生じた損害について賠償する責任を負うこと
  (注) 上記例示以外の執行役員制度の下で支払われるものであっても、
    個々の事例の内容から判断して、使用人から執行役員への就任につ
    き、勤務関係の性質、内容、労働条件等において重大な変動があっ
    て、形式的には継続している勤務関係が実質的には単なる従前の勤
    務関係の延長とはみられないなどの特別の事実関係があると認めら
    れる場合には、退職手当等に該当することに留意する。

❹　上記裁判例から探る退職所得の判断基準

　支払われた金品が、所得税法30条1項の「退職手当・一時恩給・その他
退職により一時に受ける給与」に当たるというためには、それが次の①から
③の要件を備えることが必要である。

① 退職すなわち勤務関係の終了という事実によって初めて給付される
  こと
② 従来の継続的な勤務に対する報償ないしその間の労務の対価の一部
  の後払の性質を有すること
③ 一時金として支払われること

　所得税法31条の退職手当等とみなす一時金については、厳格に判断され
ると思われる。
　ただし、現状の勤務形態の変化に応じて上記3条件も再検討を要すること
もある。勤務関係の終了という事実を、再雇用や役員への昇格・降格等の勤
務形態の変化との関係をどうとらえるかによるし、一時金支払に代えて年金
払の場合や、勤務先から直接支払われない場合など、今後退職金のあり方を
含めて再検討の余地はある。

第9章
山林所得

Ⅰ 山林所得の範囲

❶ 山林所得とは

　山林所得とは、所有期間が5年を超える山林を①伐採して譲渡したり、②立木のままで譲渡したりしたことによる所得をいう（所法32）。

　山林の「譲渡」には、通常の売買のほか、交換、競売、公売、代物弁済、収用、法人に対する現物出資等も含まれる。

　なお、山林を土地付きで譲渡した場合には、土地の譲渡による所得は譲渡所得になる（所基通32 − 2）。

　また、山林を取得してから5年以内に伐採して譲渡したり、立木のまま譲渡したりしたことによる所得は、その伐採や譲渡が事業として営まれている場合には事業所得になり、そうでない場合には雑所得になる（所基通35 − 2(8)）。

❷ 山林所得が課税される特殊な場合

　次の場合にも、山林所得の課税の対象になる。

① 　次の事由により、山林の移転があった場合
　㈭ 　法人に対する贈与や遺贈、時価の2分の1未満の価額による譲渡（所法59①・②）
　㈭ 　限定承認に係る相続や限定承認に係る包括遺贈（個人に対するものに限る）（所法59①）
② 　自己の住宅を建築するなど山林を伐採して家事の用に使用した場合（所令78の2）
③ 　分収造林契約又は分収育林契約に基づき山林の伐採や又は譲渡による収益を分収した場合（所令78の2）

④　分収造林契約又は分収育林契約に係る権利を譲渡した場合（所令78の3）

⑤　生産森林組合から従事分量分配金を受けた場合（所令62②）

⑥　森林管理法の規定による経営管理実施権の設定を受けた林業経営者（又は経営管理権の設定を受けた市町村）が山林を伐採し、木材の販売による収益が発生した場合

> **（注1）**　上記①及び②は、時価で山林の譲渡があったものとして課税される。
> **（注2）**　上記⑥の木材の販売による収益については、森林所有者の山林所得として課税される。

Ⅱ　山林所得の金額の計算

❶　山林所得の金額

山林所得の金額は、次のように計算する（所法32③・④）。

> 山林所得の金額＝総収入金額－必要経費－山林所得の特別控除額（50万円）

❷　総収入金額

総収入金額とは、譲渡の対価の額になる（所法36①・②）。

なお、山林を伐採して自己の家屋を建築するために使用するなど家事のために消費した場合は、その消費したときの時価が総収入金額に算入される（所法39）。

❸　必要経費

必要経費とは、次の費用が該当する。

(1) 原価計算による方法

必要経費は、植林費等の取得費のほか、下刈費等の育成費、維持管理のために必要な管理費、さらに、伐採費・運搬費・仲介手数料等の譲渡費用の合計額である（所法37②）。

(2) 必要経費の特例

必要経費には、概算経費控除といわれる特例もある。伐採又は譲渡した年の15年前の12月31日以前から引き続き所有していた山林を伐採又は譲渡した場合には、収入金額から伐採費等の譲渡費用を差し引いた金額の50%に相当する金額に伐採費等の譲渡費用を加えた金額を必要経費とすることができる（措法30）。

> 必要経費＝(総収入金額－伐採費等の譲渡費用)× 50%
> 　　　　　＋伐採費等の譲渡費用

❹　山林所得の特別控除額

山林所得には、50万円の特別控除額がある（(総収入金額－必要経費）の額が限度額)。

❺　青色申告特別控除額

青色申告者は、必要経費のほかに次の金額のうちいずれか低い方の金額（最高10万円）を青色申告特別控除額として控除することができる（措法25の2）。

① 10万円－（不動産所得や事業所得から控除した青色申告特別控除額）

② 青色申告特別控除額を控除する前の山林所得の金額（山林所得の特別控除後の金額）

この青色申告特別控除には、最高10万円の特別控除と最高55万円（e-Taxによる申告又は一定の要件を満たしている場合は最高65万円）の特別控除

とがあるが、55万円（65万円）の青色申告特別控除は、不動産所得又は事業所得を生ずべき事業を営む青色申告者のうち一定の者について、これらの所得を通じて最高55万円（65万円）を控除できることとされており、山林所得については適用できない。

　また、山林所得のほかに事業的規模の不動産所得や事業所得があり55万円（65万円）の青色申告特別控除を適用した場合には、その年分の山林所得について、10万円の青色申告特別控除を適用することはできない。

❻　税額の計算方法

　山林所得は、他の所得と合計せず、他の所得と異なった計算方法により税額を計算する（所法89）。

　これは、5分5乗方式といわれるもので、次のように計算する。これにより、超過累進税率が緩和される。

$$（課税山林所得金額 \times \frac{1}{5} \times 税率）\times 5$$

Ⅲ　収入の時期

　山林所得の総収入金額の収入すべき時期は、原則として山林所得の基因となる資産の引渡しがあった日となる（所基通36 − 12）。

　ただし、当該資産の譲渡に関する契約の効力発生の日によることも認められている。

山林所得

Ⅳ 山林所得における課税の特例

❶ 森林計画特別控除の特例

森林法の規定による市町村長、都道府県知事又は農林水産大臣の認定を受けた森林経営計画に基づいて山林を伐採して譲渡したり、立木のままで譲渡した場合には、その山林の収入金額から必要経費のほかに森林計画特別控除額が控除される（措法30の2）。

❷ 収用等により山林を譲渡した場合の特例

土地収用法等による収用等により山林を譲渡した場合には、その山林所得の金額の計算について、①5,000万円の特別控除の特例又は②代替資産を取得した場合の課税の特例のいずれか一方の特例の適用を受けることができる（措法33、33の4）。

(1) 5,000万円の特別控除の特例

公共事業施行者から最初に買取り等の申出のあった日から6か月を経過した日までに山林の譲渡を行うなど一定の要件に該当する場合には、この要件に該当する山林の山林所得の金額（特別控除額50万円を控除する前の金額）から5,000万円（山林所得の特別控除額を控除する前の金額が5,000万円未満の場合には、その金額）が控除される（措法33の4）。

(2) 代替資産を取得した場合の課税の特例

補償金等の全部で山林を取得したり、補償金等に代えて山林だけを取得したりした場合には課税が行われない（措法33）。

また、補償金などの一部で山林を取得した場合には、補償金等の残りの部

分について課税される（措法33）。

❸ 山林の譲渡代金が貸倒れになった場合の特例

　山林の譲渡代金が貸倒れになったときは、貸倒れになった譲渡代金に対応する部分の山林所得は、所得がなかったものとされる（所法64①）。

　ただし、山林経営を事業としている人の山林の譲渡代金が貸倒れになった場合には、この特例は適用されない。この貸倒れによる損失の金額は、必要経費に算入される。

❹ 保証債務を履行するため山林を譲渡した場合の特例

　保証債務を履行するため山林を譲渡した場合で、その保証債務の主たる債務者等に対して求償権の行使ができなくなったときは、その求償権の行使ができなくなった金額に対応する部分の山林所得は、所得がなかったものとされる（所法64②）。

　ただし、次の場合にはこの特例は適用されない。

①　事業の遂行上生じた保証債務を履行するために山林を譲渡した場合

②　山林を継続的に譲渡している人が保証債務（上記①の事業の遂行上生じたものを除く）を履行するために山林を譲渡した場合

山林所得

Ⅴ 山林所得と譲渡所得の所得区分が争われた裁決例

●立木に係る補償金が山林所得と認められなかった裁決例
・国税不服審判所令和３年６月28日裁決（沖裁（所）令２－４）棄却

❶ 事案のあらまし

　請求人は、民有地の買上げ事業に伴い買い取られた請求人所有の立木（本件立木）は、森林地帯を構成する山に存する立木であり、山林にふさわしい景観をなしていることから、所得税法32条１項の「山林」に該当するため、本件立木に係る補償金（本件立木補償金）は、同項の山林所得に該当する旨主張した事案である。

　国税不服審判所は、本件立木は庭木類に該当し、所得税法32条１項の「山林」には該当しないと認めることが相当であることから、本件立木補償金に係る所得は、本件立木を取得してから５年経過した後の譲渡の対価に係る所得として総合課税の長期譲渡所得に該当するという判断を行った。

❷ 事案の概要

　本件についての裁決の要旨は、次のとおりである。

(1) 民有地の買上げ事業に係る補償金の取扱い

　請求人（納税者）は、史跡指定地域内の民有地の買上げ事業（本件事業）に伴い、請求人所有の墳墓及び立木に関して補償金の交付を受けた。本件は、交付を受けた各補償金について、原処分庁が、当該墳墓の補償金のうち、一時所得に係る総収入金額に算入しない金額は取壊費用のみであり、当

該立木の補償金に係る所得は総合課税の長期譲渡所得に該当するなどとして所得税等の更正処分等を行ったことに対し、請求人が、当該墳墓の補償金の全額が一時所得に係る総収入金額に算入しない金額であり、また、当該立木の補償金に係る所得は山林所得に該当するなどとして、原処分（国）の全部の取消しを求めた事案である。

(2) 審査請求

更正通知書の記載内容により、原処分庁は更正処分における自己の判断過程を逐一検証することができるから、その判断の慎重・合理性を担保し、恣意を抑制するという点において支障はないというべきであり、また、請求人の不服申立てについても必要な材料が提供されているものということができるから、不服申立ての便宜の点においても支障はないというべきである。したがって、更正処分の理由の提示には、行政手続法14条1項本文に反する不備はない。

(3) 工作物補償金に係る対価の所得区分

本件工作物補償金は、請求人が墳墓の移転に係る損失の補償金として一時に交付を受けた金員であるから、工作物補償金に係る所得は、所得税法34条1項に規定する一時所得に該当する。請求人は、工作物補償金に係る所得が所得税法施行令95条の規定により譲渡所得に該当する旨主張する。しかしながら、工作物補償金は墳墓の移転に係る損失の補償金であって墳墓の消滅につき受ける補償金ではないから、譲渡所得の基因となるべき資産の消滅につき補償金を受ける場合について規定した所得税法施行令95条は適用されないため、請求人の主張には理由がない。

(4) 工作物補償金についての収用代替特例又は交換特例の適用の可否

請求人は、墳墓の取壊し及び移転は「収用」に相当し、租税特別措置法33条1項5号若しくは同項8号又は同法33条の2第1項1号に規定する場合に該当するから、収用代替特例又は交換特例が適用できる旨主張する。し

山林所得

かしながら、本件事業の遂行に当たって、土地収用法又は都市計画法に規定する事業の認定を受けていないから、工作物補償金について、収用代替特例及び交換特例を適用することはできない。

(5) 所得税法 44 条の適用対象

本件工作物補償金は、墳墓の移転によって通常生じる損失に対する補償であるが、これを「その交付の目的に従って資産の移転等の費用に充てた」というためには、工作物補償金が、墳墓の移転によって請求人に生じた損失の補填に充てるために交付された補償金であることが必要である。よって、再築工法を前提に移転補償金が算定された場合も、所得税法 44 条本文の適用対象となるのは、損失の補填に充てるために交付された部分に限定される。

(6) 本件における所得税法 44 条の適用範囲

請求人は、墳墓の新築費用及び解体工事費としての支出額は工作物補償金を上回っているから、工作物補償金の全額が所得税法 44 条本文の適用により総収入金額に算入しない金額となる旨主張する。しかしながら、工作物補償金のうち、実質的に損失を補償する趣旨で交付されたと評価できるのは取壊工事費部分に限られると認められるから、請求人の主張には理由がない。

(7) 本件立木が所得税法 32 条 1 項に規定する「山林」に該当するか

本件立木は、墳墓から視認可能な範囲に植樹され、立木補償金の算定においても庭木類に該当することが前提とされているから、本件立木は、販売を目的として伐採適期まで相当長期にわたり管理育成を要する立木ということはできない。したがって、本件立木は、所得税法 32 条 1 項に規定する「山林」には該当しない。立木補償金は、立木を取得してから 5 年を経過した後の譲渡に係る対価であると認められるから、立木補償金に係る所得は、総合長期譲渡所得に該当する。

❸ 争　　点

| 争　点 | 本件立木が所得税法 32 条 1 項の「山林」に該当するか。 |

❹　争点に関する当事者の主張

請求人（納税者）及び原処分庁の主張は、以下のとおりである。

請求人の主張	原処分庁の主張
●本件立木が所得税法 32 条 1 項の「山林」に該当するか 　本件立木は、森林地帯を構成する山に存する立木であり、山林にふさわしい景観をなしていることから、所得税法 32 条 1 項の「山林」に該当する。	●本件立木が所得税法 32 条 1 項の「山林」に該当するか 　本件立木は、一般に庭園木として植樹されるものであり、本件立木補償金も庭木類に該当することを前提に算定されていることから、所得税法 32 条 1 項の「山林」に該当しない。

❺　争点に対する判断

(1)　判断結果

　上記の争点に関する原処分庁の主張は、次のとおり理由があり、本件各処分を違法とすべき理由はなく、これらは適法と判断された。

(2)　判断理由

　所得税法 32 条 1 項に規定する「山林」に該当する立木とは、販売を目的として伐採適期まで相当長期にわたり管理育成を要する立木である。本件立木は、墳墓から視認可能な範囲に植樹され、立木補償金の算定においても庭木類に該当することが前提とされていることなどから、所得税法 32 条 1 項に規定する「山林」に該当する立木とはいえないと判断された。

山林所得

Ⅵ 所得区分の判断ポイント

❶ 裁決例をもとにした判断基準（山林所得・譲渡所得）

(1) 裁決例から考えられる判断基準

　立木を譲渡した場合において、その立木が所得税法32条1項の「山林」に該当しない場合は、その譲渡については山林所得でなく譲渡所得となる。

　山林所得については、山林が育成に長期間を要するという点から他の所得と比べ、特別控除・概算経費控除・税率等が優遇されている。このため、立木が所得税法32条1項の「山林」に該当するかどうかの判断は、本件から次のような条件をもとに行われると考えられる。

① 販売を目的としている

　本件の立木については、当初から販売を目的として育成されたものではなく、民有地の買上げ事業に伴い偶発的に譲渡が行われたものであると判断され、所得税法32条1項に規定する「山林」と認められなかったと考えられる。

② ある程度の規模である

　本件の立木については、墳墓から視認可能な範囲に植樹されていた。所得税法32条1項に規定する「山林」と認められるためには、一般的に「山林」と考えられる規模で立木の管理育成が行われていることが必要だと考えられる。

③ 管理育成に長期間を要する樹種である

　本件の立木については、立木補償金の算定において庭木類に該当するものと判断されていた。所得税法32条1項に規定する「山林」と認められるためには、管理育成に長期間を要する樹種であることが必要だと考えられる。

⑵　裁決例についての考察

　上記の判断基準については山林所得の趣旨等から妥当なものであるとは考えられるが、所得税法等においてその判断基準は明示されていない。そのため、
・すべての条件を満たす必要があるか
・どの程度の規模が必要か
・どのような樹種であればよいか
といった点について整理する必要があると考える。

❷　裁決例以外の判断基準

⑴　山林の保有期間による所得区分（山林所得・事業所得・雑所得）

　山林を取得してから5年以内に伐採して譲渡したり、立木のまま譲渡したりすることによる所得は、その伐採や譲渡が事業として営まれている場合には事業所得になり、そうでない場合には雑所得になる（所基通35－2⑻）。
　また、山林の取得の日は、次のようになる（所基通32－3）。
① 　他から取得した山林については、山林の引渡しがあった日又は譲渡に関する契約の効力発生の日となる。
② 　自ら植林した山林については、当該植林の完了した日となり、他に請け負わせて植林した山林については当該山林の引渡しを受けた日となる。この場合において、植林の完了した日又は引渡しを受けた日の判定は、当該植林した山林の林分ごとに行う。
　　(注) 　林分とは、林相（樹木の種類や生え方などからみた森林の状況）が一様で周囲のものと区分できる山林経営上の単位となる立木の集団をいう。

⑵　山林所得の基因となる山林とその他の山林とがある場合の所得区分（山林所得・事業所得・雑所得）

　伐採又は譲渡した山林のうちに、保有期間が異なる山林がともにある場合

は、保有期間が5年を超える山林については山林所得、保有期間が5年以下の山林については事業所得又は雑所得となる（所法32、所基通35－2(8)）。

　また、この場合の収入金額及び譲渡に要した費用の額は、譲渡資産のうちに短期保有資産と長期保有資産とがある場合の区分計算の方法に準じて計算する（所基通32－4）。

(3)　山林とともに土地を譲渡した場合の所得区分（山林所得・譲渡所得）

　山林をその生立する土地とともに譲渡した場合は、立木については山林所得、その当該土地については譲渡所得となる（所基通32－2）。

　なお、山林とその土地をともに譲渡した場合には、譲渡収入金額を適正に区分して、それぞれの所得金額を計算する。

(4)　自己が育成した山林を伐採し製材して販売する場合の所得区分（山林所得・事業所得）

　製材業者が自ら植林して育成した山林（幼齢林を取得して育成した山林を含む）を伐採し、製材して販売する場合には、原則として植林から製品の販売までの全所得がその販売した時の製材業の事業所得となる。

　しかし、植林又は幼齢林の取得から伐採までの所得は、伐採した原木を当該製材業者の通常の原木貯蔵場等に運搬した時の山林所得とし、製材から販売までの所得は、その製品を販売した時の事業所得として差し支えないものとされている。この場合には、山林所得の金額は当該運搬した時の当該原木貯蔵場等における原木の価額を基として計算し、事業所得の金額は原木の価額に相当する金額を原木の取得価額として計算する（所基通23～35共－12）。

第10章
譲渡所得

I 譲渡所得の範囲

資産の譲渡に係る所得には、次のように「通常の譲渡所得」、「みなし譲渡所得」、「譲渡所得以外の所得」及び「課税されない譲渡所得」がある。

また、譲渡所得は、分離課税の対象と総合課税の対象に区分され、所得金額や税額の計算方法が異なる。さらに、長期譲渡所得、短期譲渡所得に細分され、また種々の課税の特例の適用がある。

資産の値上りにより所有者に帰属する増加益を所得として、所有者の支配を離れて他に移転する機会に清算して課税する趣旨と解されている。

❶ 通常の譲渡所得

資産の譲渡により生じた所得を譲渡所得という（所法33①）。資産とは経済的価値のあるものすべてをいい、譲渡とは、所有権その他財産上の権利を移転させるすべての行為をいう。譲渡所得の基因となる資産は、経済的価値があるもの、現実に有償譲渡の可能性／市場性があるもの、資産価値の増加益又は減少の可能性があるものをいう。ただし、譲渡所得の基因とならない資産を除く（所基通33－1）。

❷ みなし譲渡所得

法人に対する贈与・遺贈等限定された場合等に、譲渡所得の基因となる資産の移転とみなし、その資産の時価で譲渡があったものとみなして、例外的にみなし譲渡所得として課税される仕組みがある（所法59①・②、60の3、所基通26－6、33－6、33－12～33－15、33－15の3、34－1(7)、59－5、措法33以下の特例他）。法律上の資産の譲渡ではないものの、課税の機会を失うことを防ぐ観点から、法令上譲渡所得としての法律効果及び経済的利益が同様の性質を有するものと認定することにより譲渡所得として取

り扱われるものである。

❸ 譲渡所得の対象とならない資産の譲渡の場合は、譲渡所得以外の所得

　所得税法33条では、1項にて、「資産の譲渡、うち建物又は構築物の所有を目的とする地上権又は賃借権の設定その他契約により他人に土地を長期間使用させる行為で政令で定めるものを含む」と定め、土地の長期使用行為は政令で限定している。また、同条2項にて、事業に係る棚卸資産等の営利の継続的な譲渡、及び山林の伐採又は譲渡を除いている。

　譲渡所得の基因となる資産以外の資産の譲渡による所得がある（所法32、33②、所基通32－2、33－1、33－1の2（注）、33－3、33－4（注）、33－5、27－1他）。所得の種類により適用される税率等が異なるため、いずれの所得に該当するかの認定には、課税庁と異なる見解も生じ得るので、相当の注意を払い慎重に検討しなければならない。

❹ 課税されない譲渡所得

　譲渡所得においては、所得の性質のほかに、歴史的経緯及び政策的理由から4つの特別な考慮がなされている。つまり、非課税、分離課税、特別な控除、課税の繰延べである。

　通常必要な生活用動産等、担税力の考慮等から、譲渡所得の対象であるが課税しない所得がある（所法9①九〜十一、62①、69②、措法37の14、40、40の2、40の3、40の3の2他）。

Ⅱ 譲渡所得の金額の計算

❶ 分離課税と総合課税

　譲渡所得の課税方法は、譲渡した資産の種類に応じて分離課税と総合課税に区分される。

　分離課税にて税額が計算される課税である。所得課税制度の創設経緯及び政策的理由から、累進税率を緩和する目的で特定の所得に対して分離して課税する制度である。

　土地建物等の譲渡と株式等の譲渡については、異なった計算方法となる。なお、特定の所得は総合課税の対象となる。

　分離しているのは、担税力の相違を考慮したゆえであるが、総合的な所得の額に課税すべきとの考え方が基本的である。分離課税は、一挙に実現することから、所得に対して適用する総合課税の累進税率を平準化・緩和する政策による課税である。

❷ 分離課税となる土地・建物等の譲渡所得

　土地等（土地及び借地権、耕作権等の土地上の権利等を含む）の分離課税の譲渡所得に対する税額の計算方法は、特別の税率が適用されるほか、特例により税率が軽減される場合がある（措通31・32共－1、31・32共－1の3）。

❸ 分離課税となる株式等の譲渡所得

　一般株式等及び上場株式等の譲渡による事業所得、譲渡所得及び雑所得は、株式等による譲渡所得等として、他の所得と区分して、つまり総合課税

の対象外として、特別の比例税率を適用して税額計算する分離課税方法による特例な課税がある（措法37の10、37の11、37の11の2他、所法60の2、60の3）。

　また、源泉徴収を選択した特定口座の上場株式等の譲渡等による所得は申告不要とすることができる。

　分離課税の比例税率は、株式の売買を奨励し、健全な証券市場の促進ひいては経済発展に資する意義がある。一方で、富裕層の資本市場の利用による所得に比べ、勤労に対する課税とのバランスが議論されている。

❹　総合課税となる譲渡所得

　総合課税は、他の事業所得、給与所得等と合算し、一般の所得税の累進税率を適用して税額を計算する方法である。総合課税は、所得の源泉ないし性質に応じた担税力の相違を踏まえて所得計算される仕組みであるが、1つの累進の税率表が適用される。

　有価証券に係る譲渡のうち、上場株式等（措法37の11②）以外の一般株式等（株式・協同組合等の持分、新株予約権付社債、公社債投信以外の証券投信の受益権等を除く）の場合は総合課税となる（措法37の10①・③・④）。

　分離課税の対象となる以外の資産に、自動車、借家権、ゴルフ・リゾート等会員権等の無体財産権及び配偶者居住権等が挙げられる（所法22、33③、89）。なお、暗号資産等は原則雑所得に区分されている。

　配偶者居住権、同敷地利用権の合意解除等、消滅により居住不動産の所有者は使用・収益をすることができ、配偶者が、又は所有権者が解除後に譲渡した場合、課税庁は、分離課税の対象となる土地の上に存する権利には当たらず、配偶者には総合課税の譲渡所得課税の扱い、取得費の計算を明らかにしている（財務省「令和2年度税制改正の解説」118頁、所法60①・③、「『租税特別措置法（株式等に係る譲渡所得等関係）の取扱いについて』等の一部改正について（法令解釈通達）」の趣旨説明（情報）」（資産課税課情報第24号　令和2年12月1日）、「「配偶者居住権に関する譲渡所得に係る

取得費の金額の計算明細書」等の記載例について（情報）」（資産課税課情報第26号　令和2年12月16日））。ゴルフクラブの会員権、つまり会員の地位を譲渡した場合は、営利目的の継続的売却を除き、対価の額は総合課税の収入金額となる（所基通33－6の2、33－6の3）。

❺　長期譲渡所得と短期譲渡所得

　分離課税が適用される譲渡した資産は、その年の1月1日現在の所有期間が5年超（取得の日が6年前の12月31日以前）か、5年以下かにより、長期譲渡所得と短期譲渡所得に区分される（所法22②、33③、所令82、措法31、31の2、31の3、32①・②・③）。長期の場合は、譲渡益の担税力等から低い税率を適用される。

　総合課税が適用される譲渡資産は、取得の日から譲渡した日現在の所有期間（5年目の応当日の前日まで）が5年を超える長期譲渡所得と、5年以下である短期譲渡所得とに区分される（所法22②二、33③一・二、所令82）。長期の所有期間であれば、譲渡益の担税力等から2分の1課税するなど考慮されている。

　分離課税、総合課税のいずれも、所得金額及び税額の計算方法は異なり、収入の時期、つまり資産の譲渡の日、及び資産の取得の日が重要な要素となる（所令82）。

Ⅲ　譲渡所得における課税の特例

❶　有価証券の譲渡の特例

　スタートアップ等々の経済活動、日本の課税から漏れる等に対する政策的見地から多くの株式等の譲渡の特例等がある（措法29の2、37の6①、37

の 13、37 の 13 の 2、37 の 13 の 3、37 の 13 の 4、37 の 14 ① 三・四・②、37 の 14 の 2、所法 57 の 4、60 の 2 〜 60 の 4、84 ③、137 の 2 ①、151 の 2 ①、151 の 6 ①、153 の 2 ①・③、所令 84 ①、170、所基通 23 〜 35 共 − 6）。

❷　分離課税となる土地・建物等の譲渡の特例

　土地等の分離課税の譲渡所得に対する税額の計算方法は、特別の税率が適用される一般の場合のほか、特例により税率が軽減される場合がある（措法 28 の 4、31 の 2、31 の 3、32 ③、35 ③、35 の 3、37、37 の 4、37 の 5、37 の 6、39、所法 58、60、61）。短期譲渡には土地投機の抑制よりも取引促進を重視する観点から高い税率ではあるが、定率（地方税を含めて 39％）を適用している。

Ⅳ　譲渡所得の金額の計算

　所得税法 33 条 3 項では、所得の計算の方法、年中の総収入金額から基因となった資産の取得費及びその資産の譲渡に要した費用の合計額を控除し、譲渡が取得の日以後 5 年以内にされたものか否かで特別控除額の有無等を定めている。

❶　収入の時期（譲渡の日）・収入金額

(1)　収入の時期（譲渡の日）

　所得の計算上の収入すべき時期は、譲渡した資産の「譲渡の日」により、その所有期間や申告すべき年分が決まる。譲渡の日は通常、譲渡した資産の種類により引渡しがあった日、譲渡契約効力発生日のいずれかにより申告ができ、土地収用法、土地区画整理法・土地改良法による換地処分等々の場合

には所定の日が譲渡の日と判断される（所基通36 − 12、33 − 7）。

(2) 収入金額

① 通常の場合の金額

　譲渡所得の収入金額は、次のとおりである。

　価額は時価であり通常に成立する実勢価額である。その年初から12月末日までの収入すべきことを確定した金額をいい、収入すべき金額とは金銭以外の物又は権利（無利息で借入れできる利益等）その他の経済的利益を含み、その物・権利の価額である（所法36①、64、所基通33 − 14、51 − 11、51 − 12、64 − 1、61 − 4、為替差損益の増加益は不動産の増加益に含まれる（名古屋高裁平成25年5月16日判決・税資263号 − 91順号12215））。

② みなし譲渡課税等の場合の収入金額

　財産分与、遺留分侵害額請求の現物交付、代償遺産分割、共有物分割等々、譲渡があったものとして課税するみなし譲渡課税が適用される場合等の収入金額は、みなされた譲渡時の時価となる（所法59、60の2、60の3、所基通33 − 1の4、33 − 1の5、33 − 1の6、33 − 2、33 − 6、34 − 1(7)、非上場株式に係る所有期間中の価値の増加益（最高裁昭和43年10月31日判決・税資53号799頁）の譲渡所得の収入金額の算定について（最高裁令和2年3月24日第三小法廷判決・所得税更正処分取消等請求上告受理事件・原判決破棄・差戻し（判タ1478号21頁・税資270号 − 44順号13404）。

❷　譲渡所得の必要経費

(1) 通常の取得日

　譲渡所得の必要経費は、譲渡資産を取得するために要した金額等、つまり取得費と、その資産を譲渡するために直接要した費用（所基通33 − 7）、つまり譲渡費用の合計額をいう。

取得費に係る取得の日とは、通常の場合は原則として、完成した、引渡しを受けた又はあった日である（所法60①、所基通33－9、60－1表4）。

(2) 特定の定めのある取得の日

交換、買換え等々の特定の取得の事由がある場合には、法令の趣旨から特定の定めがあり、取得の日に留意する必要がある（所法58、60、所令82二・三、所基通33－1の4、33－1の5、33－10、措法33、33の2、33の3、36の2、36の5、37、37の4、37の5、37の6、37の8、措通31・32共－6）。

(3) 取 得 費

譲渡所得の収入金額から控除する取得費は、借入れ、土地改良・造成等の取得の態様に応じた取得に要した金額、つまり取得価額に、その後に加えた設備費と改良費（取得後に支出した改良のための費用で、通常の修繕費を除く）を合わせた合計額をいう（所法38①・②、所令85、所基通38－1、38－2、38－6、38－7、38－8、38－8の2、38－9、38－9の3、38－10、38－11他）。

(4) 譲渡費用

資産の譲渡に要した費用（所法33③）とは、譲渡に係る次のような費用（取得費を除く）をいう（所基通33－7、33－8）。

① 資産の譲渡に際して支出した仲介手数料、運搬費、登記若しくは登録に要する費用その他当該譲渡のために直接要した費用

② ①に掲げる費用のほか、借家人等を立ち退かせるための立退料、土地（借地権を含む）を譲渡するためその土地の上にある建物等の取壊しに要した費用、すでに売買契約を締結している資産をさらに有利な条件で他に譲渡するため当該契約を解除したことに伴い支出する違約金その他当該資産の譲渡価額を増加させるため当該譲渡に際して支出した費用

また、土地の譲渡に際しその土地の上にある建物等を取壊し、又は除却したような場合において、その取壊し又は除却が当該譲渡のために行われたも

譲渡所得

のであることが明らかであるときは、取壊し又は除却の時における所定（所令142、143）の資産損失に相当する金額を譲渡費用と扱われる。直接要する費用か、譲渡のための費用かを具体的に検証する場合がある（例えば、平成27年1月19日文書回答「成年被後見人の居住用不動産を売却するための不動産処分許可申立手続に係る費用」）。

Ⅴ 譲渡所得と雑所得の所得区分が争われた裁判例(1)

> ●匿名組合契約に基づく利益の分配金は譲渡所得か雑所得かが争われた裁判例
> ・東京地裁平成19年6月22日判決（平16（行ウ）529）棄却・控訴
> ・東京高裁平成19年10月30日判決（平19（行コ）248）棄却・確定

❶ 事案のあらまし

(1) 匿名組合契約に基づく利益分配金は譲渡所得に該当するか

本件は、一定の役職員を組合員として、キャピタルゲインの獲得を目的に、原告の勤務先及び米国会社グループの一定の役職以上の者を会員とする「Aクラブ」への原告の出資金の運用益（米国企業等への投資）の分配を受け、これを租税特別措置法所定の申告分離課税となる「株式等に係る譲渡所得等」として所得税の確定申告をしたところ、所轄税務署長が、所得税の更正処分及び過少申告加算税の賦課決定処分をしたことから、原告がこれを不服として、更正処分については確定申告に係る金額を超える部分の取消しを、賦課決定処分についてはその金額全部の取消しを、それぞれ求める事案

である。

⑵　地裁・高裁の判示

　第一審は、運用益の分配金は、米国Ｂ社が米国企業へ投資したことにより得た運用益の一部であり、米国Ｂ社を営業者、出資者を匿名組合員とする匿名組合契約が成立し、匿名組合契約に基づく利益の分配金であると認定し、所得が「株式等に係る譲渡所得等」に該当せず、雑所得であって源泉徴収税額を生じるが、更正処分は適法であり、賦課決定処分もまた適法であると判断し、請求をいずれも棄却したことから、原告がこれを不服として控訴した。地裁及び高裁のいずれも、本件について次の①、②のように原告・控訴人の主張を基本的に否定し、地裁は被告の匿名組合性がないとの主張を否定するも、基本的に処分を認める判断を行い、高裁は下記②の通達を所得税法の正当な解釈から適法とする。

①　納税者は営業者たる米国Ｂ社の事業を共同して営む立場にない単なる出資者である

　投資行為を匿名組合員自身が行った株式等の譲渡行為と評価することはできず、出資金を米国Ｂ社が運用したことにより納税者が得た所得は匿名組合契約に基づく利益の分配によるものであり、匿名組合員たる本件所得は営業者の営業に対する出資の対価としての性質を有するものと解されるから所得税法所定の「雑所得」に該当する。

②　改正後の所得税基本通達 36・37 共－ 21（匿名組合契約による組合員の所得）による取扱いは適法（納税者の出資により平成 12 年に得た所得を雑所得とすること）

　平成 17 年改正通達の遡及適用は許されないとの納税者の主張が、改正後の同通達が所得税法の正当な解釈である以上、同通達を本件所得に適用することは事後法の遡及適用には該当せず、法的安定性を害するものでもないとして排斥した。

譲渡所得

❷ 事案の概要

争いのない事実として、地裁及び高裁では次のように認定されている。

① Ａクラブは、Ｂ社、その子会社米国Ｂ社、さらにその子会社Ｃ社の一定の役職以上の者を会員とし、米国有望企業等への投資を通じてキャピタルゲインを獲得することを目的とする、会員に対するインセンティブ制度として、平成10年7月18日に設立された。

② その規約にはＡクラブは民法667条1項の規定に基づく組合と定め、その事務局は米国Ｂ社内に置かれ、Ａクラブの代表者はＢ社取締役副社長、業務執行者を同社の他の取締役副社長、専務取締役、米国Ｂ社社長、Ｃ社社長とし、会計責任者はＢ社専務取締役及び同社副部長と定め、実際の事務は、主に同社副部長が執り行っていた。

③ 原告は、その規約が作成された平成10年7月当時Ｂ社の取締役の地位にあり、会員の1人であった。会員は、規約に基づき、Ａクラブ名義の銀行預金口座に各自出資金を振り込み、同出資金の合計額はＡクラブ名義の外貨預金口座へ振り替えられた。

④ 規約では、原則として、Ａクラブの総会を毎月1回以上開催し、総会に会員の全員が出席し、投資の決定は総会の多数決により行うものとし、会員は他の会員に投資判断又は運用の委任をすることができないこととされている。しかし、実際に投資対象の決定がＡクラブの総会においてなされたことはなく、投資実行に関する判断はＢ社社長、Ｃ社社長、米国Ｂ社社長に委任されていた。また、規約には民法上の組合とすること、会員による業務執行者の解任権の定め等の規定があるが、投資の決定は総会にてなされず、重要な点につき規約どおりの運営はされていないと認定されている。さらに、投資行為における契約書等の書類、株券の現物や預金の管理は、米国Ｂ社の管理部門が行っていた。

⑤ 規約によれば、Ａクラブの運用損益は各会員の持分に応じて会員に帰属し、総会においてその再投資又は配分について決定することとされている。しかし運用損益の再投資又は配分に関する総会が開催されたことはな

く、平成 12 年 6 月ころ、A クラブの事務局の会計責任者である専務が、米国 B 社の管理部門に A クラブの分配可能な資金の状況を確認し、B 社の経営上層部へ報告して分配することが決定された。運用益の分配は同 8 月 3 日に実施され、原告も利益の分配金を受領し、2,783 万 7,623 円の所得を得た。

❸　争　　点

地裁では 争点1 と 争点2 があるが、高裁も次の 争点1 のみであるから、これを検討する。

争点1 本件の所得は、申告分離課税となる「株式等の譲渡による事業所得、譲渡所得及び雑所得」か、総合課税の「雑所得」かについては、次の 2 点が争われた。

① 本件の所得は、原告が主張する、申告分離課税となる「株式等の譲渡による事業所得、譲渡所得及び雑所得」（平成 16 年法律第 14 号による改正前の措法 37 の 10 ①）に該当するか、被告が主張する、総合課税の「雑所得」（所法 35 ①）に該当するか。

② 本件の匿名組合員が営業者の事業を共同して営む立場にない単なる出資者である場合の営業者から受ける利益の分配は、平成 17 年 12 月 26 日改正後の所得税基本通達 36・37 共 − 21（匿名組合契約による組合員の所得）が適用されるか

❹　争点に関する当事者の主張

本稿のテーマである所得区分の争いは上記の 争点1 であるので、以下、争点1 について記述する。地裁及び高裁の原告等（納税者）及び被告等（国）の主張は、次のとおりである。

譲渡所得

原告等の主張	被告等の主張
(1)　申告分離課税となる譲渡所得か、総合課税の所得か	(1)　申告分離課税となる譲渡所得か、総合課税の所得か
①　契約内容から民法組合である	①　実態から民法組合でない
Ａクラブは、民法上の組合とする旨規約で明示し、キャピタルゲインの獲得という共同事業を営むことについて会員間で合意しており、一般会員は、投資判断等の業務執行を専門的知識と経験を有する一部の会員に委任したものの、業務執行に対する検査権及び業務執行者に対する解任権を留保して現に共同事業活動を行っていたから、民法上の組合であったことは明らかである。したがって、投資行為は、組合員によって選任された業務執行組合員が、Ｂ社等の名義ではなく、Ａクラブという民法上の組合の名義で、実質的にはその組合員全員の名義で行ったものであるから、それによって生じた分配金は、組合員個人の株式の譲渡行為により生じた「株式等に係る譲渡所得等」である。	Ｂ社は、会員に対するインセンティブ制度としてＡクラブを設立し、集めた出資金を、同社の投資活動とともに米国ベンチャー企業へ投資していたものと認められる。その投資先の決定は、米国Ｂ社社長を始めとする米国Ｂ社の最高幹部によって行われ、Ｂ社の経営上層部へ報告して分配することが決定されたものであるから、投資行為及び運用益の分配の決定を行ったのはＢ社といえるのであり、原告は、Ｂ社から運用益の一部である分配金を受け取ったのである。所得は、「株式等の譲渡による」所得とはいえない。
②　民法組合でないなら匿名組合である	原告が出資金を拠出した当時、継続して運用益の分配をすることが予定され、分配金は、出資金を米国ベンチャー企業へ投資したことにより得た運用益の一部であることからすれば、対価性を有することは明らかであるから、一時所得にも該当しない。所得は、所得税法所定の他の９種類の所得のいずれにも該当しない「雑所得」となる。
仮に、Ａクラブが民法上の組合でないとしても、会員らが、投資業務をその目的の１つとする米国Ｂ社という営業者の営業に対して、その営業から利益の分配を受けることを約して出資をしたものと解されるから、それは商法上の匿名組合（商法535）である。また、Ａクラブの業務執行者らにおいて株式投資を目的とする組合契約が存在し、かかる任意組合と原告ら出資者との間で匿名組合が成立していたと考えることもできる。	②　出資金を峻別しているからＢ社に帰属していたといえず、匿名組合は存しない
(2)　営業者から受ける利益の分配は、平成17年12月26日改正後の所得税基本通達36・37共－21が適	匿名組合が成立すると仮定すると、営業者は投資行為及び運用益の分配の決定をしていたＢ社と考えざるを得ないが、Ｂ社は、原告を始めとする会員からの出資金については、自らの投資業務の資金と峻別し、Ａクラブからの投資についても打診し、了解を得た場合に、出資金により株式を購入していたのであり、出資金がＢ社に帰属していたということはできないから、原告

用されるか

○旧通達を適用すべきである

　平成17年12月26日改正前の所得税基本通達36・37共－21（以下「旧通達」という）によれば、課税庁は、匿名組合の組合員が当該組合の営業者から受ける利益の分配は、原則として、営業者の営業の内容に従い、事業所得又はその他の所得とされるのであり、例外的に、営業の利益の有無にかかわらず一定額又は出資額に対する一定割合により分配を受けるものに限り、貸付金の利子として事業所得又は雑所得とするという取扱いをしていたものであるところ、Ａクラブにおいては、営業の利益の有無にかかわらず一定額又は出資額に対する一定割合により分配をしていた事実はないのであるから、投資行為が匿名組合の営業者の営業である株式の譲渡取引であった以上、原告の得た所得は「株式等に係る譲渡所得等」に該当する。

　被告の主張は、改正後の通達を根拠とした遡及的な課税を主張するにほかならないところ、改正後の通達による遡及的課税を認める根拠規定はまったく存しないのであるから、法的安定性の観点からもかかる主張は認められるべきではない。

とＢ社との間に匿名組合契約が存在していたということはできず、分配金は、匿名組合契約に基づかない。

(2)　営業者から受ける利益の分配は、平成17年12月26日改正後の所得税基本通達36・37共－21が適用されるか

○旧通達も、原則及び例外は明らか

　旧通達は、平成17年12月26日に改正され、改正後の所得税基本通達36・37共－21（以下「改正通達」という）は、原則として、匿名組合契約を締結する者で匿名組合契約に基づいて出資をする者が匿名組合契約に基づく営業者から受ける利益の分配は雑所得としながらも、組合事業を営業者とともに経営していると認められる場合には、利益の分配について、営業者の営業内容に従うとしている。課税庁が、匿名組合契約の投資的性格と共同事業的性格との二面性に着目し、匿名組合員に対する分配金については、匿名組合を区分して考え、その分配された所得を一律に取り扱わないという課税上の取扱いの原則及びその例外を、旧通達を通じて従前から明らかにしていたものである。

　原告とＢ社との間で匿名組合契約が成立していたとしても、匿名組合員である原告は、営業者であるＢ社が行った事業には実質上一切関与せず、ただ出資をしただけで、運用益の分配金を受領していたものであり、Ｂ社との間に共同事業性を認めることはできないから、「雑所得」に当たる。

　通達改正により、「当該営業者の営業の内容に従い」所得区分を定めるとしていたことにより不明確となっていた所得区分を、課税実務に基づいて整理し明確にしたものである。

譲渡所得

(2) 営業者から受ける利益の分配は、平成 17 年 12 月 26 日改正後の所得税基本通達 36・37 共－ 21 が適用されるか、についての高裁での控訴人の（付加）主張

① 営業者による株式の譲渡取引であるから、出資割合に応じて分配したものは譲渡所得等に該当する

原判決は、投資行為（会員の出資金を米国有望企業等に投資していた行為）を匿名組合員自身が行った株式等の譲渡行為と評価することはできず、所得は、営業者（Ｂ社）の営業に対する出資の対価としての性質を有するものと解するのが相当であるとして、所得は「株式等に係る譲渡所得等」に該当しないとする。しかし、匿名組合から受ける所得は、事業に参加したことに基づいて受け取る所得であるところ、営業主の事業によって得られた所得をそのまま出資割合に応じて分配したものである。営業者の営業内容に従って定めるべきであり、営業者の営業内容が株式の譲渡取引であった以上、本件所得は「株式等に係る譲渡所得等」に該当することは明らかである。

② 旧通達の原則的取扱いは法源と同じ機能を果たす

原判決は、匿名組合員が営業者の事業を共同して営む立場にない単なる出資者である場合の匿名組合員が営業者から受ける利益の分配は、出資行為を匿名組合員自身の事業とみることができる場合を除き、出資の対価として雑所得に該当すると解するのが相当であり、改正通達は、所得税法の正当な解釈を示しているというべきであるという。しかし、平成 17 年 12 月 26 日改正前の所得税基本通達 36・37 共－ 21 は、匿名組合の組合員が組合の営業者から受ける利益の分配は、原則として、営業者の営業の内容に従い、事業所得又はその他の所得とされるものとし、例外的に、営業の利益の有無にかかわらず一定額又は出資額に対する一定割合により分配を受けるものに限り、貸付金の利子として事業所得又は雑所得としていたものである。旧通達に依拠して課税行政を行っていたものであり、旧通達は法源と同じ機能を果たし、これにより画一的事務処理が確立しており、特段の合理的な理由がないのに、通達によらない課税をすることは平等原則に反し、法的安定性及び予測可能性を覆すもので信義則上許されない。

❺ 争点に対する判断

(1) 地裁の判断枠組みと当てはめ

① 地裁の事実認定

(イ) 原告を始めとする出資者は単なる出資者か

本件所得は民法上の組合契約によるものか、仮にそうでないとしても商法上の匿名組合契約によるものであるか、について検討する。

出資金は、③B社は、法人の目的の1つに投資業務を掲げ、⑤出資金に係る投資実行に関する判断は、B社の社長と、同社の子会社で実際の投資活動を担当する米国B社及びC社の各社長を兼ねたB社の幹部2名が行い、⑥出資金に係る預金の管理及び投資行為に係る契約書等の書類の管理は、米国B社の管理部門が担当し、④運用益の分配は、B社の経営上層部に報告された上で決定が行われたことが認められ、さらに、原告自身も、国税調査官の聴取に対し、「Aクラブ」の投資活動には実質上一切関与しておらず、ただ出資をしただけである旨述べていることから、投資事業の主体はB社であって、原告を始めとする出資金の出資者は共同して事業を営む立場にない単なる出資者にすぎなかったものと認めるのが相当である。

㈡　所得は、匿名組合契約に基づく利益の分配によるものか

　本件においては、B社を営業者、出資金の出資者を匿名組合員とする匿名組合契約が成立し、所得は、匿名組合契約に基づく利益の分配によるものと認められる。「Aクラブ」は出資金による投資事業を目的として設立され、その規約には、「Aクラブ」を民法667条1項の組合とする旨の定めがあるほか、正当な事由がある場合には業務執行者を除く会員全員の合意により業務執行者を解任することができる旨の定めや、総会議事録、会計帳簿等、業務及び財産の状況を会員がいつでも検査できる旨の定め等も見受けられ、投資の決定は、原則として、毎月1回以上開催する総会において多数決により行い、運用損益は、総会においてその再投資又は配分について決定するとされているにもかかわらず、これらの決定が「Aクラブ」の総会においてなされたことはなかったことなど、「Aクラブ」がその活動の重要な点において規約どおりには運営されていなかったことから、規約に定めがあっても、出資者間に民法上の組合契約が成立していたと認めることは困難である。原告は、原告ら一般会員には「投資管理表」等の資料が適宜配付され、業務執行の内容を正確に把握することができたとも主張するが、この事実のみでは出資者が共同事業者の立場にあったと認めるには足りない。

譲渡所得

② **地裁の判断枠組み**

　(イ)　民法667条1項の「出資をして共同の事業を営む」の規定、商法535条の「相手方の営業のために出資をし、その営業から生ずる利益を分配すること」の規定からは、民法上の組合契約が成立したといい得るには、出資者が出資の目的である事業を共同して営むことを要し、出資者が営業に関与することなく単なる出資者にとどまる場合には、民法上の組合契約ではなく、商法上の匿名組合契約の成立を認めるべきものということができる。

　(ロ)　被告は、B社が出資金を自ら投資業務の資金と峻別していたことからすると、出資金がB社に帰属していたとはいえないから、原告とB社との間に匿名組合契約が存在していたとはいえないと主張するが、自己の財産であっても目的用途に応じて峻別管理することは通常行われていることであり、管理上の区別が直ちに財産権の帰属の別を意味するものではないから、この点についての被告の主張は理由がない。

③ **地裁の当てはめ**

　(イ)　以上の事実から、所得は匿名組合契約に基づく利益の分配によるものであり、匿名組合契約の匿名組合員は営業者（B社）の事業を共同して営む立場にない単なる出資者であるから、投資行為を匿名組合員自身が行った株式等の譲渡行為と評価することはできず、所得は、営業者の営業に対する出資の対価としての性質を有するものと解するのが相当である。したがって、所得は、「株式等の譲渡による」所得とはいえないから、租税特別措置法所定の「株式等に係る譲渡所得等」には該当しない。

　(ロ)　所得が営業者の営業に対する出資の対価としての性質を有し、かつ、原告の出資行為についてこれを原告自身の事業とみることもできないことからすると、所得は、所得税法所定の一時所得又は事業所得に該当するということはできず、また、利子所得、配当所得、不動産所得、給与所得、退職所得、山林所得及び譲渡所得のいずれにも該当しないから、「雑所得」に該当すると認められる。

　(ハ)　原告は、匿名組合の組合員の所得に関する旧通達の取扱いを援用し

て、所得は「株式等に係る譲渡所得等」を構成すると主張するが、匿名組合員が営業者の事業を共同して営む立場にない単なる出資者である場合の匿名組合員が営業者から受ける利益の分配は、出資行為を匿名組合員自身の事業とみることができる場合を除き、出資の対価として雑所得に該当すると解するのが相当であり、改正通達は、所得税法の正当な解釈を示している。

㈡　原告は、改正通達の遡及適用であって許されないとも主張するが、正しく解釈された所得税法を所得に適用することは事後法の遡及適用には該当せず、法的安定性を害するものでもないから、原告の主張は理由がない（改正前の旧通達下においても、雑所得処理をしている例が多く見られたことが認められる）。

(2)　高裁の判断と当てはめ

①　裁判所は、控訴人の請求は理由がないから棄却すべきものと判断する。その理由は、原判決の裁判所が説示する判断のほか、次の判断を付加する。

　　控訴人自身も、国税調査官の聴取に対し、「Ａクラブ」の投資活動には実質上一切関与しておらず、ただ出資をしただけである旨を述べており、投資事業の主体はＢ社であって、出資者は共同して事業を営む立場にない。控訴人が受け取った分配金は、控訴人を出資者、匿名組合員とする匿名組合契約に基づく利益の分配と認められ、営業者が投資し取得した株式を譲渡した行為は、匿名組合員が行った株式等の譲渡行為と評価することはできない。所得は、営業者の営業に対する出資の対価としての性質を有すると解され、株式等の譲渡による所得といえないことが明らかである。

②　控訴人は、旧通達は法源と同じ機能を果たし、これにより画一的事務処理が確立していたと主張するが、単なる出資者にすぎない匿名組合員が営業者がした投資による利益につき分配を受けた場合、旧通達に従った課税が確立し、画一的な事務処理がされていたことを認めるに足りる証拠はない。旧通達による取扱いは理論的ではないとして、雑所得処理をしている例も多く見られたというが、更正処分等が平等原則に反し法的安定性及び

予測可能性を覆すものであると認めることはできず、信義則に違反するものでもないから、無効となるものではない。

争点の(2)について、平成17年12月26日改正後の所得税基本通達36・37共-21の解釈は、所得の性質から変わるものではなく、遡及して取扱いを覆したとは認められないと判示した。

VI 譲渡所得と雑所得の所得区分が争われた裁判例(2)

●税理士業務を税理士法人に譲渡した対価は譲渡所得か雑所得か
　が争われた裁判例
・静岡地裁平成25年5月10日判決（平24（行ウ）29）棄却・控訴
・東京高裁平成25年10月10日判決（平25（行コ）236）棄却・確定

❶ 事案のあらまし

(1) 業務譲渡契約に基づく対価は譲渡所得に該当するか

本件は、個人で税理士業務を営んでいたが、同業務を税理士法人に譲渡し、その対価を譲渡所得として平成22年分の確定申告を行ったところ、熱海税務署長から平成23年9月29日付けで雑所得に該当するとして更正処分及び過少申告加算税の賦課決定処分を受けたことから、その取消しを求める事案である。

(2) 地裁・高裁の判示

個人の税理士が税理士法人に事業を譲渡した対価は、契約内容から年間顧問料等をもとに算定されて、また同法人との顧問契約が見込まれていること

から、顧問先の紹介・斡旋とみるべきと事実認定され、顧問先との契約は委任関係であること、そのような税理士業務は一身専属性があることから、譲渡所得の対象である資産性がないので、譲渡所得と認めることはできず、一時所得にも当たらないので雑所得が相当と、課税庁の主張を認め地裁及び高裁が判示した。

❷ 事案の概要

地裁及び高裁（原審引用）が認定した前提事実は、次のとおりである。

① 原告は、昭和40年に個人で税理士業を開業した。税理士事務所は、平成22年1月1日現在、税理士1名（原告）、事務員4名の事務所で、顧問先として法人59件、個人19件を有していた。

② 原告は、高齢になったことから、税理士業承継（移譲）のコンサルティング及び媒介を株式会社F社に依頼し、乙税理士法人（以下「乙法人」という）と平成21年12月25日付けで、次のような事業承継に係る契約を締結し、業務を譲渡したと主張する。

（イ） 業務譲渡契約書

 ⓐ 税務・会計業務全般（会計業務、会計業務に関連するコンサルティング業務等）について、乙法人に譲渡し、乙法人はこれを譲り受ける。

 ⓑ 業務譲渡の対価は、4,000万円（消費税込み）とする。

 ⓒ 業務譲渡の対価について、事業収入高により再査定を行い、次の㈠ないし㈢の事実が発生し、当初の「業務譲渡対価」との差額が生じた場合には、当該対価の見直しを行うこととし、その際の譲渡対価は、業務譲渡対価の額から㈠ないし㈢の事実が発生した年間顧問料及び決算料を差し引いた額に減額される。

  ㈠ 顧問先側の事情による契約の解除

  ㈡ 顧問先が乙法人に対し顧問料等を支払わない場合

  ㈢ その他準ずる事情により、顧問先からの入金が見込めなくなった場合

譲渡所得

ⓓ 業務譲渡の効力は、平成22年4月1日に発生する。

㊂ 税理士法人加入契約書

　　ⓐ 原告及び乙法人は、平成22年4月1日をもって原告が乙法人に加入することを承諾し、乙法人は、同法人のG支部を設立する。

　　ⓑ 原告は、平成22年3月31日をもって原告の経営する事務所を閉鎖し、原告はこれに伴う諸届出を速やかに行う。

　　ⓒ 原告は、加入日から乙法人の社員税理士として加入をし、その期間は平成25年3月31日までの3年間とする。以降は、両者協議の上決定する。

　　ⓓ 乙法人は、原告に対して上記ⓒの加入期間中、年800万円の報酬を支払う。

　　ⓔ 原告が加入日現在使用している事務所備品の引継ぎは、原告及び乙法人が協議の上決定する。備品の引継ぎにより発生するリース料の支払がある場合には、乙法人がこれを負担する。

　　ⓕ 加入日において存在するその他の資産及び負債並びに債権及び債務等は引き継がない。

㊂ 税理士法人加入契約金の額及びその支払方法に関する契約書

　　ⓐ 本件の契約金の額は、4,000万円（消費税込み）とする。

　　ⓑ 乙法人は、原告に対し、第1回（平成22年4月分）から第23回（平成24年2月分）までは毎回170万円を支払い、第24回（平成24年3月分）は90万円を支払う。

　　ⓒ 乙法人に引き継がれた原告の顧問先について、平成22年4月1日から平成23年3月30日及び平成23年4月1日から平成24年3月30日までに次の㈠ないし㈢の事実が発生した場合には、契約金額の見直しを行う。その際に、乙法人が原告に支払う契約金の額は、ⓐの契約金の額から㈠ないし㈢の事実が発生した顧問先の年間顧問料及び決算料額を差し引いた額に減額され、また、減額された契約金については、ⓑの支払金額から相殺して支払う。

　　㈠ 顧問先側の事情による契約の解除

　　㈡ 顧問先が乙法人に顧問料等を支払わない場合

㈢　その他準ずる事情により、顧問先からの入金が見込めなくなった場合

③　原告は、乙法人に業務承継をするため、平成 22 年 3 月 31 日付けで、乙法人との間で次の要旨のとおり、業務承継に関する覚書を締結した。

　㈣　乙法人は、平成 22 年 4 月 1 日をもって原告の税理士事務所の業務に不可欠な備品のうち、「減価償却資産の明細および付属文書」記載の減価償却資産を同年 3 月 31 日現在の簿価 298 万 4,088 円で原告から買い取る。また、原告は、「減価償却資産の明細および付属文書」記載の減価償却資産以外の備品及びリース物件を除く事務所内に存する備品等については、乙法人に無償譲渡する。

　㈡　原告がリース会社との間で締結しているリース物件の契約名義を、平成 22 年 4 月 1 日付けで乙法人へ移行し、乙法人は、同日から平成 26 年 4 月 30 日の間、リース物件に係るリース代金を支払う。

　㈥　原告が、平成 22 年 3 月 31 日現在賃借している事務所の賃借人名義を平成 22 年 4 月 1 日より原告から乙法人へ移行し、乙法人は同日以降の賃借料を支払う。また、原告が事務所賃貸借契約に伴い貸主に支払った敷金 18 万円は、乙法人が原告に支払う。ただし、契約移行時に、乙法人が新たに貸主に敷金を支払った場合は、原告は貸主に敷金の返還を請求するものとする。

　㈢　原告が平成 22 年 3 月 31 日現在賃借している自動車駐車場の賃借人名義を原告から乙法人へ移行し、同年 4 月 1 日以降の賃借料を支払う。

④　原告は、平成 22 年 3 月 31 日税理士業を廃業し、同年 4 月 1 日から乙法人 G 支部の社員税理士として加入した。

⑤　原告は、平成 23 年 2 月 16 日、業務譲渡対価が原告の平成 22 年分の総合長期譲渡所得に該当し、その所得金額は 1,975 万円（（4,000 万円 − 50 万円）× 1 ／ 2）として、平成 22 年分の所得税の確定申告書を提出した。

⑥　その後、原告は、処分行政庁による税務調査を受け、平成 23 年 8 月 30 日調査における指摘に基づき、売上げの計上漏れ及び業務譲渡に伴う資産の引継ぎに関して、平成 22 年分の所得税の修正申告書を提出した。なお、修正申告においても業務譲渡対価は総合長期譲渡所得に係る収入金額

として申告されている。

⑦ 　処分行政庁は、平成23年9月29日、事業を廃止した場合の必要経費の特則を定める所得税法63条の規定に従って事業税の金額（17万5,000円）を事業所得の金額から減額するとともに、業務譲渡対価は雑所得に該当し、その金額は3,648万円（4,000万円－F社への報酬350万円－収入印紙の代金2万円）であるとして、更正処分等を行った。

⑧ 　原告は、更正処分等を不服として、国税通則法75条4項1号の規定に基づき、平成23年10月3日、国税不服審判所長に対し、更正処分等の全部取消しを求める審査請求を行った。

⑨ 　国税不服審判所長は、平成24年3月22日付けで、審査請求に対し、原告の請求を棄却する旨の裁決を行った。

⑩ 　原告は、業務承継後、乙法人の社員税理士として勤務していたが、平成24年8月末日で退職した。

⑪ 　原告は平成24年9月8日、更正処分等の取消しを求めて訴訟を提起した。また、第一審判決が、対価を雑所得と認定し、請求をいずれも棄却したことから、原告はこれを不服として控訴した。

❸　争　　点

争　点　本件の業務譲渡対価は、譲渡所得に係る収入か、雑所得に係る収入のいずれに当たるか。

❹　争点に関する当事者の主張

　争点「本件業務譲渡対価が、譲渡所得と雑所得のいずれに当たるか」についての地裁の原告（納税者）及び被告（国）の主張は、次のとおりである。

原告の主張	被告の主張
(1)　対価の性質は、従業員を指導するなどして企業価値を高めた結果生み出されたもの	(1)　対価の性質は、税理士業務自体が一身専属性の高い契約関係から、他の税理士に譲渡できるものでなく、

原告と乙法人は、原告が個人で経営していた税理士事務所の物的設備、人的資源、顧問先との関係等、税理士事務所として組織化された有機的一体として機能する財産すべてを4,000万円で譲渡することを合意した。原告がこのような高額な金額で税理士事務所の営業を譲渡できたのは、従業員を指導するなどして税理士事務所としてのノウハウを磨き、その結果、多くの顧客を獲得したからであって、その譲渡益は、日々の努力によって企業価値を高めた結果生み出されたものとして、譲渡所得であるキャピタルゲイン（値上り益）による所得にほかならない。

(2) 個人的信頼関係を理由に譲渡性を否定すべき理由はない
① 税理士事務所の業務を譲渡した原告自身が業務譲渡後も社員税理士として従前同様、顧問先の担当を継続する内容であるから、個人的信頼関係を理由に譲渡性を否定すべき理由はない。
② 「譲渡」契約を締結しているのであって、「紹介ないし斡旋」という文言は契約書上一切記載されていない。私法上の契約自由の大原則からして、契約書上で当事者が選択した法律構成は、課税の場面においても十分に尊重される必要があり、これを否定することは、租税法律主義の下では法律の根拠なしには許されない。

資産の譲渡によるものでない
業務譲渡は、税理士としての業務自体を対象にしているもので、税理士の立場において、委託者である顧問先との契約関係は、一個の委任契約・準委任契約にほかならない。信頼関係を基礎とする委任契約は、一身専属性の高い契約関係であり、個人的信頼関係を無視して他の税理士に譲渡できるようなものではなく、譲渡の対象とはなり得ないというべきである。

(2) 乙法人に紹介又はあっせんする対価というべきであるから、一時所得に当たらない
業務譲渡対価は、乙法人から原告に対し、原告の顧問先を乙法人に紹介又はあっせんすることに伴って支払われた対価というべきであるから、当事者間の信頼関係を基礎とする税理士としての業務は譲渡の対象となり得るものではないから、譲渡所得に該当しない。業務譲渡対価は、紹介又はあっせんすることに対する対価、すなわち役務の提供の対価として支払われたものと認められるから、一時所得に該当しないことも明らかである。したがって、所得区分は雑所得に該当する。

また、高裁の控訴人（納税者）及び被控訴人（国）の主張は次のとおりである。

控訴人の主張	被控訴人の主張
○税理士業務の譲渡性の有無は、総合判断すべきである 　契約当事者の意思は、譲渡契約の締結であって、業務を譲渡した税理士が従前と変わらず業務を担当し信頼関係を維持する前提であったことから、譲渡性を肯定するのが相当である。 　支払われた4,000万円は紹介ないしあっせんの手数料の相場と比較して不相当に高額であり、事務所として組織化された有機的一体として機能する財産が譲渡されたと評価するのが相当である。	○顧問契約に譲渡性はない 　顧問先と乙法人は新たに顧問契約を締結したことは、顧問先との委任契約が一身専属性を裏付けるもので、支払われる一時的な報酬額と顧問関係が発生する前提とした業務譲渡対価を単純に比較する意味がない。

❺　争点に対する判断

　所得税法上、本件対価は雑所得に当たるとの被告（課税庁）の主張には、次のとおり理由があり、業務譲渡の対価が譲渡所得に該当するとはいえないと判示した。

(1)　地裁の判断枠組みと当てはめ

①　地裁の事実認定

(イ)　本件の業務譲渡の対象業務

　本件の業務譲渡契約書及び加入契約書によれば、原告はその税務・会計業務全般（会計業務、会計業務に関連するコンサルティング業務等）を乙法人に譲渡し、乙法人は4,000万円の対価を支払ってこれを譲り受けるとされ、対価は、ⓐ顧問先側の事情による契約の解除、ⓑ顧問先が乙法人に対し顧問料等を支払わない場合、ⓒその他準ずる事情により、顧問先からの入金が見込めなくなった場合には、業務譲渡対価の額からⓐないしⓒの事実が発生した年間顧問料及び決算料を差し引いた額に減額されるとされている。また、加入契約書によれば、原告は事務所を閉鎖し、平成22年4月1日をもって乙法人に加入するとされ、事務所備品の引継ぎは、備品

の引継ぎにより発生するリース料の支払がある場合には、乙法人がこれを負担するとされ、それ以外の資産及び負債並びに債権及び債務等は、引き継がないとされている。そして、覚書によれば、備品のうち「減価償却資産の明細および付属文書」記載の減価償却資産は乙法人が簿価である298万4,088円で買い取り、リース物件を除くその他の備品は無償譲渡し、リース物件のリース契約、事務所賃貸借契約及び駐車場賃貸借契約の賃借人名義を乙法人にそれぞれ変更し、乙法人が事務の敷金並びにリース料及び賃借料を負担するとされている。 以上の各契約書の定めによると、業務譲渡は、個人事業である税理士としての業務を対象とするものと解することができる。

(ロ)　本件の業務譲渡の対価算定

　各契約書の定めによれば、業務譲渡対価に原告が個人で経営していた税理士業に係る資産及び備品を引き継ぐことによる対価あるいはリース契約及び賃貸借契約の契約者としての地位を引き継ぐことによる対価に相当する部分が含まれていないことは明らかである。また、弁論の全趣旨によれば、乙法人は、原告の平成21年分の売上金額を基準として、確実に本件承継法人へ承継されると判断される顧問先を原告に抽出してもらい、その結果作成された顧問先別の月額報酬等の一覧表により年間の顧問料等を合計した金額が4,000万円と算定されたことから業務譲渡対価を4,000万円と定めたこと、業務譲渡対価の算定に当たっては、原告の事務所で勤務していた事務員を引き継いで雇用することによる付加価値は加味していないこと、乙法人は、業務譲渡対価を顧問先を紹介してもらう市場開発費として経理処理していることが認められる。

(ハ)　本件の業務譲渡の対価根拠

　業務譲渡対価は、原告の顧問先を乙法人に紹介又はあっせんするという役務に対する対価である。

②　地裁の判断枠組み

(イ)　本件の税理士の業務とは

　税理士の業務は、税務代理、税務書類の作成、税務相談という税理士業務及びこれに付随する財務書類の作成、会計帳簿の記帳の代行その他財務

譲渡所得

に関する事務であるところ（税理士法2）、顧問先と税理士との契約関係は、委任ないし準委任契約とみるべきものである。そして、税理士の行う業務は、個々の税理士の人格識見をはじめ、その有する専門的知識、経験、法律的・経験的技能等に対する顧問先の信頼を前提に、守秘義務の下での顧問先の会計事情等についての率直な意見交換等に基づいて確立される個人的信頼関係に基礎を置くものであり、一身専属性の高い業務というべきである。税理士業務は、他の税理士に譲渡できるような性質のものではなく、業務譲渡も原告が乙法人に顧問先を紹介ないしあっせんしたものと解するのが相当である。

㈑　本件対価は高額といえるか

　原告は、個人で経営していた税理士事務所の物的設備、人的資源、顧問先との関係等、税理士事務所として組織化された有機的一体として機能する財産すべてを4,000万円で譲渡したと主張するが、上記①㈑のこれらの事実に照らすと、業務譲渡は、税理士事務所として組織化された有機的一体として機能する財産の譲渡ではなく、顧問先の紹介ないしあっせんとみるべきものである（顧問関係は通常ある程度長期間に及ぶものであることを考慮すると、年間の顧問料である4,000万円という金額が紹介料として不相当に高額であるということはできない）。

㈒　本件税理士業務の譲渡性があるか

　所得税法は、所得がその性質や発生の態様によって担税力が異なることから、10種類に分類し、それぞれの担税力に応じた計算方法やそれぞれの態様に応じた課税方法を定めている。業務譲渡対価は、利子、配当、不動産、事業、給与、退職及び山林所得に当たらないことは明らかである。また、譲渡所得とは、資産の譲渡による所得をいい（所法33①）、資産とは譲渡性のある財産権をすべて含む観念であり、動産・不動産はもとより、借地権、無体財産権、許認可によって得た権利や地位などが広く含まれるとされているが、説示のとおり税理士としての業務はその一身専属性から譲渡性が認められないものであるから、資産とみることはできず、業務譲渡対価をもって譲渡所得とみることはできない。そして、一時所得とは、利子、配当、不動産、事業、給与、退職、山林及び譲渡所得以外の所

得のうち、営利を目的とする継続的行為から生じた所得以外の一時の所得で労務その他の役務又は資産の譲渡の対価としての性質を有しないものであるところ（所法34①）、上記①(イ)ⓒの事実から、一時所得に該当するものでもない。そうすると、業務譲渡対価に係る所得区分は、雑所得と認められる。

③ 地裁の当てはめ

原告は、業務譲渡では、原告自身が業務譲渡後も社員税理士として従前同様、顧問先の担当を継続する内容であるから、個人的信頼関係を理由に譲渡性を否定すべき理由はないと主張するところ、原告が業務承継後社員税理士として平成24年8月末日まで勤務した。しかし、当事者間の信頼関係を基礎とする税理士としての業務は、顧問先の意向や長年によって培われた個人的信頼関係を無視して他の税理士に譲渡できるようなものではなく、譲渡の対象とはなり得ないというべきである。税理士業務の一身専属性は、その業務の一般的、抽象的性質から判断されるべき事柄であって、たまたま譲渡人たる税理士が譲受人たる税理士の業務に一時期関与することから税理士業務の一身専属性が否定されるものではない。したがって、業務譲渡対価は、乙法人から原告に対し、原告の顧問先を乙法人に紹介又はあっせんすることに伴って支払われた対価というべきであるから、譲渡所得に該当しない。

原告は、私的自治の原則、契約自由の原則という私法上の大原則からして、契約書上で当事者が選択した法律構成は、課税の場面においても十分に尊重される必要があり、これを否定して、別の法律構成を認定することは、租税法律主義の下では法律の根拠なしには許されないとも主張する。しかし、税理士業務についてはその一身専属性から譲渡性が認められないのであるから、業務譲渡をもって営業権等の譲渡として捉えることはできない。

(2) 高裁の判旨

① 高裁の事実認定

控訴人の主張について次の事実も付加して、原判決記載のとおりと判示する。

「控訴人は、本件における個別事情を考慮して、総合的に判断すべきと主

張する。検討するに、高齢となった控訴人が、税理士業務を廃業するに当たって、これまで築き上げてきた顧問先を有償で譲渡しようと考えたものであること、業務譲渡の対価については、顧問先の年間顧問料等を基に算定され」、「乙法人は、業務譲渡により承継することとなった顧問先に対して税理士業務を提供するに当たり、各顧問先との間で新たに顧問契約を締結していること（弁論の全趣旨）、控訴人が平成 22 年 4 月 1 日をもって乙法人に期間を 3 年とする社員税理士として加入しているのは、控訴人の顧問先が違和感を覚えることなく、乙法人を委託先として受け入れることができるように、橋渡しをする役割を果たすことが求められたものであること（弁論の全趣旨）などが認められる。」

② **高裁における判断（枠組み）**

控訴人の請求は理由がないものと判断する。高裁における当事者の主張に対する判断として、業務譲渡の対価を雑所得とした原判決の認定は、その説示するところに照らし相当と認め、また地裁及び上記①のこれらの事実から、「業務譲渡の実態に照らしても、顧問先の紹介ないしあっせんとみるべきであり、その対価を、譲渡所得と認めることはできないというべきである」と判示している。

③ **高裁の当てはめ**

控訴人は、業務譲渡契約に基づく対価が、F 社に支払った報酬額（350 万円）と比較して格段に高いと指摘する。しかし、対価は、乙法人が、控訴人から紹介を受けた顧問先との顧問契約が相当年数継続されるものと見込み、それから得られる収益を考慮して算定したものであるから、紹介ないしあっせん料とみて不自然ではない。

控訴人の本訴請求は理由がなく、これを棄却した原判決は相当であり、本件控訴は理由がないから棄却する。

Ⅶ 所得区分の判断ポイント

❶ Ⅴの裁判例の判断基準

⑴ 任意組合と匿名組合の所得区分

① 任意組合等と匿名組合の概要

　民法に定める「任意組合」（民法667 〜 688）、商法に定める「匿名組合」（商法535 〜 542）のほかに、「有限責任事業組合法（LLP）」、「投資事業有限責任組合法（LPS）」、さらに、「信託法」、「不動産特定共同事業法」、「投資信託及び投資法人に関する法律」、TMK・特定目的会社（SPC）又は特定目的信託を用いた「資産の流動化に関する法律」等の特別の法律の定めがあり、各種の組合が経済活動に活用されている。共同しての事業を遂行するためだけでなく、不動産、有価証券の投資・運用のための仕組みとして、またそのほかの目的に応じて、ベンチャーファンド、再生ファンド、ヘッジファンド、コンテンツファンド、通信設備ファンド、太陽光投資ファンドなどに組合方式が広く活用されている。オペレーティングリース、クラウドファンディングのソーシャルレンディングにも活用され、一口馬主にも匿名組合が使われている。

　主な組合の概要は、図表10 − 1のとおりである。

譲渡所得

■図表 10 - 1　任意組合・匿名組合・投資事業有限責任組合の制度比較

項　　目	任意組合（NK）	匿名組合（TK）	投資事業有限責任組合（LPS）
仕組み	出資者となる投資家等（任意組合員）が共同で事業を行うという投資形態で、出資は金銭出資、現物出資、労務出資が可能。共同で行った事業によって得た利益は組合員の決議により出資者に分配する民法 667 条に基づく組合契約。	出資者（匿名組合員）は営業者という匿名組合に関する事業を行う者に出資を行い、営業者は匿名組合の事業によって得た利益を出資者に分配する商法 535 条に基づく営業者との二者による組合契約。	事業者（外国法人を除く）に対する投資のための組合契約で、無限責任組合員（業務執行者）と有限責任組合員との民法 667 条に基づく LPS 法による組合契約で、出資を行い、共同で株式会社設立の発行株式の取得・保有、企業組合設立の持分取得・保有等の所定の行為を行う。
構成 ・組合員の責任 ・業務の決定・執行 ・組合員の地位	・全組合員が業務執行権を有することが原則。なお、通常は 1 名又は少数の業務執行組合員とその他の一般組合員 ・全員無限責任 ・業務執行者の選任可能、業務以外の執行は組合員の過半数同意 ・同意により地位譲渡可能	・業務執行権を有する（営業者）無限責任組合員と、業務執行権を有しない有限責任組合員。執行は営業者のみ ・有限責任組合員は有限責任 ・営業者の同意で地位譲渡可能	・業務執行権を有する業務執行組合員と、執行権を有しない組合員 ・執行組合員は無限責任組合員（GP は 1 名以上必要）、他の組合員は出資額有限責任 ・執行は GP の過半数 ・同意により地位譲渡可能
出資財産	金銭、現物＆労務可能	労務不可	労務不可
出資財産の帰属	総組合員の共有（合有）	営業者に帰属（匿名組合員は営業者に対する債権を有する）	総組合員の共有（合有）

項　　目	任意組合（NK）	匿名組合（TK）	投資事業有限責任組合（LPS）
損益の帰属	組合員の同意で分配、帰属（民法674）	契約により営業者と匿名組合員に帰属（商法535）	営業者と組合員に帰属（LPS16）
事業主体 ・登記 ・資格	組合員全員 ・不要 ・資格制限なし	営業者 ・不要（活動主体の営業者が法人の場合、営業者について必要）。営業者は商人、組合員は資格制限なし	業務執行者 ・必要 ・無限責任組合員GPは、組合だと登記上問題あり、有限責任組合員LPは資格制限なし
・検査権等 ・会計監査	・組合員の検査権（民法673） ・任意	・営業監視権（商法539②） ・任意	・組合員に検査権（LPS16） ・強制

（注1）　相互扶助目的の種々の組合は、法人格はなく、組織体制、持分譲渡等々が、会社とは異なる。

（注2）　任意組合、匿名組合、パートナーシップ、リミテッド・パートナーシップ等への出資等の会計処理は、金融商品実務指針132項、308項に規定されている。

②　任意組合と匿名組合の個人組合員に係る課税の取扱い概要

　任意組合と匿名組合はともに法人格がなく、実態として人格のない社団等でなければ法人税の納税義務はない（法基通1－1－1、14－1－3）。

　㈠　任意組合

　　任意組合では、組合契約に定める分配割合に基づき利益及び損失が各組合員に帰属するので、各組合員の損益として所得税が課される。特段の定めがなければ出資額に応じて分配される。

　　任意組合を通じた投資等、組合の営む主たる事業により事業、不動産、山林、譲渡又は雑のいずれかに所得区分できる。分配がどのような性質の所得に該当するかにより区分される。株式等の投資であっても、純額方式で計算しても配当所得等にはできないと解される。株式等への投資についての文書照会（「投資事業有限責任組合及び民法上の任意組合を通じた株式等への投資に係る所得税の取扱いについて」（文書回答事例　平成16年

譲渡所得

6月18日)、「競走馬の保有に係る所得の税務上の取扱いについて（通知）」（課個5－5　平成15年8月19日））がある。

(ロ)　匿名組合

　匿名組合では、財産及び所得は営業者にいったんは帰属するが、利益を分配する義務（商法535）があり、損益は匿名組合員に分配される請求権がある（商法538）ことによって、二重課税の回避が図られると同時に、匿名組合員が利益を享受できる仕組みである。組合員の出資・投資の対価である側面から、原則として雑所得となる（最高裁平成27年6月12日判決・税資265号－95順号12678、東京高裁平成24年7月19日判決・税資262号－154順号12004、東京地裁平成22年11月18日判決・税資260号－204順号11560）。判決では、所得税基本通達36・37共－21ただし書のように、営業者とともに重要な業務執行の決定（ファンドマネージャーなど事業経営）に携わると認められる場合には、事業所得又はその他の所得と扱われる。

　「任意組合型」では金銭出資以外にも現物出資のほか労務出資ができるが、「匿名組合型」は金銭出資のみである。任意組合、投資事業有限責任組合（措通37の10－2）、匿名組合は似ている点、また違っている点があり、そのため、ファンド組成の目的に合わせてどの形態が適切かを検討するが、合わせて課税関係を確認することがきわめて大切である。国際的組合には、任意組合に係る財産保有形態であるかのような「財産参加型・非典型的匿名組合」、業務執行営業者と組合員による任意組合に係る業務執行形態であるかのような「業務執行参加型・非典型的匿名組合」の類型があり、課税関係が不分明となっている（図表10－2）。

■図表10－2　個人組合員の所得区分等の課税取扱いの概要

項　　目	任意組合（NK）	匿名組合（TK）	投資事業有限責任組合（LPS）
納税主体	組合員	営業者と組合員	組合員
団体としての課税（法人格はない）	組合自体には課税されず、各組合員のレベルで課税される（パス・スルー課税）。人なき社団とは異なる。	営業者のレベルで課税、また匿名組合員にも課税される。ただし、配当を支払う場合、支払額を営業者の損金に算入でき、営業者に所得が生じないよう匿名組合員に配当される（ペイ・スルー課税）。	組合自体には課税されず、各組合員のレベルで課税される（パス・スルー課税）。人なき社団とは異なる。
所得区分	組合の主たる事業内容（所基通2－5）	原則雑所得（所基通2－5、36・37共－21）	組合の主たる事業内容（所基通2－5）
利益等の計算	所基通36・37共－19、36・37共－19の2、36・37共－20。出資割合を超えての経済的合理性等の要件を具備した利益分配、キャリード・インタレストを受ける場合（令和3年4月1日個人課税情報2号）	任意組合等には損失制限（措法41の4の2）があるが、共有概念がないので、個人の場合、分配される損益は原則として雑所得と扱われるため、基本的には損益通算できない。	所基通36・37共－19、36・37共－19の2、36・37共－20。出資割合を超えての経済的合理性等の要件を具備した利益分配、キャリード・インタレストを受ける場合（令和3年4月1日個人課税課情報2号）
地位譲渡	共有持分の譲渡（平成28年3月7日裁決）	営業者に対する権利の譲渡である（総合課税）。出資金の評価（「匿名組合契約に係る権利の評価」質疑応答事例）	共有持分の譲渡
配当の源泉徴収	通常なし	あり（所法210、211）	PEのある特定の非居住者にあり（所法212、213、214）

譲渡所得

(2) 本判決の判断基準

① 地裁の判断基準

地裁の判断基準は、「民法上の組合契約が成立したといい得るためには、各出資者が出資の目的である事業を共同して営むこととされていることを要し、出資者が営業に関与することなく単なる出資者にとどまる場合には、民法上の組合契約ではなく、商法上の匿名組合契約の成立を認めるべきものということができる」である。当てはめとして「投資行為を匿名組合員自身が行った株式等の譲渡行為と評価することはできず、所得は、営業者（B社）の営業に対する出資の対価としての性質を有するものと解するのが相当である。」したがって、所得は、「株式等の譲渡による所得とはいえない」、「匿名組合員が営業者の事業を共同して営む立場にない単なる出資者である場合の匿名組合員が営業者から受ける利益の分配は、出資行為を匿名組合員自身の事業とみることができる場合を除き、出資の対価として雑所得に該当すると解する」、また、「原告の出資行為についてこれを原告自身の事業とみることもできないことからすると、所得は、所得税法所定の一時所得又は事業所得に該当するということはできず、もとより、利子所得、配当所得、不動産所得、給与所得、退職所得、山林所得及び譲渡所得のいずれにも該当しないから、「雑所得」に該当する」と判示する。

② 高裁の判断基準

高裁では、「控訴人自身も、国税調査官の聴取に対し、「Aクラブ」の投資活動には実質上一切関与しておらず、ただ出資をしただけであることを確認し、投資事業の主体はB社であって、控訴人ら出資者は共同して当該事業を営む立場にない単なる出資者にすぎなかったものである」との事実を追加認定し、「取得した株式を譲渡した行為は、控訴人ら匿名組合員が行った株式等の譲渡行為と評価することはできない」と当てはめている。

③ 検討「業務執行を委任する任意組合員がいるが、その取扱いが明確でない」

本件は、任意組合としての存在の事実を実態から認めず、「匿名組合契約に基づく利益の分配と認められ、出資金を営業者が米国有望企業等に投資し

取得した株式を譲渡した行為は、控訴人ら匿名組合員が行った株式等の譲渡行為と評価することはできない」と地裁・高裁とも事実認定して判断している。

　また、税法に規定はなく本通達のみが基本的な取扱いの実務となっているが、「改正前の旧通達下においても、旧通達による取扱いは必ずしも理論的ではないとして、雑所得処理をしている例が多く見られたことが認められる」と示して、「旧通達に従った課税が確立し、画一的な事務処理がされていたことを認めるに足りる証拠はない」と述べている。しかし、任意組合は、原則は全組合員が業務執行権を有するが、実務は1名又は少数の業務執行組合員に委任していると考えられる。本件では簡単に事実認定しているが、投資判断をする者についての契約の定め方、立証が不十分だったと解される。民法組合ならば、組合財産は総組合員の共有（民法668）なので持分譲渡の定めもあいまいである。本件は非典型的な匿名組合と事実認定されたが、判決は委任した場合の任意組合員の所得区分について明確な判断が示されていない。また、匿名組合契約を任意組合契約と事実認定することはできないとの判例がある（東京高裁平成19年6月28日判決、最高裁平成20年6月5日決定（不受理）・税資258号−107順号10965）。また、所得税基本通達36・37共−21のただし書に当たる、事案は異なるが最高裁（平成27年6月12日民集69巻4号1121頁）は、「匿名組合員に営業者の営む事業に係る重要な意思決定に関与するなどの権限が付与」、「匿名組合員が実質的に営業者と共同して事業を営む者としての位置を有するものと認められる」などの説示がある（後述の田中啓之・租研51号46頁）。共同事業者として実質的関与があれば、事業に係る所得区分が判断されるものと解している。

　田中啓之教授の「パス・スルー課税の現状と未来」及びシンポジウム（租税法研究51号42頁以下、92頁以下（有斐閣、令和5年））、並びに髙橋祐介教授の「非法人事業体課税について」（租税研究令和5年5月）を参考とした。

　司法においては、所得区分の定めに基づき実質所得の事実認定を理由に判示していることから首肯できる。しかしながら、経済活動に積極的に活用されている匿名組合等の課税について租税特別措置法で一部を明らかにしてい

るが、根本的な定めがないまま通達にて取扱いを示している。

　なお、所得税基本通達が改正される前に、航空機リースの訴訟（名古屋地裁平成 16 年 10 月 28 日判決（多田雄司「任意組合の課税を巡る諸問題」税務事例 37 巻 11 号 20 頁））があり、納税者が勝訴した。地裁の共同事業性、任意組合契約といえるかの事実認定において、課税庁が、非典型の利益配当契約との主張に対し、検査権、解任権について判示するとともに、私法の法的な効果を有効としつつ、税法が独自の真実の所得者を認定する（所法 12）としても、「動機、意図などの主観的事情によって、通常は用いられることのない契約類型であるか否かを判断することを相当とするものではなく、まして、税負担を伴わないあるいは税負担が軽減されることを根拠に、直ちに通常は用いられることのない契約類型と判断した上、税負担を伴うあるいは税負担が重い契約類型こそが当事者の真意であると認定することを許すものでもない」、「法的・経済的目的を達成するうえで、到底その合理性を首認できないものであるか否かの客観的な見地から判断した上で」と判示している。

❷　Ⅵの裁判例の判断基準

(1)　本判決の判断基準

　本件の税理士としての業務譲渡の性質等を次のような判断枠組みをもとに、税理士業務内容、譲渡契約内容及び経緯から、資産の譲渡ではなく、顧問の紹介又はあっせんと事実認定した上で、所得税法の定めから雑所得であると説示している。

①　地裁の判断基準

　本件の税理士業務について、次のような業務内容、譲渡の性質等の判断枠組みと事実認定から、一身専属性の高い業務との判断枠組みを示し、また事実認定から資産の譲渡ではなく、顧問の紹介又はあっせんと事実認定している。

　(イ)　各契約書の定めによると、業務譲渡は、個人事業である税理士として

の業務を対象とするものと解する。

(ロ)　顧問先と税理士との契約関係は、税理士の人格識見をはじめ、その有する専門的知識、経験、法律的・経験的技能等に対する顧問先の信頼を前提に、守秘義務の下での顧問先の信頼を前提に、顧問先の会計事情等についての率直な意見交換等に基づいて確立される個人的信頼関係に基礎を置くものであり、一身専属性の高い業務というべきである。税理士業務は、他の税理士に譲渡できるような性質のものではない。

(ハ)　業務譲渡は、税理士事務所として組織化された有機的一体として機能する財産の譲渡ではなく、顧問先の紹介ないしあっせんとみるべきもので、年間の顧問料である 4,000 万円という金額が紹介料として不相当に高額であるということはできない。

(ニ)　税理士としての業務はその一身専属性から譲渡性が認められないものであるから、譲渡所得の要件である資産とみることはできず、本件業務譲渡対価をもって譲渡所得とみることはできない。労務その他の役務又は資産の譲渡の対価としての性質を有しないもの（所法 34 ①）でないから、一時所得に該当するものでもない。そうすると、業務譲渡対価に係る所得区分は、雑所得と認められる。

② 　高裁の（事実認定追加及び）判断基準

　納税者は、税理士業務の譲渡性の有無は、総合的に判断すべきである、また、紹介ないしあっせんの手数料の相場（略）と比較して不相当に高額であり、紹介ないしあっせんの対価ということはできない、税理士事務所として組織化され有機的一体として機能する財産が譲渡されたと評価するのが相当である、と主張する。

　税理士業務を廃業するに当たって、これまで築き上げてきた顧問先を有償で譲渡しようと考えたものであること、業務譲渡の対価については、顧問先の年間顧問料等を基に算定され、少なくとも 2 年間、顧問契約が継続されることを見込んで、顧問先の年間顧問料及び決算料相当額を減額するとされていたこと、乙法人は、業務譲渡の対価を顧問先紹介に係る市場開発費として経理処理していることや、顧問先に対して税理士業務を提供するに当たり、各顧問先との間で新たに顧問契約を締結していること、顧問先が違和感を覚

えることなく、乙法人を委託先として受け入れることができるように、橋渡しをする役割を果たすことが求められたものであることなど、高裁においての弁論から事実認定が追加された。

これらの事実から、業務譲渡の実態に照らしても、地裁の判断による、顧問先の紹介ないしあっせんとみるべきであり、その対価を、譲渡所得と認めることはできないこと、さらに、控訴人から紹介を受けた顧問先との顧問契約が相当年数継続されるものと見込み、それから得られる収益を考慮して算定したものであると判断され、紹介ないしあっせん料とみて不自然ではない、と判示した。

(2) 検討「個人の税理士業務の譲渡行為はすべて雑所得に該当するのか」

① 本件事案

地裁は、顧問先と税理士との契約関係は、顧問先の信頼を前提に、確立される個人的信頼関係に基礎を置くものとし、一身専属性の高い業務というべきである、と判示して結果として、税理士業務は、他の税理士に譲渡できるような性質のものではない、と判断枠組みを示した。税理士業務は主に顧問契約であると断定している。高裁は、業務譲渡の実態に照らしても、紹介・あっせんの事実認定した上で判断している。

会計事務、コンサル業務を含む税理士事務所として、税務に関する顧問先との単なる個人的信頼に加え、主な業務には次の②の社会的信用としての営業権があると解され、その主張を活かした丁寧なアドバイザリー契約が望まれる。企業と異なり一切認められないと解することに疑問が残る。本件限りの事例判決と解される。

また、本件は譲渡契約の対価算定が顧問契約のみを根拠にしているように契約上伺われる。業務承継に関する覚書と一体の譲渡契約との主張が十分でない。リース資産、減価償却資産等について別途「覚書」を結ぶが、事務員を引き継いで雇用することに言及されていない。税理士の業務を実質的、総合的に判断すべきと主張するが、税理士事務所として組織化された有機的一体として機能する財産といえる客観的な事実が示されていない。また、事業

譲渡のモデル条項かもしれないが業務譲渡契約書にも対価の算定根拠に営業権的な記載がないのが残念である。

なお、類似の判例として、税理士法人の所属する補助税理士への譲渡の事案（福岡地裁平成23年10月25日判決・更正すべき理由がない旨の処分取消請求事件・棄却・控訴・税資261号 − 207順号11797、福岡高裁平成24年3月9日判決・棄却・上告・上告受理申立て・税資262号 − 54順号11904）がある。2つの事件等について、牛島勉弁護士の「税理士業の事業所との対価に対する課税」（税務事例研究153（平成28年9月）14頁）の評釈がある。

② 税理士業務の「一身専属性の高い業務という」と断じて、譲渡性が認められないのか

上記(1)の①地裁の判断基準の(イ)から(ニ)から、顧問との委任契約の関係から税理士業務の譲渡契約は「一身専属性から譲渡性が認められない」、と一身専属性が高いと判示するが、ベテランの従業員が安定的に従事する事務体制が形成されており、顧問以外の不特定者にも対応できる信頼体制も構築されている。税理士業務のすべてに一身専属性があるとは説示していない。

地裁は、「税理士業務の一身専属性は、その業務の一般的、抽象的性質から判断されるべき事柄である」というが、一般的性質の事実認定には税理士法の規定から疑義がある。暖簾について否定されているが、営業権を一般的に否定する根拠が十分でない。

税理士業は、確かに税務については専業であるが、付随する会計実務（昭和55年改正）は他の法令にも定めがあり独占業務ではない（税理士法2②）。顧問料等の算定に会計事務はどの程度占めているのであろうか。一身専属が高いというが、本件も法人顧問先が多くあり、「顧問先の会計事情等」は長い付き合いの事務所従業員4人により構築されており、従業員とともに会計処理、計算書類作成業務がそのまま譲渡対象の一連の契約になっている。顧問契約には、他の税理士に比し優位性があり、長年の会計事務の実績には人的・組織的な優秀性があり、重要な業務であり本人との信頼だけとはいえない。また、築き上げた実績は地域において信用信頼・評判が形成され、事務所の存在等も優越的地位となり、超過収益力があると考えられる。

譲渡所得

今日の経済社会を支える適正な会計事務の重要性を理解し、さらに検証されるべきと考えられる。

❸ 譲渡所得と他の所得区分の判断基準

(1) 所得区分が争われた裁判例

　上記Ⅴ、Ⅵの2つの判決は、所得税法が定める資産の譲渡であるか（さらに1つ目の判例は誰が譲渡したか）が問われた事件と解する。

　譲渡所得と他の所得、つまり不動産所得、事業所得、一時所得又は雑所得との区分についても争われている（第5章、第6章、第11章及び第12章参照）。資産の譲渡であっても、営利性・有料性の有無、継続性・反復性の有無、自己の危険と計算における企画遂行性の有無、取引の精神的・社会的地位・生活状況等の諸点が検討され、事業所得又は雑所得に扱われている。

　金子宏教授は「所有者の意思によらない外部的条件の変化に起因する資産価値の増加が譲渡所得に当たり、所有者の人的努力と活動に起因する資産価値の増加は、事業所得や雑所得に当たる」（『租税法〔第24版〕』（弘文堂）271頁）と述べられ、田中啓介教授は「事業所得の範囲が限定的であり、事業用資産の譲渡から生じる所得は譲渡所得、事業用資産を構成する金融資産から生じる所得は利子所得又は配当所得に分類されるため、所得の転換が生じる恐れがある」（租税法研究51号94頁）とその所得の区分の難しさを指摘されている。いつから手を加えたか、その前とその後による所得区分はあり得る（高松高裁平成6年3月15日判決・税資200号1067頁、最高裁平成8年10月17日判決・税資221号85頁）。

　所得の区分について、最近では次のような裁判例がある。

① 　長期間保有していた宅地の譲渡による所得は、事業所得に当たる（大阪高裁昭和63年9月29日判決・行集39巻9号983頁）。

② 　賃貸契約の合意解約に伴い賃借人から取得した金員は、不動産所得である（東京高裁平成23年10月19日判決・税資261号 − 199順号11789）

③ 　まだ権利が確定していない段階の特許を受ける権利の移転の機会では、

特許法 35 条 3 項の相当の対価の支払請求権はいまだ実現した所得といえず、雑所得である（最高裁平成 26 年 4 月 4 日判決・税資 264 号 − 65 順号 12446、大阪高裁平成 24 年 4 月 26 日判決・税資 262 号 − 91 頁順号 11941、大阪地裁平成 23 年 10 月 14 日判決・税資 261 号 − 195 順号 11785）。

④　共同で出願した特許の譲渡により受領した金員は、いまだ実施許諾契約は締結されておらず、支払請求権が発生していたということはできず、持分移転時に客観的に権利の実現が可能ということはできず、譲渡所得に当たらない（最高裁平成 29 年 6 月 29 日判決・上告棄却・税資 267 号 − 80 順号 13029、大阪高裁平成 28 年 10 月 6 日判決・税資 266 号 − 135 順号 12913、大阪地裁平成 27 年 12 月 18 日・税資 265 号 − 190 順号 12773）。

⑤　大学設立前に権利を無償譲渡し、その後大学が譲渡した契機に受領した所得は、雑所得であるとし、高裁では、所得税法 34 条 1 項の偶発的に発生したものといえないような関係の事実の存在が認められる（東京高裁平成 28 年 11 月 17 日判決・税資 266 号 − 156 順号 12934、東京地裁平成 28 年 5 月 27 日判決・税資 266 号 − 81 順号 12859）。

⑥　土地所有者との明渡し等に伴う和解金（使用借権負担付き所有権（使用借権底地）を、立退料及び更地化等の処分費用の負担の補てん分を控除した額）を無償使用していた納税者が取得し、使用借権は経済的価値のある権益があるというべきであり、一時所得に該当する（東京高裁平成 17 年 3 月 10 日判決・税資 255 号 − 77 順号 9958）。

⑦　関係会社に対する上場株式の場外取引による対価たる性格の部分以外の高額部分は、差額は贈与された金員の性格を有する（東京高裁平成 26 年 5 月 19 日判決・税資 264 号 − 92 順号 12473、東京地裁平成 25 年 9 月 27 日判決・税資 263 号 − 174 順号 12298）。

⑧　土地区画整理事業の所有者遺族が受けた保留地予定地処分の（価格高騰による）売却剰余金は、一時所得に当たる（名古屋地裁平成 4 年 9 月 16 日判決・判時 1470 号 65 頁）。

⑨　借地権付き建物の買主が譲渡代金のほかに負担した相続人への代償金に充てる金銭の授受は、一時所得に当たる（東京地裁平成 19 年 11 月 16 日

譲渡所得

判決・税資 257 号 − 217 順号 10826）。

⑩　連担建築物設計制度による余剰容積利用権の対価は、余剰容積利用権という新たな権利を創設（移転）するものではなく、不動産所得と認めることができる（最高裁平成 22 年 3 月 30 日判決・棄却・不受理・確定・税資 260 号 − 57 順号 11413、東京高裁平成 21 年 5 月 20 日判決・棄却・上告・税資 259 号 − 90 順号 11203、東京地裁平成 20 年 11 月 28 日判決・所得税更正処分取消等請求事件・税資 258 号 − 231 順号 11089）。

(2)　譲渡所得と他の所得との区分の判断基準

①　譲渡所得の区分の経緯、区分する所得税法の趣旨・目的

　所得税法上では、所得を、区分の経緯・沿革から、利子所得、配当所得のほか、事業所得、事業所得と同じ分類の所得から派生した不動産賃貸業務関連の不動産所得、山林所得そして譲渡所得の区分が体系付けられ、さらに資産の譲渡の対価としての性質を有する所得を除外している担税力が低い一時所得、及び雑所得に区分されている（第 2 章参照）。

　土地建物等及び株式等の譲渡に係る分離課税及び所得金額の計算は、所得税法の沿革、社会情勢の変遷から種々の経済政策を踏まえ長い年月を要して、金融所得一本化への方向、貯蓄から投資へ、有価証券との資産所得のバランス等々から、総合課税の累進税率を緩和、一方で損益通算の制限（垂直的公平、不要不急の不動産投資の抑制等。所法 69 ①・②、措法 37 の 10、37 の 11、37 の 12 の 2、41 の 4）等の扱いが異なる（所法 22 ①、33 ③、所令 82）ので、他の所得に区分・類別されるか否かにより、課税関係に大きな影響を受ける。

　原則として私法上の法律関係に即して判断される。しかし、所得区分を決定する要因として、法律関係の法的性質の決定に重点は置かれず、所得区分を規定した条文の解釈、沿革に留意する必要があると考えられる。雑所得の事案であるが、最高裁は「いずれの所得区分に該当するかを判断するにあたっては、所得の種類に応じた課税を定めている所得税法の趣旨、目的に照らし、所得及びそれを生じた行為の具体的な態様も考察すべきである」（最高裁平成 27 年 3 月 10 日判決・判タ 1416 号 73 頁）と説示している。

② 譲渡所得の区分の判例

(イ) リゾートホテルの一室が投資目的で所有すると判断された例

リゾートホテルの一室が投資目的で所有され、賃料が不確定で廉価に押さえられ高額な管理費負担を余儀なくされていることから、保養を目的として所有するものと判断した（損益通算の可否について仙台高裁平成13年4月24日・税資250号順号8884、所令178①二）。

(ロ) 離婚に伴う慰謝料・財産分与による財産の移転

離婚に伴う慰謝料・財産分与による財産の移転は、慰謝料は債務を消滅させることから譲渡所得を生じる（最高裁昭和50年5月27日判決・民集29巻5号641頁。反対意見：金子宏『租税法〔第24版〕』（弘文堂）268頁）。

(ハ) 遺産分割協議書に代償金を支払う旨の記載

遺産分割協議書に代償金支払債務のような記載があったとしても、協議に至る経緯及び協議での意思表示の合理的解釈から、借地権を換価して共同相続人で分割する趣旨とされた（横浜地裁平成3年10月30日判決・税資186号1196頁）。

③ 譲渡所得に区分される判断基準

私法上の性質に加え、上述のように所得税法の沿革から、譲渡所得の区分が定められている。資産の譲渡でも一定の範囲で譲渡所得から除かれ、他の所得として扱われている。

例えば、所有者の意思・行為（努力）を加えて付加価値を増加させる場合（土地増加益発生の原因となる改良を加えての譲渡の東京高裁昭和48年5月31日判決・行集24巻4＝5号465頁、大阪高裁昭和63年9月29日判決・行集39巻9号983頁、所令81（準棚卸資産として雑所得が生じると解される））と、外的要因のみで価値を増加する（何も手を加えず散発的に又は一度に譲渡する）臨時的、偶発的に発生する所得とを比較すれば、担税力が劣り経常的、計画的に発生する所得とを区別している。

つまり、所有者の行為によらない外的条件の変化に起因する資産価値の増加が譲渡所得に当たり、人的行為に起因する資産価値増加は事業所得又は雑所得と解される。人的行為を加える「開発開始まで、反復するまでの期間の

譲渡所得

増加益が含まれるとの解釈もあり得る（金子宏『租税法〔第24版〕』（弘文堂）271頁）」。

　また、反復継続的に販売目的で所有していた棚卸資産を造成し分譲、又はそのまま分譲も事業所得等に解される（しかし、投資目的の所有なら譲渡所得が生じ得る）。

第11章
一時所得

I 一時所得の範囲

　一時所得とは、利子所得・配当所得・不動産所得・事業所得・給与所得・退職所得・山林所得及び譲渡所得以外の所得のうち、営利を目的とする継続的行為から生じた所得以外の一時の所得で労務その他の役務又は資産の譲渡の対価としての性質を有しないものをいう（所法 34）。

　具体例としては、次のようなものが上げられる（所基通 34 － 1）。

① 　生命保険契約等に基づく一時金
② 　懸賞の賞金等
③ 　競馬の馬券の払戻金等
④ 　借家人の受ける立退料
⑤ 　法人からの贈与により取得する金品
⑥ 　遺族が受ける給与等・公的年金等及び退職手当等（相続税法の規定により相続税の課税価格の計算の基礎とされたものを除く）

　また、ふるさと納税の謝礼として供与された返礼品に係る経済的利益や、国や自治体からの公的な給付金（すまい給付金等）等も一時所得に該当し、対象となるものの範囲は幅広いといえる。

II 一時所得の金額の計算

❶ 一時所得の金額

　一時所得の金額は、次のように計算する（所法 34 ②・③）。

> 一時所得の金額＝総収入金額－その収入を得るために支出した金額
> － 一時所得の特別控除額

❷　総収入金額

総収入金額については、その金銭の額によるが、次に掲げるものについて
は、それぞれ次に掲げる金額による。

(1)　賞品等による収入金額

金銭以外のもので支払を受ける場合の一時所得の収入金額は、その金銭以
外のものを譲渡するものとした場合にその対価として通常受けるべき価額に
よる。また、次に掲げる物等を賞品として支払を受けた場合には、それぞれ
次に掲げる金額を基準とする（所基通205－9）。

ただし、授受において金銭以外のものと金銭との選択ができる場合には、
その金銭の額を収入金額とする（所令321）。

■図表11－1　収入の区分と収入金額

区　分	収入金額
①　公社債・株式又は貸付信託・投資信託若しくは特定受益証券発行信託の受益権	その受けることとなった日の価額（時価）
②　商品券	券面額
③　貴石・貴金属・真珠・さんご等若しくはこれらの製品又は書画・骨とう・美術工芸品	その受けることとなった日の価額（時価）
④　土地又は建物	その受けることとなった日の価額（時価）
⑤　定期金に関する権利又は信託の受益権	相続税法の財産評価基本通達に定めるところに準じて評価した価額
⑥　生命保険契約に関する権利	その受けることとなった日においてその契約を解除したとした場合に支払われることとなる解約返戻金の額
⑦　①から⑥までに掲げるもの以外の物	そのものの通常の小売販売価額（いわゆる現金正価）の60％相当額

一時所得

(2) 株式を取得する権利による収入金額

　発行法人から株式と引換えに払い込むべき額が有利な金額である株式を取得する権利を与えられた場合（株主等として与えられた場合を除く）には、次の計算式で計算した金額を収入金額に算入する（所令84③三）。

> 権利行使日等における株式の価額
> 　－その権利の取得価額にその行使に際し払い込むべき額を加算した金額

❸　収入を得るために支出した金額

　一時所得の総収入金額から差し引くその収入を得るために支出した金額は、その収入を生じた行為をするため、又はその収入を生じた原因の発生に伴い直接要した金額に限る（所法34②）。

　また、生命保険契約等に基づく一時金による場合の一時所得の金額については、その一時金として支払われる金額をその年分の収入金額とし、その生命保険契約等について支払った保険料又は掛金の総額をその年分の一時所得の計算上収入を得るために支出した金額として計算するが、下記の場合にはそれぞれ、次のように計算する。

① 　その一時金の支払の基礎となる生命保険契約等に基づき分配を受ける剰余金又は割戻しを受ける割戻金の額で、その一時金とともに又はその一時金の支払を受けた後に支払を受けるものは、その年分の一時所得に係る総収入金額に算入する。

② 　その生命保険契約等が一時金のほか年金を支払う内容のものである場合には、収入を得るために支出した金額に該当する保険料又は掛金の総額は、その生命保険契約等に係る保険料又は掛金の総額から、その保険料又は掛金の総額に次の割合を乗じて計算した金額を控除した金額に相当する金額とする。

$$\frac{\text{年金の支払総額又は支払総額の見込額}}{\text{年金の支払総額又は支払総額の見込額＋一時金の額}}$$

❹ 特別控除額

　一時所得の特別控除額は、50万円（総収入金額からその収入を得るために支出した金額が50万円に満たない場合には、その残額）とする。

Ⅲ　収入の時期

　一時所得の収入金額の収入すべき時期は、その支払を受けた日によるが、下記に掲げるものについては、図表11－2のようになる（所基通36－13）。

■図表11－2　収入の区分と時期

区　分	収入の時期
①　原則	支払を受けた日
②　支払を受けるべき金額がその日前に通知されているもの	その通知を受けた日
③　生命保険契約等に基づく一時金又は損害保険契約等に基づく満期返戻金等	その支払を受けるべき事実が生じた日
④　株主等としての地位に基づかないで、発行法人から株式等を取得する権利を与えられた場合	その権利の行使により取得した株式の取得について申込みをした日（その日が明らかでないときは、その申込期限の日）

＜参　考＞

◆国税庁質疑応答事例

ふるさと納税の返礼品の収入計上時期

【照会要旨】

　個人Aは、昨年11月にB市に対していわゆるふるさと納税による寄附を

一時所得

行ったところ、本年2月にその謝礼としてB市から特産品（以下「返礼品」といいます。）を受け取りました。

　ふるさと納税の返礼品に係る経済的利益は一時所得になるとのことですが、個人AがB市から供与された返礼品に係る経済的利益は、ふるさと納税を行った昨年と、返礼品を受け取った本年のいずれの年分の一時所得になりますか。

【回答要旨】

　個人Aが返礼品を受け取った年分の一時所得となります。

　ふるさと納税の謝礼として供与された返礼品に係る経済的利益は一時所得に該当しますが、一時所得の総収入金額の収入すべき時期は、その支払を受けた日によるのが原則です（所得税基本通達36－13）。

　したがって、個人AがB市から供与されたふるさと納税の返礼品に係る経済的利益は、個人Aが返礼品を実際に受け取った年分の一時所得として収入を計上することになります。

Ⅳ　一時所得の損失の取扱い

　一時所得の金額の計算上生じた損失の金額は、他の所得の金額と損益の通算を行うことはできない（所法69①）。

Ⅴ　一時所得と雑所得の所得区分が争われた裁判例(1)

●馬券払戻金の所得区分及び外れ馬券の必要経費性が争われた裁判例

・東京地裁平成27年5月14日判決（平24(行ウ)849）棄却・控訴
・東京高裁平成28年4月21日判決（平27（行コ）236）原判決取消し・上告受理申立て

❶ 事案のあらまし

　本件は、納税者（原告・控訴人・被上告人）が競馬の勝馬投票券（以下「馬券」という）の的中による払戻金に係る所得（以下「本件競馬所得」という）が、雑所得に当たるとして確定申告を行ったものについて、本件競馬所得は一時所得に当たるとする被告（国（処分行政庁：稚内税務署長　事務承継者札幌南税務署長））より更正及び無申告加算税賦課決定及び過少申告加算税賦課決定をそれぞれ受けたため、本件各賦課決定処分を取り消すべきである旨主張した事案である。

　東京地裁は国の主張を認めたが、東京高裁・最高裁では次の(1)、(2)により納税者の主張を認める判断（逆転判決）を行った。

(1)　本件競馬所得は雑所得に該当する

　本件競馬所得が、所得税法 34 条 1 項にいう「営利を目的とする継続的行為から生じた所得」に該当するのであれば、一時所得ではなく雑所得に区分されるものと解される。本件原告の馬券購入の期間、回数、頻度その他の態様に照らせば、納税者の上記の一連の行為は、客観的にみて営利を目的とするものであったということができ、本件競馬所得は雑所得に該当する。

(2)　外れ馬券を含めた全馬券の購入代金について、払戻金を得るために「直接に要した費用」に該当する

　偶然性の影響を減殺するために長期間にわたって多数の馬券を頻繁に購入することにより、年間を通じての収支で利益が得られるように継続的に馬券を購入しており、そのような一連の馬券の購入により利益を得るためには、外れ馬券の購入は不可避であったといわざるを得ない。したがって、本件における外れ馬券の購入代金は、雑所得である当たり馬券の払戻金を得るため直接に要した費用として、所得税法 37 条 1 項にいう必要経費に当たると解

一時所得

するのが相当である。

❷ 事案の概要

本件は、競馬所得を得ていた納税者が、平成17年分から平成22年分の所得税に係る確定申告を行った。その際、納税者が得た本件競馬所得は雑所得に該当するとして総所得金額を計算し、勝ち馬馬券の購入金額だけでなく、外れ馬券に係る購入金額も必要経費として扱い納付すべき税額を計算していたところ、所轄税務署長から、本件競馬所得は一時所得に該当し、各年の一時所得の金額の計算において外れ馬券の購入代金を総収入金額から控除することはできないとして、各更正及び各無申告加算税賦課決定及び更正及び過少申告加算税賦課決定をそれぞれ受けたため、本件各賦課決定処分の取消しを求めた事案である。

本件の口座の入出金記録は図表11－3のようになる。

■図表11－3　口座の入出金記録

年　分	払戻金合計	出金金額
平成17年	3億6,416万円	3億4,541万円
平成18年	7億504万円	6億4,613万円
平成19年	22億9,545万円	21億7,355万円
平成20年	16億6,688万円	15億6,142万円
平成21年	17億254万円	14億9,462万円
平成22年	11億373万円	10億4,808万円

図表中の金額には馬券の払戻金・開催中止・出走取消し又は競走除外により無効となった馬券の購入代金と同額となる返還金が含まれているが、その額は不明である。また、納税者は帳簿等の作成を行っていないため、個々の競争に係る金額も不明であるが、大半が馬券の購入・返還金の入金であると推測できる。

また、すべての年において利益を上げていた。

❸ 争　　点

争点1　本件競馬所得が、所得税法上、一時所得に該当するかあるいは雑所得に該当するか（本件競馬所得の所得区分）。

争点2　本件競馬所得に係る所得の金額の計算上、本件競馬所得に係る総収入金額から外れ馬券の購入代金を控除することができるか（本件競馬所得に係る所得の金額の計算上控除すべき馬券の購入代金の範囲）。

❹　争点に関する当事者の主張

原告等（納税者）及び被告等（国）の主張は、次のとおりである。

原告等の主張	被告等の主張
争点1 ○雑所得に該当する ➡「営利を目的とする継続的行為」に該当する。 　原告は、中央競馬の競走馬や騎手、レースを分析した上、的中率が低いと判断されるレースを除き、中央競馬における1年間のほぼすべてのレースにおいて、独自のノウハウに基づいて着順の予想をし、6年間にわたり、馬券を大量に機械的かつ継続的に購入し、少なくとも1年間で2,000回以上馬券を購入しており、購入金額は多いときで1日5,000万円程度になることもあった。また、競馬における払戻金の期待値は約75％であるところ、原告は緻密かつ経済的価値のある独自のノウハウを築き上げ、平成17年から平成22年までの各年において約130％（多いときで140％）の払戻金の交付を受けている。	争点1 ○一時所得に該当する ➡「営利を目的とする継続的行為」に該当しない。 　馬券購入行為は、そもそもその行為の性質上、客観的にみて継続的、安定的に収入を発生させ得る行為とはいえないものである。また、馬券購入行為は、馬券を1回購入すれば完了する一回的行為であり、本質的に一定期間継続して行われるものではない上、レースの結果払戻金が発生すればそこで完結するという性質を持つものであるから、客観的にみて継続的、安定的に収入を発生させ得る行為とはいえない。

原告にとって馬券の購入は、遊興的、娯楽的性格を一切帯びるものではなく、専ら投資としての性質を有するものであった。そして、原告は、現実に、平成17年から平成22年までの間多額の利益を上げていたことからすると原告の馬券購入行為は、原告独自のノウハウに基づく予想を行って馬券を購入するという行為を反復継続して行っており、これら一連の予測行為に基づく馬券購入行為が継続的行為であり、それによって生じた本件競馬所得は「営利を目的とする継続的行為から生じた所得」といえる。

争点2

○外れ馬券を含めた全馬券の購入代金が含まれる

　原告は、独自のノウハウに基づく予測行為を行い、最終的に着順を予想した上で馬券を大量に購入するという態様により、反復継続して払戻金を得ており、これらの一連の継続的行為により現実に6年もの間毎年大きな利益を上げ続けたことからも明らかなように、原告の行ってきた馬券購入行為は、さまざまなリスクを分析した上で馬券を購入する投資業務といえる。そして、このような投資業務を行うに当たって外れ馬券は必然的に生じるものであり、原告は外れ馬券が生じることが織り込み済みで投資業務を行って利益を得ているのである。したがって、外れ馬券も含め購入した全馬券について、払戻金を得るために必要不可欠な支出であったといえるから、外れ馬券を含めた全馬券の購入代金について、払戻金を得るために「直接に要した費用」に該当し、所得税法第37条第1項の規定する必要経費に算入され、雑所得に係る総収入金額から控除される。

争点2

○的中馬券の購入代金に限られる

　一時所得の総収入金額から控除されるのは「その収入を得るために支出した金額」、すなわち、「その収入を生じた行為をするため直接要した金額」又は「その収入を生じた原因の発生に伴い直接要した金額」に限られる。本件競馬所得の基礎を成す収入は、馬券の的中による払戻金であるところ、「その収入を得るために支出した金額」は、収入を発生させた行為又は原因ごとに個別対応的に計算された金額に限られることから、当該払戻金に個別的に対応する馬券の購入代金、すなわち、的中馬券の購入代金に限られる。

　一方、当該払戻金に個別的に対応しない馬券の購入代金、すなわち、外れ馬券の購入代金は、何ら収入を発生させていない以上所得税法34条2項に規定する一時所得における「その収入を得るために支出した金額」に該当しないことから、一時所得の金額の計算上控除されない。

❺ 争点に対する判断

東京高裁は、本件競馬所得は雑所得に該当し、外れ馬券の購入代金は必要経費として雑所得に係る総収入金額から控除することができるものであり、本件各更正処分のうち総所得金額及び納付すべき税額が確定申告額を超える部分並びに本件各賦課決定処分はいずれも違法な処分として取消しを免れないから、納税者の請求はいずれも認容すべきものと判断し、最高裁も同様の判断であった（納税者勝訴）。

争点 1

■ 雑所得に当たると解するのが相当

① 一時所得と雑所得の相違

所得税法34条1項は一時所得について、「一時所得とは、利子所得・配当所得・不動産所得・事業所得・給与所得・退職所得・山林所得及び譲渡所得以外の所得のうち、営利を目的とする継続的行為から生じた所得以外の一時の所得で労務その他の役務又は資産の譲渡の対価としての性質を有しないものをいう」と規定し、所得税法35条1項は雑所得について、「雑所得とは、利子所得・配当所得・不動産所得・事業所得・給与所得・退職所得・山林所得・譲渡所得及び一時所得のいずれにも該当しない所得をいう」と規定している。本件競馬所得が、利子所得・配当所得・不動産所得・事業所得・給与所得・退職所得・山林所得及び譲渡所得以外の所得であることは当事者間に争いがない。

したがって、本件競馬所得が、「営利を目的とする継続的行為から生じた所得」に該当するのであれば、一時所得ではなく雑所得に区分されるものと解される。

② 「営利を目的とする継続的行為から生じた所得」に該当する

納税者は、予想の確度の高低と予想が的中した際の配当率の大小の組合せにより定めた購入パターンに従って馬券を購入することとし、偶然性の影響

一時所得

を減殺するために、年間を通じてほぼすべてのレースで馬券を購入すること
を目標として、年間を通じての収支で利益が得られるように工夫しながら、
6年間にわたり、各節に開催される中央競馬のレースについて、各節当たり
おおむね数百万円から数千万円、1年当たり合計3億円から21億円程度と
なる多数の馬券を購入し続けていた。平成21年の1年間においては、納税
者は、同年中に開催された中央競馬の全レース3,453レースのうち2,445レー
ス（全レースの71％）で馬券を購入し、そのうちの的中したレースでは、
平均して2〜3種類の勝馬投票法に係る馬券を的中させていた。このような
馬券の購入により、原告は、平成17年に約1,800万円、平成18年に約5,800
万円、平成19年に約1億2,000万円、平成20年に約1億円、平成21年に
約2億円、平成22年に約5,500万円の利益（的中馬券の払戻金の合計額が
外れ馬券を含むすべての有効馬券の購入代金の合計額を上回る額）を上げて
おり、いずれの年の回収率（外れ馬券を含むすべての有効馬券の購入代金の
合計額に対する的中馬券の払戻金の合計額の比率）も100％を超えていた。

　上記のことから、納税者は、期待回収率が100％を超える馬券を有効に選
別し得る独自のノウハウに基づいて長期間にわたり多数回かつ頻繁に当該選
別に係る馬券の網羅的な購入をして100％を超える回収率を実現すること
により多額の利益を恒常的に上げていたものであり、このような一連の馬券の
購入は一体の経済活動の実態を有するということができる。

　このような納税者の馬券購入の期間・回数・頻度その他の態様に照らせ
ば、納税者の上記の一連の行為は、客観的にみて営利を目的とするもので
あったということができる。

　以上によれば、本件所得は、営利を目的とする継続的行為から生じた所得
として、所得税法35条1項にいう雑所得に当たると解するのが相当である。

争点2

■ 競馬所得に係る所得の金額の計算上控除すべき馬券の購入代金の範囲

　納税者は、偶然性の影響を減殺するために長期間にわたって多数の馬券を

頻繁に購入することにより、年間を通じての収支で利益が得られるように継続的に馬券を購入しており、そのような一連の馬券の購入により利益を得るためには、外れ馬券の購入は不可避であったといわざるを得ない。したがって、本件における外れ馬券の購入代金は、雑所得である当たり馬券の払戻金を得るため直接に要した費用として、所得税法 37 条 1 項にいう必要経費に当たると解するのが相当である。

<table>
<tr><td>VI</td><td>一時所得と雑所得の所得区分
が争われた裁判例(2)</td></tr>
</table>

●馬券の的中によって得た払戻金の所得区分が争われた裁判例
・大阪地裁令和 3 年 1 月 14 日判決（令元（行ウ）87）棄却・控訴
・大阪高裁令和 3 年 9 月 16 日判決（令 3（行コ）10）棄却・確定

❶ 事案のあらまし

本件は、被告（国（処分行政庁：下京税務署長））が、平成 24 年から平成 28 年までの間に、原告（納税者）が勝ち馬投票の的中者として受けた払戻金に係る所得（以下「本件払戻金所得」という）は一時所得に該当するとした上で、その総収入金額の中から的中した馬券の購入代金のみを控除して、各年分の所得税等の決定処分又は更正処分及び無申告加算税又は過少申告加算税の賦課決定処分を行ったところ、原告が本件払戻金に係る所得は雑所得に該当し、雑所得の計算においても、的中しなかった馬券の購入代金も必要経費として総収入金額から控除されるべきであるとして、本件各賦課決定処分を取り消す旨主張した事案である。

大阪地裁（大阪高裁も同様）は本件について次の(1)～(3)により被告の主張を認める判断を行った（国勝訴）。

一時所得

(1) 「営利を目的とする継続的行為から生じた所得」に該当しない

　原告の馬券の購入方法は、原告の主観的意図はともかくとして、客観的にみて利益が上がると期待し得るものであったと認めることはできず、原告が主張する馬券の購入方法によったのでは、早晩資金が枯渇し、その継続を断念せざるを得ないものであったというべきである。したがって、原告の馬券購入方法によっても、払戻金の発生に関する偶然性の影響が減殺されるものではないから、原告の中央競馬における馬券購入は、営利を目的とする継続的行為であったとはいえず、これにより生じた本件払戻金所得についても、「営利を目的とする継続的行為から生じた所得以外の一時の所得」に当たるとは認められない。

(2) 一時所得とされる場合、外れ馬券の購入代金を「その収入を得るために支出した金額」として控除することができない

　本件払戻金所得は、「営利を目的とする継続的行為から生じた所得以外の一時の所得」に当たるから、これは一時所得に当たると認められるところ、本件払戻金所得を生じた行為ないし原因は、的中した馬券の購入であり、外れ馬券の購入代金は、何ら収入を発生させておらず、本件払戻金所得を生じた行為（馬券の購入）をするため直接要した金額には当たらないから、外れ馬券の購入代金を「その収入を得るために支出した金額」として控除することはできない。

(3) 「労務その他の役務又は資産の譲渡の対価としての性質を有しないもの」に該当する

　本件払戻金所得は、原告がJRA等から購入した的中馬券に係る払戻金として交付を受けたものであり、仮に原告が馬券の購入に当たり膨大な時間をかけて準備行為をしていたとしても、そのような作業（役務）は、馬券購入の相手方であるJRA等に対し提供されるものではないこと、競馬の払戻金は、レースの結果という偶然の事情により購入した馬券が的中することで初めて生ずるものであり、原告による準備行為によって必ず払戻金を得られる

性質のものでもないため、本件払戻金所得は、「労務その他の役務又は資産の譲渡の対価としての性質を有しないもの」として一時所得に該当すると認めるのが相当であるとされた。

❷ 事案の概要

本件は、所轄税務署長が、平成 24 年から平成 28 年までの間に、原告が受けた本件払戻所得は一時所得に該当するとした上で、その総収入金額の中から的中した馬券の購入代金のみを必要経費として控除して、各年分の所得税等の決定処分又は更正処分及び無申告加算税又は過少申告加算税の賦課決定処分を行ったところ、原告が本件払戻所得は雑所得に該当し、所得の計算においても、的中しなかった馬券の購入代金も必要経費として総収入金額から控除されるべきであるとして、本件各賦課決定処分を取り消す旨主張した事案である。

本件における購入額等は、図表 11 − 4 のようになる（中央競馬での記録）。

■図表 11 − 4　馬券の払戻金と購入金額

年　分	払戻金額合計	馬券購入金額合計
平成 24 年	3,248 万円	4,020 万円
平成 25 年	3,636 万円	4,576 万円
平成 26 年	3,488 万円	6,255 万円
平成 27 年	4,256 万円	7,507 万円
平成 28 年	445 万円	1,834 万円

また、各年において全体としては損失となっている。

❸ 争　　点

争点1　本件払戻金所得が「営利を目的とする継続的行為から生じた所得以外の一時の所得」に当たるか否か。

争点2　本件払戻金所得が一時所得とされる場合、外れ馬券の購入代金を

一時所得

「その収入を得るために支出した金額」として控除することができるか否か。

争点3 本件払戻金所得が「労務その他役務又は資産の譲渡の対価としての性質を有しないもの」に当たるか。

❹ 争点に関する当事者の主張

原告等（納税者）及び被告等（国）の主張は、次のとおりである。

原告等の主張	被告等の主張
争点1 (1) 網羅的な購入に当たる 　原告が採用した本件購入手順は、原告が独自に考案したもので、馬券の的中に関して偶然性の影響を排除するために、個別のレースに対しては原告自身の判断を一切介入させず、機械的かつ網羅的に馬券を購入することに主眼を置いたもので、娯楽としての要素はなく、一般の競馬愛好家による馬券購入とは質的に異なるものであった。そして、本件購入手順は、統計的に、好成績の記者の予想実績が蓄積されることに伴って原告が購入する馬券の的中率も向上するものであった。 (2) 将来的に利益が見込める 　原告は本件購入手順による馬券購入を継続的に行っていたといえ、原告が本件購入手順に従って馬券の購入を続けていけば、将来、恒常的に利益を得ることが期待されるものであった。そうすると、原告の馬券購入が暦年の収支として赤字であったとしても、本件払戻金所得が「営利を目的とする継続的行為から生じた所得以外の一時の所得」に当たるものではない。	**争点1** (1) 網羅的な購入に当たらない 　ある所得が「営利を目的とする継続的行為から生じた所得」に当たるか否かは、行為の期間・回数・頻度その他の態様・利益発生の規模・期間その他の状況等の事情を総合考慮して判断すべきである。 　1日に開催されたレースのうちどの程度のレースで馬券を購入していたかが明らかではない以上、単に中央競馬の開催日全体に占める原告が馬券を購入した開催日の日数の割合が80％を超える年があったというだけでは、原告が、偶然性の影響を減殺するためになるべく多数のレースで網羅的に馬券を購入していたとはいえないし、その購入代金も必ずしも多額とはいえず、多数のレースで網羅的に馬券を購入していたとはいえない。 (2) 利益が発生し得る行為でない 　原告の馬券購入に係る収支は、いずれの年も赤字であって、一度も黒字となったことがない上、実際に、馬券の購入代金の増加に伴い損失が増加しているのであって、原告の馬券購入が客

観的にみて利益が上がると期待し得る行為であるとは認められない。

争点2
○外れ馬券の購入代金は控除できる
　課税の基礎となる担税力は原則として1年間の収支を基礎として測られなければならず、形式的に複数回の収入が認められる場合であっても、それらの収入が一体性のある特定の源泉から得られている限り、そこから生じる一時所得については、年間を通じた収支から算出する必要がある。

争点2
○外れ馬券の購入代金は控除できない
　本件払戻金所得は、偶発的に発生した対価性のない個別の所得として一時所得に当たるものであるから、その担税力は、個々の払戻金の発生時点において判断するのが相当である。そして、本件払戻金所得を生じた行為ないし原因は、的中した馬券の購入であり、的中しなかった馬券（外れ馬券）は収益を発生させていないから、その購入代金は控除する金額に含まれない

争点3
○労務の提供があった
　原告は馬券の購入に当たり膨大な時間を費やして記者順位表を作成・更新するというきわめて単純な手作業による準備行為をすることにより対価性の認められる労務を提供している。そうすると、原告の馬券購入に至る一連の行為は、対価としての払戻金を受けるための役務であるというべきである。

争点3
○労務の提供はなかった
　本件払戻金所得に係る収入は、JRA等から原告に対し交付された的中馬券に係る払戻金であるが、当該払戻金は、原告がJRA等に対して何らかの役務を提供した対価として交付されたものではなく、資産を譲渡した対価として交付されたものでもない。本件払戻金所得が「労務その他の役務又は資産の譲渡の対価としての性質を有しないもの」に当たることは明らかである。

❺　争点に対する判断

　上記の 争点1 ～ 争点3 に関する被告の主張は、次のとおりいずれも理由があり、本件各通知処分は適法であり、原告の請求はいずれも理由がないと判断された。

争点1

　原告の馬券購入は、営利を目的とする継続的行為であったとはいえず、こ

一時所得

れにより生じた本件払戻金所得についても、「営利を目的とする継続的行為から生じた所得以外の一時の所得」に当たるとは認められない。

(1) 馬券の購入の継続性

中央競馬の開催日数（実日数）に占める原告が馬券を購入した開催日数の割合は、平成24年につき約58.5％（中央競馬の開催日数は106日）、平成25年につき約70.8％（同106日）、平成26年につき約88.9％（同108日）、平成27年につき約82.4％（同108日）、平成28年につき約24.3％（同107日）であったから、原告は相応の頻度で馬券を購入していたということができる。これらの事情からすると、中央競馬が、同じ日に複数の競馬場で開催され、1か所の競馬場で1日に最大12レースが開催されることを考慮しても、原告の中央競馬における馬券の購入は、一定の継続性をもって行われていたということができる。

(2) 網羅的な購入とはいえない

原告の馬券の購入代金の合計額は、最も多額となる平成27年には約7,500万円に及び相応の規模で馬券を購入していたことがうかがわれるものの、これを同年中に原告が馬券を購入した開催日1日当たりの額に換算すると約84万円にとどまり、平成24年から平成26年までの各年における馬券の購入代金の合計額（約4,020万円〜約6,255万円）は平成27年の購入代金の合計額に大きく及ばないことに加え、同じ日に複数のレースが開催されるなどしていたことに照らせば、原告の馬券購入の態様は、偶然性の影響を減殺するに足りる程度と評価すべきほどに網羅的に馬券を購入していたとまではいい難い。

(3) 収益性があったとはいえない

原告の中央競馬における馬券購入の収支をみると、平成24年から平成28年のいずれの年も赤字で推移していた。のみならず、これらによれば、原告の本件各年における馬券の購入代金の合計額に対する当たり馬券の払戻金の合計額の比率である回収率は、平成24年が約80.8％、平成25年が約

79.5％、平成 26 年が約 55.8％、平成 27 年が約 56.7％、平成 28 年が約 24.3％
であって、その改善もみられない。

　ここで用いられた馬券の購入方法は、原告の主観的意図はともかくとし
て、客観的にみて利益が上がると期待し得るものであったと認めることはで
きない。

争点2

　本件払戻金所得に係る一時所得の金額の計算上、外れ馬券の購入代金を、
「その収入を得るために支出した金額」として控除することはできない。

(1)　網羅的な購入とは認められない

　原告の購入方法では、機械的かつ網羅的に多額の馬券を継続的に購入する
ものであったとは認められないため、年間全体としての一体性があるとの主
張は、その前提を欠くものであり、採用することができない。

(2)　「その収入を得るために支出した金額」のみ控除できる

　所得税法では、一時所得が一時的・偶発的利得に担税力を見いだして課税
する点に着目し、一時所得の金額の計算上、一時所得に係る収入、支出につ
いて、収入を生じた各行為又は各原因に応じて個別対応的に計算し、その反
面、収入を生じない行為又は原因に係る支出は控除項目から除かれることを
定めたものと解される。

　本件払戻金所得は、「営利を目的とする継続的行為から生じた所得以外の
一時の所得」に当たり、これは一時所得に該当するため、本件払戻金所得を
生じた行為ないし原因は、的中した馬券の購入であり、外れ馬券の購入代金
は、何ら収入を発生させておらず、本件払戻金所得を生じた行為（馬券の購
入）をするため直接要した金額には当たらないから、外れ馬券の購入代金を
「その収入を得るために支出した金額」として控除することはできない。

争点3

　原告の行為は役務に当たらないため、本件払戻金所得が対価としての性質

一時所得

を有するものではない。

(1) 対価性を有しないことの意義

　所得税法が一時所得につき「労務その他の役務又は資産の譲渡の対価としての性質を有しないもの」という要件を必要としているのは、対価性を有する所得は、たとえ一時的なものであっても偶然的に発生した所得ではなく、類型的にその担税力が対価性のない偶発的な所得の担税力よりも大きいと考えられるからである。

(2) 馬券購入の準備行為は所得税法に定める所定の役務に当たらない

　本件払戻金所得は、原告が JRA 等から購入した的中馬券に係る払戻金として交付を受けたものであり、仮に原告が馬券の購入に当たり膨大な時間をかけて準備行為をしていたとしても、そのような作業（役務）は、馬券購入の相手方である JRA 等に対し提供されるものではないこと、競馬の払戻金は、レースの結果という偶然の事情により購入した馬券が的中することで初めて生ずるものであり、原告による準備行為によって必ず払戻金を得られる性質のものでもないことからすれば、本件払戻金所得は、「労務その他の役務又は資産の譲渡の対価としての性質を有しないもの」として一時所得に該当すると認めるのが相当である。

Ⅶ 一時所得と不動産所得の所得区分が争われた裁判例

> ●不動産貸付業に係る債務の免除益の所得区分が争われた裁判例
> ・福岡地裁平成 29 年 11 月 30 日判決（平 28（行ウ）28）一部容認・棄却・控訴
> ・福岡高裁平成 30 年 11 月 27 日判決（平 29（行コ）49）棄却・確定

❶ 事案のあらまし

不動産貸付業を営む原告は、B農業協同組合（以下「B」という）から、不動産賃貸業に係る資金として金員を借りていたが、返済が難しくなり、Bは、借入金に係る債権をA債権回収株式会社（以下「A」という）に譲渡した。その後原告とAは債権の一部免除について合意した。本件は、被告（国（処分行政庁：別府税務署長））が、原告がAから受けた債務免除益は雑所得に当たるとして、所得税の更正処分等を行ったところ、原告が、本件債務免除益は一時所得に当たると主張して、その取消しを求めた事案である。

福岡高裁は、本件についての(1)、(2)により原告（被控訴人）の主張を認める判断を行った。

(1) 「貸付けによる所得」とはいえない

所得税法26条1項の「貸付けによる所得」といえるためには、その所得が不動産等の「貸付け」と因果関係を有すること、すなわち、不動産等を使用収益させなければ得ることができなかったものといえる必要があるから、使用収益をさせなかったとしても得られた所得は、「貸付けによる所得」には含まれないと解される。

(2) 営利を目的とした継続的行為から生じた所得以外の一時の所得といえる

本件のように、不動産の貸付業に不可欠な賃貸用不動産の購入資金の借入債務について債権者に対し単発の債務免除を求める行為は、その交渉にある程度の期間を要するとしても、経営不振等の非常事態に対処するための一時的な行為であって、一回的な債務免除がたとえ賃貸業の継続に必要不可欠な行為であったとしても、賃貸業と一体の経済活動の実態を有するものとはいえないから、「営利を目的とする継続的行為」（「営利」とある以上、当該業務における本来的な営業行為、本件でいえば不動産貸付けによる経済的利益

を想定していると解するべきである）に該当するとはいえない。

❷ 事案の概要

事案に係る債権の経緯は、次のとおりである。

① 原告は、平成 7 年 2 月 27 日から平成 19 年 7 月 4 日までの間に B から、借入金の使途を賃貸住宅ローン又は不動産担保貸付として各金員を借り入れた。

② B は平成 22 年 8 月 27 日に原告の借入れに係る債権を A に譲渡した。

③ A との間で、原告は借入金の減額等に関し交渉を行い、次の要件で合意した。
 ・合計 2 億 9,425 万 6,193 円の債務を負担していることを認める。
 ・債務のうち 1 億 1,000 万円を支払う。
 ・1 億 1,000 万円を約定どおり完済したときは、残債務を免除する。

④ 平成 23 年 10 月 31 日、原告が合意に基づき 1 億 1,000 万円を支払ったため、A は、原告甲債務の残債務を免除した。

被告は、原告が A に対する債務を免除されたことによって受けた債務免除益は雑所得に当たることなどを理由として、平成 26 年 5 月 28 日付けで原告の確定申告に係る平成 23 年分の所得税の各更正処分及び過少申告加算税の各賦課決定処分を行った。

原告は、本件各債務免除益は一時所得に当たるから本件各更正処分等は違法であると主張して、処分の取消しを求め国税不服審判所に審査請求を行った。

国税不服審判所長は、債務免除益を不動産所得に該当するとしたが、総所得金額及び納付すべき税額は、更正処分等の金額と同額になるとして、審査請求を棄却する旨の裁決を行った。

原告は、平成 28 年 4 月 25 日、本件各更正処分等の取消しを求めて本件訴えを提起した。

第一審は、本件各債務免除益は不動産所得に該当せず、一時所得に該当する（雑所得には該当しない）などとして、本件各更正処分の各一部の取消し

を求める請求の全部と、本件各賦課決定処分の取消しを求める請求の一部を認容した。

その後、上記に対し、控訴人（被告）が敗訴部分を不服として控訴した事案である。

❸　争　　点

争点1　債務免除益は不動産所得に該当するか（債務免除益は、所得税法26条1項の「貸付けによる所得」と判断できるか）。

争点2　営利を目的とする継続的行為から生じた所得以外の一時の所得といえるか（不動産の貸付業に不可欠な賃貸用不動産の購入資金の借入債務について、債権者に対し単発の債務免除を求める行為は「営利を目的とする継続的行為」に該当するといえるか）。

❹　争点に関する当事者の主張

原告等（納税者）及び被告等（国）の主張は、次のとおりである。

原告等の主張	被告等の主張
争点1 (1)　貸付けによる所得の範囲 　貸付けによる所得とは不動産等を賃借人に使用収益させる対価として受け取る利益をいう。 　所得税法26条1項が、不動産所得を不動産の貸付けによる所得と規定している文理からは、この所得は、不動産等を賃借人に使用収益させる対価として受け取る利益をいうことは明白である。被告は、所得税法26条1項の貸付けによる所得が、不動産等の貸付けの対価である賃料等に限らず、不動産等の貸付業務の遂行により生ずべき所得をいう旨主張するが、このよう	争点1 (1)　貸付けによる所得の範囲 　貸付けによる所得とは、不動産等の貸付けの対価である賃料等に限らず、不動産貸付業の遂行により生ずべき所得をいうと解される。 　所得税法26条1項は、不動産所得を、不動産の貸付けによる所得と定める以上に、所得の発生原因を限定していない。 　所得税法26条2項が、不動産所得の金額は、その年中の不動産所得に係る総収入金額から必要経費を控除した金額とする旨規定し、総収入金額によるものとしているのは、不動産所得

一時所得

な解釈は、同項の文理から離れており、租税法律主義に反する。

(2) 債務免除益の所得区分
　債務免除益は不動産等を賃借人に使用収益させる対価とは異なる。
　本件各債務免除益は、Ａの判断によって行われた債務免除によって発生したものであるから、不動産等を賃借人に使用収益させる対価として受け取る利益には当たらない。

が、副収入や付随収入等も加わって、その収益の内容が複雑な場合が多いからである。
　貸付業務に係る所得を正確に算出するには、不動産所得を構成する収入についても、不動産等の貸付けの対価に限定することは相当ではなく、不動産等の貸付業務から生じた経済的利益は、不動産等の貸付けから生じたものとして、不動産所得に係る総収入金額に含まれると解するべきである。

(2) 債務免除益の所得区分
　債務免除益が不動産所得に当たるかどうかは、債務免除益を生み出す元となった債務が、不動産貸付業の遂行と密接な関係性を有する債務であるか否かによって判断するべき。
　本件借入れの目的は、原告が営む不動産貸付業の用に供する賃貸住宅の建築又は取得にあったということができる。また、原告が、これらの債務について債務免除を受けるに至ったのは、債権者であるＡから、債権の一括返済要求や賃料の差押え等がされることによって、原告の不動産貸付業に支障が生じることを避けようとしたからである。
　このように、本件各債務免除益を生み出す元となった本件各債務は、原告の不動産貸付業の遂行と密接に関連して生じたものと認められるので、本件各債務が免除されることによって発生した本件各債務免除益は、不動産貸付業の遂行により生ずべき所得であり、不動産所得に当たるということができる。

争点2
(1) 所得の発生原因
　本件各債務免除益の発生原因は、Ａによる債務免除であり、このような債

争点2
(1) 所得の発生原因
　本件各債務免除益が不動産所得に該当しないとしても、一時所得には該当

務免除は、原告の営む不動産貸付業に
おいてその発生が予定されていたもの
ではなく、Aの判断による1回限りの
偶発的なものである。

(2) 一時所得の該当性
　したがって、本件各債務免除益は、
一時所得の要件である営利を目的とす
る継続的行為から生じた所得以外の一
時の所得という一時所得の要件に該当
する。

せず、雑所得に該当する。
　一時所得に該当するためには、当該
所得が、営利を目的とする継続的行為
から生じた所得以外の一時の所得であ
る必要がある。
　本件各債務は、原告の不動産貸付業
の遂行と密接に関連して生じたもので
あると認められ、また、原告は、Aか
ら、債権の一括返済要求や賃料の差押
え等がされることによって、原告の不
動産貸付業に支障が生じることを避け
る目的で、本件各弁済合意をし、債務
免除を受けているところ、本件各弁済
合意は、原告が不動産貸付業を遂行し
ていく上で必要不可欠な合意であった
ということができる。

(2) 一時所得の該当性
　このように、本件各債務免除益は、
営利を目的とする原告の不動産貸付業
から生じた収入と評価することができ
るから、前記一時所得の要件を満たさ
ない。

❺　争点に対する判断

　上記の 争点1 及び 争点2 に関する原告の主張は、次のとおり認容された。

一時所得

⑴ 「貸付けによる所得」とは不動産等を使用収益させなければ得ることができなかったものといえる必要がある

所得税法上、不動産所得とは、不動産・不動産の上に存する権利等の貸付け（地上権又は永小作権の設定その他他人に不動産等を使用させることを含む）による所得のうち、事業所得又は譲渡所得に該当するものを除いたものをいうところ（所法26①）、ここにいう不動産等の貸付けとは、不動産等を使用収益させることによって一定の経済的利益がもたらされるものをいい、有償契約である賃貸借契約がその中心となるものと解される。

また、所得税法が、所得金額の計算に関し、不動産所得（所法26②）について、「総収入金額」という語を用いているのも、副収入や付随収入等も加わってその収益の内容が複雑な場合が多いことを踏まえたものと解される。したがって、権利金・礼金・更新料・転貸承諾料等のように、目的物を使用収益し得る地位を取得・確保する対価として一時的に支払われる経済的利益も、目的物を使用収益させることと因果関係を有する上に、広い意味では目的物の使用収益の対価たる性質を有するものとしてこれに含まれ得る。しかしながら、「貸付けによる所得」といえるためには、その所得が不動産等の「貸付け」と因果関係を有すること、すなわち、不動産等を使用収益させなければ得ることができなかったものといえる必要があるから、使用収益をさせなかったとしても得られた所得は、「貸付けによる所得」には含まれないと解される。

⑵ 不動産所得の範囲を、法の文言以上に拡大して解釈することは、租税法律主義の観点から相当といい難い

本件各債務免除益は、原告とAとの間で合意された本件各弁済合意に基づき、Aが債務免除をしたことによって発生したものである。Aは、原告が所有する不動産の賃借人ではなく、これらを使用収益していたわけでもない。また、本件各債務は、原告の不動産貸付業に用いられていた不動産の取得又は建築のための借入債務であったことが認められ、この債務が免除され

ることによって原告が不動産貸付業を継続できなくなることを避けることができたということはできるが、前記のとおり、この債務の返済金は、不動産貸付けの費用となるものではなく、これが、原告が行っていた営利を目的とする継続的行為である貸付け自体によって発生したということはできず、不動産を使用収益させる対価又はこれに代わる性質を有するものということもできない。したがって、本件各債務免除益が不動産所得に当たるということはできない。不動産等の賃貸借契約においては、賃料のほかに、副収入や付随的収入が発生し得ることを考慮してもなお、所得税法 26 条 2 項の前記文言から直ちに、不動産所得に不動産貸付業の遂行によって生じたすべての経済的利益が当然に含まれると解することはできない。

争点2

(1) 非継続性の要件

一時所得は、通常は担税力が乏しいとされる一時的、臨時的な所得であるために、一定額の特別控除がされた後その金額の 2 分の 1 に相当する金額が総所得金額に算入される。

これに対し、営利を目的とする継続的行為から生じた所得は、偶発的に発生した所得ではなく、類型的にその担税力が偶発的な所得の担税力よりも大きいと考えられることから、営利を目的とする継続的行為から生じた所得以外の一時の所得であること（非継続性要件）が一時所得に該当するための要件とされていると解される。

(2) 各債務免除は労務その他の役務又は資産の譲渡の対価としての性質を有しない

A によって免除された本件各債務は、いずれも原告が所有し、それによって不動産貸付業を行っていた不動産の建築又は取得に要する費用に係る借入金債務であり、本件各弁済合意は、このような本件各債務の一括返済を免れるために、原告の希望に沿って合意されたものということができる。このことからすると、本件各債務免除益は、原告の不動産貸付業に関して発生した

ものであるということができる。

しかし、本件各債務免除益は、原告の不動産貸付業において当然に発生が予定されていたものではなく、本件各借入に係る債権がAに譲渡されたのを機に締結された本件各弁済合意に基づく債務免除によって発生したものであることからすると、本件各債務免除益は、Aの経営判断により、一時的・偶発的に発生したものと認めるのが相当である。

そうすると、本件各債務免除益は、営利を目的とする継続的行為から生じた所得以外の一時の所得であるといえる。

そして、本件各債務免除益は、Aによる債務免除によって発生したものであるところ、原告が、Aに対し、本件各債務免除益の対価となるような具体的な労務その他の役務を提供したと認めるに足りる証拠はない。

したがって、本件各債務免除益は、労務その他の役務又は資産の譲渡の対価としての性質を有しないもの（所法34①）に当たるということができる。

Ⅷ 所得区分の判断ポイント

一時所得は、利子所得、配当所得、不動産所得、事業所得、給与所得、退職所得、山林所得及び譲渡所得以外の所得のうち、営利を目的とする継続的行為から生じた所得以外の一時の所得で労務その他の役務又は資産の譲渡の対価としての性質を有しないものとされている。

したがって、所得区分の判断があいまいな所得については「営利を目的とする継続的行為から生じた所得」かどうか、「労務その他の役務又は資産の譲渡の対価としての性質を有しないもの」か否かが判断基準となるといえる。

❶ 営利を目的とする継続的な行為とは

一時所得とされるためには、上記Ⅴ〜Ⅶの裁判例のように、営利を目的と

する継続的行為から生じた所得以外の一時の所得であるという必要がある。では、営利を目的とする継続的な行為とはどのようなことを指すのかということになる。

　下記の最高裁平成 27 年判決では、「営利を目的とする継続的行為から生じた所得は、一時所得ではなく雑所得に区分されるところ、営利を目的とする継続的行為から生じた所得であるか否かは、文理に照らし、行為の期間・回数・頻度その他の態様・利益発生の規模・期間その他の状況等の事情を総合考慮して判断するのが相当」とされており、これが判断基準の 1 つになる。

　上記の裁判例だけでなく、類似の裁判例も含めて比較してみる。

(1)　営利を目的とする継続的な行為として雑所得とされた事例

　最高裁平成 27 年 3 月 10 日判決においても競馬所得に係る所得が一時所得となるか雑所得となるかが争われており、雑所得と判示された。その際の購入額等は図表 11 − 5 のようになる。

■図表 11 − 5　馬券の払戻金と購入金額

	払戻金額合計	馬券購入金額合計
平成 19 年	7 億 6,778 万円	6 億 6,735 万円
平成 20 年	14 億 4,683 万円	14 億 2,039 万円
平成 21 年	7 億 9,517 万円	7 億 8,176 万円

　また、対象となったすべての年において大量かつ網羅的に馬券を購入しており、すべての年に利益を上げていた。

　上記 V の最高裁平成 29 年 12 月 15 日判決においても雑所得と判示されたが、両者の裁判例の金額をみても、通常の趣味・嗜好を大幅に超えた金額のやり取りが行われていたことが伺える。

(2)　営利を目的とする継続的な行為と認定されず一時所得とされた事例

　一方で、一時所得と判示された競馬所得に係る所得も多い。東京高裁令和 2 年 11 月 4 日判決においても一時所得と判示されたが、その判決理由も、

一時所得

「営利を目的とする継続的行為」とは認められないとの趣旨であった。

　この裁判例での購入額等は、図表11 - 6のようになる。

■図表 11 - 6　馬券の払戻金と購入金額

	払戻金額合計	馬券購入金額合計
平成 22 年	3,756 万円	3,172 万円
平成 23 年	5,767 万円	4,391 万円
平成 24 年	5,036 万円	5,826 万円
平成 25 年	7,226 万円	6,709 万円
平成 26 年	1 億 303 万円	9,702 万円

　また、この裁判例においては平成 24 年において、約 790 万円の損失を生じており（他の年は利益となっているが）、恒常的に利益を計上できるノウハウを持ち合わせていないと判示されており、それも営利性を否認する要素となっている。

　また、同じく上記Ⅵの大阪高裁令和 3 年 9 月 16 日判決でも一時所得と判示されており、継続的に利益を計上するノウハウがあるとは認められなかった。

(3)　判断基準

　「営利を目的とする継続的行為から生じた所得」であるか否かは、行為の期間、回数、頻度その他の態様・利益発生の規模・期間その他の状況等の事情を総合考慮して判断するのが相当であるとされ、「継続的行為」といえるか否かについては、その文言に照らし、行為の期間・回数・頻度その他の態様が考慮要素となり、「営利を目的とする」行為というためには、その行為の態様に加え、当該行為の結果生じた利益発生の規模、期間その他の状況に照らし、当該行為が客観的にみて利益が上がると期待し得る行為であることを要するものと解される。

　雑所得とされた事例では、少なくとも 3 億円、多い時には 20 億円を超える購入・払出しがある。一方で、一時所得とされた事例はそれを大きく下回るものであり、購入頻度や金額に大きな差がある。

さらに、雑所得とされた事例では、個々のレースにおいては外れ馬券が出て、損失を生ずることがあるとしても、個々の馬券の的中に着目しない網羅的な購入を行い、年間では利益を上げており、回収率も通常の期待値を上回るものであったため、独自のノウハウに基づいた手法を確立していると判断されている。一方で、一時所得とされた事例では、馬券の払戻しの回収率が100％を下回る場合や、年間の通算で利益の出ない年があるなど、収益の確実性の判断に大きな差がある。

　そのことから、納税者が単に馬券の購入等を大量かつ継続的に行うことはもちろんだが、それだけにとどまらず、例えば、回収率が総体として100％を超え、年間を通じての収支で利益が得られるなど、継続的かつ確実に利益を上げることができると客観的に評価し得る状況に至った場合には、偶発的、単発的な利益の積み重ねにとどまるものではなく、利益の獲得を目指した目的的行為の性質を有するものとして、「営利を目的とする継続的行為」に当たるといえる。逆に、購入の規模が大きくなったとしても、購入の判断等が、一般的な競馬愛好家による馬券の購入態様と質的に異なるものではない場合は、継続的に利益を上げるノウハウを持ち合わせているとまでならず、一時所得と判断されると考えられる。

　また、上記Ⅶの裁判例においては、本業に当たる不動産事業に関連して発生した所得であるが、営利性が否定されている。これは、当人ではない第三者からの行為により「一時的・偶発的」に発生したと解されたからである。このことから、「営利を目的とする」行為とは、その利益を得るための当人の自主的な活動と利益を得るためのある程度の必然性が必要であることも1つの判断要素であると考えられる。

❷　「労務その他の役務又は資産の譲渡の対価としての性質を有しないもの」とは

(1)　要件の意味

　一時所得の要件として、「労務その他の役務又は資産の譲渡の対価として

の性質を有しないもの」である必要があるとされているのは、対価性を有する所得は、たとえ一時的なものであっても偶発的に発生した所得ではなく、類型的にその担税力が対価性のない偶発的な所得の担税力よりも大きいと考えられるからである。

(2)　判断基準

上記Ⅵの裁判例では、馬券購入に係る準備行為を労務その他の役務として認めなかった。その根拠として、馬券の購入や判断等の準備行為が相手（JRA）に対して提供されるものでなく、一般の馬券購入者と何ら変わらないこと、払戻金に直接の関連性がないという点が上げられている。

また、上記Ⅶの裁判例においても、債務免除益の発生の原因としては不動産所得を得るための行為から生まれたものであるとされていたが、第三者の判断により、一時的・偶発的に発生したと認められており、債務免除益の対価となるような具体的な労務その他の役務を提供したとは認められてはいない。

このことから、「労務その他の役務又は資産の譲渡の対価としての性質」とは、その行動が「対価を得るための直接的な行為」として認められるかどうか、その得られた利益が、「一時的・偶発的」に発生したものでないかが判断基準となると考えられる。

第12章
雑所得

Ⅰ 雑所得の範囲

❶ 雑所得の定義

雑所得とは、利子所得・配当所得・不動産所得・事業所得・給与所得・退職所得・山林所得・譲渡所得・一時所得のいずれにも該当しない所得をいう。

つまり、9種類の所得のいずれにも該当しない所得を括るためのバスケットカテゴリーとして設けられている。

最近は給与所得者の副業として、インターネットやスマホアプリを活用したいわゆるシェアリングエコノミーやパソコンでの副業的受託業務等の経済活動が行われており、またFX取引や暗号資産による取引等、これまで想定されなかった新しい経済活動も行われ、これらの経済活動による所得も基本的には雑所得とされる（もちろん事業所得や給与所得に該当する場合も考えられるが）。

このように「9種類の所得のいずれにも該当しない所得を括るためのバスケットカテゴリー」と定義するだけでは足りず、より積極的な定義（あるいは解釈）も必要なのではないかと思われるほど、雑所得とされる範囲が広くなっている。

❷ 公的年金等及び業務に係る雑所得以外の所得の具体例

いわゆる「その他雑所得」（公的年金等及び業務に係る雑所得以外の所得）に該当する所得として所得税基本通達35－1に示されているものには、次のようなものがある。

① 法人の役員等の勤務先預け金の利子で利子所得とされないもの

② 　いわゆる学校債・組合債等の利子

③ 　定期積金に係る契約又は銀行法 2 条 4 項（定義等）の契約に基づくいわ
ゆる給付補塡金

④ 　国税通則法 58 条 1 項（還付加算金）又は地方税法 17 条の 4 第 1 項（還
付加算金）に規定する還付加算金

⑤ 　土地収用法 90 条の 3 第 1 項 3 号（加算金の裁決）に規定する加算金及
び同法 90 条の 4（過怠金の裁決）に規定する過怠金

⑥ 　人格のない社団等の構成員がその構成員たる資格において当該人格のな
い社団等から受ける収益の分配金（いわゆる清算分配金及び脱退により受
ける持分の払戻金を除く）

⑦ 　法人の株主等がその株主等である地位に基づき当該法人から受ける経済
的な利益で、所得税基本通達 24 － 2 により配当所得とされないもの

⑧ 　所得税法施行令 183 条 1 項（生命保険契約等に基づく年金に係る雑所得
の金額の計算上控除する保険料等）、184 条 1 項（損害保険契約等に基づ
く年金に係る雑所得の金額の計算上控除する保険料等）、185 条（相続等
に係る生命保険契約等に基づく年金に係る雑所得の金額の計算）及び 186
条（相続等に係る損害保険契約等に基づく年金に係る雑所得の金額の計
算）の規定の適用を受ける年金

⑨ 　役務の提供の対価が給与等とされる者が支払を受ける所得税法 204 条 1
項 7 号（源泉徴収義務）に掲げる契約金

⑩ 　就職に伴う転居のための旅行の費用として支払を受ける金銭等のうち、
その旅行に通常必要であると認められる範囲を超えるもの

⑪ 　役員又は使用人が自己の職務に関連して使用者の取引先等からの贈与等
により取得する金品

⑫ 　譲渡所得の基因とならない資産の譲渡から生ずる所得（営利を目的とし
て継続的に行う当該資産の譲渡から生ずる所得及び山林の譲渡による所得
を除く）

（上記⑫は、令和 4 年 10 月 7 日の改正で追加されたものである）

❸ 事業から生じたと認められない所得で雑所得に該当するものの具体例

業務に係る雑所得に該当するものとして所得税基本通達 35 − 2 に示されているものには、次のようなものがある。

① 動産（所法 26 ①（不動産所得）に規定する船舶及び航空機を除く）の貸付けによる所得

② 工業所有権の使用料（専用実施権の設定等により一時に受ける対価を含む）に係る所得

③ 温泉を利用する権利の設定による所得

④ 原稿、挿し絵、作曲、レコードの吹き込み若しくはデザインの報酬、放送謝金、著作権の使用料又は講演料等に係る所得

⑤ 採石権、鉱業権の貸付けによる所得

⑥ 金銭の貸付けによる所得

⑦ 営利を目的として継続的に行う資産の譲渡から生ずる所得

⑧ 保有期間が 5 年以内の山林の伐採又は譲渡による所得

なお、令和 4 年 10 月 7 日の改正において、注書が追加されている。

> （注） 事業所得と認められるかどうかは、その所得を得るための活動が、社会通念上事業と称するに至る程度で行っているかどうかで判定する。
>
> なお、その所得に係る取引を記録した帳簿書類の保存がない場合（その所得に係る収入金額が 300 万円を超え、かつ、事業所得と認められる事実がある場合を除く。）には、業務に係る雑所得（資産（山林を除く。）の譲渡から生ずる所得については、譲渡所得又はその他雑所得）に該当することに留意する。

Ⅱ 雑所得の区分

雑所得に該当する所得は確定申告書の雑所得の表示区分にあるように、

「公的年金等」・「業務」・「その他」に区分される。

❶ 「公的年金等」に該当するもの

公的年金等には、次のものが該当する。

① 国民年金・厚生年金・公務員共済組合法に基づく年金・私立学校教職員共済に基づく年金等

② 恩給（一時恩給を除く）及び過去の勤務に基づき使用者であった者から支給される年金

③ 確定給付企業年金法の規定に基づき支給を受ける年金・特定退職金共済団体が行う退職金共済に関する制度に基づき支給を受ける年金・中小企業退職金共済法に基づき分割払の方法により支給される分割退職金・小規模企業共済法に基づき分割払の方法により支給される分割退職金・確定拠出年金法の老齢給付金として支給される年金等

❷ 「業務」に該当するもの

事業規模ではないが営利を目的として継続して行われる業務に該当するもので、所得税基本通達 35 − 2（事業から生じたと認められない所得で雑所得に該当するもの）には前掲 I ❸①〜⑧が示されている。

❸ その他（業務に係る雑所得以外）

「その他」には、海外 FX 取引（外国為替証拠金取引）による利益（申告分離課税）・暗号資産の売却による利益（購入時の価値との差額）や、暗号資産を商品購入決済に利用した時の暗号資産購入時と利用時との価値の差額（いったん換金したとみなされるため）により生じた所得・満期保険金等を年金で受け取った場合等による所得がある。

Ⅲ 雑所得の金額の計算

　雑所得の表示区分等に応じて、雑所得の金額の計算方法は次のように計算する。

❶ 公的年金等

> 公的年金等の雑所得＝収入金額－公的年金等控除額

❷ 業　　務

> 業務に係る雑所得＝収入金額－必要経費

❸ その他（業務に係る雑所得以外）

> その他（業務以外）の雑所得＝収入金額－必要経費（直接経費のみ）

Ⅳ 生命保険契約等に基づく年金に係る雑所得の計算

　年金の支払開始の日以後にその年金の支払の基礎となる生命保険契約等に基づいて分配を受ける剰余金又は割戻しを受ける割戻金の額は、その年分の雑所得の総収入金額に算入する。

　次の算式によって計算される金額は、その年分の雑所得の金額の計算上、必要経費に算入する。

その年に支給される年金の額×

$$\frac{保険料又は掛金の総額}{年金の支払総額又は支払総額の見込額} = その年分に必要経費に算入する金額$$

（注） 生命保険契約等が年金の他に一時金を支払う内容のものである場合には、上記算式中の「保険料又は掛金の総額」は、次の算式で計算した金額による。

保険料又は掛金の総額×

$$\frac{年金の支払総額又は支払総額の見込額}{年金の支払総額又は支払総額の見込額＋一時金の額}$$

＝年金についての保険料又は掛金の総額

 相続等により取得した生命保険契約等に基づき支払を受ける年金に係る雑所得の計算

　相続等により生命保険契約等に基づき年金支払を受ける権利（年金受給権）を取得した場合には、その年金受給権の相続税評価額、具体的には解約返戻金相当額に対して相続税等が課税される。

　しかし、実際に毎年受け取る年金の額の総額は、その年金受給権の相続税評価額よりも多いはずである。

　そこで、その差額については雑所得として課税されることになる（平成22年の最高裁判決前、つまり旧相続税法では、差額ではなく実際に受け取る年金に対して所得税が課されていたが、すでに相続税等が課されていた分についても所得税が課税されるのは二重課税であると認定され、最高裁判決後は、差額分つまり運用益分についてのみ所得税が課されることになっている）。

　つまり、実際に支払を受けた年金に係る雑所得の計算においては、すでに相続税等が課された分に対応する金額は非課税とし、運用益部分を課税の対象とするということである。

　具体的な計算は、所得税法施行令185条（相続等に係る生命保険契約等に

基づく年金に係る雑所得の金額の計算）に示されている。

（注） 所得税法施行令 185 条関連の規定

生命保険契約等に基づく年金（公的年金等を除く）の支払を受ける居住者が、相続税法対象年金に係る保険金受取人に該当する場合には、その者のその支払を受ける年分のその年金に係る雑所得の金額の計算については、それぞれに定める方法により計算した金額（支払年金対応額）の合計額を、その年分の雑所得に係る総収入金額に算入する（所令 185 ②)。

Ⅵ 収入の時期

雑所得の収入金額又は総収入金額の収入すべき時期は、次に掲げる区分に応じ、それぞれに掲げる日である。

❶ 公的年金等

公的年金等の収入時期は、公的年金等の支給の基礎となる法令・契約・規定又は規約（以下「法令等」という）により定められた支給日になる。

なお、法令等の改正や改訂が既往にさかのぼって実施されたため既往の期間に対応して支払われる新旧公的年金等の差額で、その支給日が定められているものについてはその支給日、その日が定められていないものについてはその改正や改訂の効力が生じた日になる。

❷ 上記以外のもの

その収入の態様に応じ、他の所得の収入金額又は総収入金額の収入すべき時期の取扱いに準じて判定した日になる。

❸ 現金主義の特例

その年の前々年分の業務に係る雑所得の収入金額が300万円以下である場合には、収入すべき金額及び必要経費に算入すべき金額は、その年において収入した金額及び支出した費用の額とすることができるが（現金主義の特例）、本適用を受けるには確定申告書にその旨を記載する必要がある。

VII 雑所得と一時所得の所得区分が争われた裁判例

●特約年金支給開始後に将来の年金の一部に代えて支払われた一時金について、雑所得か一時所得かが争われた裁判例
・横浜地裁平成26年3月12日判決（平25（行ウ）2）棄却・控訴
・東京高裁平成26年8月21日判決（平26（行コ）161）棄却・上告・上告受理申立て
・最高裁平成27年10月13日決定（平26（行ツ）445、平26（行ヒ）491）棄却・不受理・確定

❶ 事案のあらまし

本件は、
① 亡父が締結した生命保険契約に付加された家族収入特約に基づく年金の支払を受けていた原告が、
② 年金払に代えて9回にわたり一時金として支払を受けた金員の全額を一時所得として確定申告を行い、その後所得税法施行令185条の規定に従って一時所得の金額を計算すべきであるとして更正の請求を行ったのに対

し、

③　処分行政庁から最終の受取一時金を除き、他の数回にわたり支払を受けた一時金は雑所得とする更正処分を受けたため、その取消しを求めて争われた事案である。

　この事案では、年金受給権に基づき支払を受ける年金を、受給開始後に一時金として、しかも数回に分けて受け取っていることについて、所得税基本通達35－3のただし書の解釈がポイントの１つになっている。

　所得税基本通達35－3による一時金の取扱いは、次のとおりである。

①　受給開始日以前に支払われるものは一時所得

②　同日後に支払われるものは雑所得

③　ただし同日後に支払われる一時金であっても、将来の年金給付の総額に代えて支払われるものは、一時所得の収入金額として差し支えない。

　原告（納税者）は、一時金の支払が数回にわたっただけと主張するのに対し、被告（国）においては、将来の年金給付の総額に代えて支払われたものは、最終の一時金の段階であり、その前８回分については、年金の受取りに代えてその一部に相当する現価を一時に支払うよう原告が請求したもので、依然としてその間は年金の支払が予定されており「総額に代えて支払われたもの」ではない、という主張である。

　横浜地裁は、本件について次の(1)、(2)により被告の主張を認める判断を行った。

(1)　本件係争一時金（最終の一時金を除いた一時金）は雑所得に該当する

①　本件係争一時金は、一時所得及び雑所得以外の各種所得のいずれにも該当しない。

②　したがって、一時所得に該当するか否かをまず判断すべきことになり、一時所得に該当しないと判断されれば自ずから雑所得に該当することになる。

③　「一時の所得」とは、一時的・偶発的に生じた所得を意味すると解すべきである。

④ 本件一時金は、年金受給権に基づく継続的な支払という確固とした法律的・経済的関係が存在したからこそ、一時金を取得することができたのであり、これを一時的・偶発的なものとみることはできない。

(2) 数回に分けて一時金を受け取ることにしたのは原告自らの選択である

数回に分けて一時金を受け取る場合と、全額を1回で受け取る場合とでは、課税される金額に不均衡が生ずることになるが、9回にわたって各一時金の支払を受けたのは原告自らの選択によるものであり、これにより税負担が増加する結果になったとしても、不公平・不合理とまでいうことはできない。

❷ 事案の概要

本件は、月額100万円×12か月×19年間＝2億2,800万円の年金受給権の受取方法について、年金形式で支払を受けている途中で（つまり年金受給開始日以後）、「一時支払条項」に基づき、月額100万円の一部を一時金として支払を受ける請求を、次のように行っている。

① 平成11年9月に、月額100万円のうち50万円分の一時金（将来の年金受取りに相当する現価）の支払を受けた。

② 平成17年〜平成18年9月までの間に、月額年金の一部を、合計10回にわたって①と同様に一時金として支払を受けた。このうち8回が平成18年中に行われた。

③ 平成18年10月19日、残りの年金月額8万円すべてについて、同様に一時金として支払を受け、これが最終の支払となり、年金受給権が消滅した。

上記のうち、本件で争われたのは、平成18年中の②の8回分及び③の最終分の合計9回分である。

原告は、すべてを一時所得とし、かつ所得税法施行令185条を類推適用して更正の請求をした（所令185は雑所得を前提とした取扱いである）。

雑所得

これに対し、処分行政庁は、③の最終一時金は一時所得とするも、②の8回分は雑所得に該当するとして更正処分を行った、という事案である。

❸ 争　　点

争　点 | 年金受給権の受給開始後に、将来の年金の一部に代えて支払われた一時金は、一時所得に該当するか雑所得に該当するか、またその場合、一時金が数回にわたり支払われた場合に、一時所得と雑所得に所得区分が分かれることに不合理性はないか。

❹ 争点に関する当事者の主張

原告等（納税者）及び被告等（国）の主張は、次のとおりである。

原告等の主張	被告等の主張
(1)　年金で受け取るか一時金で受け取るかによって年金受給権の性質は変わる 　年金受給権に基づく年金は雑所得であることに異論はないが、一時金として支払われることによって性質を変じる。 　保険会社側においては、年金として払い戻されていない部分を運用して利益を上げ、その一部を契約者側に償還することを想定している。一時金で支払うと運用益の償還はない。 　所得税法施行令183条1項、2項は利益償還性が相違することに着目して、所得区分を相違させたものである。一時金として支払われる限度において将来の利益償還を予定しないものに変質するのであるから、一時金はすべて一時所得である。 (2)　一時金を分割で受け取る場合と1回でまとめて受け取る場合とで、税負担が異なるのは不合理である	(1)　受取方法が変わっても年金受給権の性質は変わらない 　年金の受取りに代えてその一部に相当する現価を一時金として受け取っても、年金受給権である。 　年金に代えて一時金として受領しても年金受給権から生じたものであるという性格が変わることはない。 　所得税基本通達35−3が、受給開始日後に支払われる一時金を雑所得としているのも、これを一時所得とすると、所得区分の違いから税負担の違いが生ずることを考慮して、公平負担の観点を踏まえて定められたものである。 (2)　年金の支払が予定されている間において支払われる一時金は、雑所得に該当する 　年金払いを選択して年金を継続して受け取った後、9回に分けて一時金払を請求したのは、原告自身の選択の結果であるから、税負担が増加したとし

1年にも満たない間に9回にわたり一時金の支払を受けたのは、必要に応じて一時金の支払を請求したにすぎず、特別の意義を持たない。それにもかかわらず一時金を1回にまとめて請求して支払を受けた場合に比して高額の税金を負担させられる扱いは公平でなく、最終一時金のみを一時所得とすることは不合理である	も何ら不公平でも不合理でもない。 　また、8回までの一時金は、最終一時金が支払われるまでの間、年金の支払が予定されていたのであるから、所得税基本通達35－3の定めのうち「将来の年金給付の総額に代えて支払われるもの」に該当せず、8回までの一時金を一時所得として扱う余地もない。

❺　横浜地裁の判断

⑴　本件更正処分は適法である

　上記の争点に関する被告の主張は、以下のとおりいずれも理由があり本件各処分を違法とすべき理由はなく、これらはいずれも適法と判断された。

⑵　本件係争一時金は、一時的・偶発的なものではない

　一時金として支払われるものであっても、その源泉は年金受給権である。

　本件年金の源泉は本件特約に基づき被相続人の死亡により原告が取得した本件年金受給である。本件係争一時金は、本件一時支払条項に基づいて、本件年金の将来の支払に代えてその一部をその時点における時価で受け取ったものであるから、その源泉が本件年金受給権であることに変わりはなく、一時金として支払われることによって直ちにその取得の性質が変ずることは考え難い。よって本件係争一時金に係る所得は、本件年金に係る所得と同じく、雑所得に該当するというべきである。

　これに対して、原告は、本件年金の将来の支払分が軽減され、一時金として支払われた部分については、本件年金受給権自体がその限度において消滅し、将来の利益償還を予定していないものに変質するから、所得の性質も変更されると主張する。

　しかし、ここで問題となるのは、所得が一時的・偶発的なものといえるか否かである。本件年金受給権に基づく本件年金の継続的な支払という確固と

雑所得

した法律的・経済的関係が存在したからこそ、原告は本件係争一時金を取得することができたのであり、これを一時的・偶発的なものとみることはできないというほかない。

(3) 雑所得に該当する以上、受取方法により税負担に不均衡が生じたとしても不公平・不合理とまではいえない

原告は、本件係争一時金に係る所得を雑所得としながら本件最終一時金に係る所得を一時所得とする本件通達（所基通35 - 3）の扱いが不合理であることを根拠に被告の主張は不当であると主張するが、本件係争一時金に係る所得が雑所得に該当するのは前記のとおり所得税法34条1項及び35条1項の解釈によるものであり、この解釈が変わるものではない。

原告は本件各一時金を1回にまとめて支払を受けた場合と比較して高額の所得税を負担することとなっており、実質的に不公平であり不合理であるとも主張するところ、確かに一時金の受給の仕方によって、課税される額に不均衡が生ずることは否定することができない。

しかし、本件係争一時金に係る所得の性質が雑所得に該当すると認められる以上、それに応じた課税がされることはやむを得ないところであり、これによりある程度不均衡を生ずることがあるとしても、それは、9回にわたって本件各一時金の支払を受けたという原告自らの選択によるものであり、これにより税負担が増加する結果になったとしても、不公平、不合理とまでいうことはできない。

❻ 東京高裁の判断

東京高裁は原判決を支持し、控訴を棄却した。そして、判断の補足として次のことを示している。

① 本件係争一時金は、被保険者の死亡を原因として発生するものではあるが、被保険者の死亡時に生じた保険金が将来にわたって分割払されたものではなく、本件特約により将来の支払が予定されていた年金について、受取人の選択に基づき、弁済期を繰り上げ、現在価値に引き直して支払がさ

れたものとみることができる。

② 所得税法施行令185条の趣旨も、生命保険契約に基づく年金については、契約上受給資格者に対し継続的に年金の支払を受け得る地位が保障されており、その法的経済的関係に鑑み、年金受給権に所得の源泉としての性質を認めることができる点で、同年金に係る所得を一時的・偶発的なものとはいい難いことによるものと解される。

③ このような所得の源泉としての性質が、本件保険契約（本件一時払条項）に基づき将来の年金に代えて支払われた本件係争一時金についても変わらないことは、原判決が「事実及び理由」欄の第3（裁判所の判断）に説示するとおりである。

④ 本件通達（所基通35－3）によって本件係争一時金に係る所得に関する法令の解釈が左右されるものではなく、控訴人の選択によって生じた税負担の増加が直ちに不公平、不合理であるとまでいうことができないことは、原判決の説示するとおりである。

❼ 最高裁の判断

上告不受理の決定を下した。その理由を次のように示している。

民事事件について最高裁判所に上告をすることが許されるのは民事訴訟法312条1項又は2項所定の場合に限られるところ、本件上告の理由は、違憲をいうが、その実質は単なる法令違反を主張するものであって、明らかに上記各項に規定する事由に該当しない。

雑所得と事業所得の所得区分が争われた裁判例

●**外国通貨により他の外国通貨を取得した取引における為替差損益を雑所得として認識すべきかどうかが争われた裁判例**
・東京地裁令和 4 年 8 月 31 日判決（令 2（行ウ）502）棄却・控訴

---

❶ 事案のあらまし

本件は、原告（納税者）が外国銀行と「投資一任契約」を締結していたところ、運用の一環として、外国通貨によって他の種類の外国通貨又は有価証券を取得する取引が行われ、この取引から雑所得が生ずることはないとの前提で確定申告したところ、処分行政庁から為替差益（雑所得）が生じているとして更正処分を受けたため、その取消しを求めて争われた事案である。

東京地裁は、本件について次の①、②により被告（国）の主張を認める判断を行った。

① 本件各取引は、いずれも外国通貨で支払が行われる取引であり、外貨建取引に該当し、経済的利益が得られるといえるか否かについても、円換算額によって判断すべきである。したがって、取得した外国通貨の円換算額が、支払に使われた外国通貨の円換算額よりも大きい場合には、新たな経済的利益が得られたことになり、所得が生ずることになる。

② 当該為替差損益について、その収入の原因となる権利が確定するのは、取引があった時点である。したがって、本件取引がされた時点において当該為替差損益を「収入すべき金額」として認識することができる。

322　第 12 章／雑所得

❷ 事案の概要

　原告は平成 26 年及び平成 27 年においてスイス連邦所在の金融機関との間で締結した投資一任契約に基づき、本件外国銀行に対し、本件外国銀行の原告名義の口座において所有していた自己の資産の運用を一任していたところ、本件各年における上記運用の一環として、運用対象資産に属する外国通貨によってほかの種類の外国通貨又は有価証券を取得する取引が行われた。

　本件は、原告が、本件各取引からは雑所得が生ずることはないとの前提に立ち、本件各年分の所得税及び復興特別所得税の確定申告をしたところ、渋谷税務署長から、本件各取引からは為替差損益が生じており、これにより雑所得が生じているとして、本件各年における所得税等について、それぞれ更正処分を受けたことから、本件各更正処分のうち再調査の請求において自認していた額を超える部分及び本件各賦課決定処分の各取消しを求める事案である。

❸ 争　　点

> | 争　点 | 本件為替差損益から所得は生ずるか、本件為替差損益を「収入すべき金額」（所法 36 ①）として認識できるか、また所得が生ずるとした場合、いずれの所得区分に該当するか。

❹ 争点に関する当事者の主張

　原告（納税者）及び被告（国）の主張は、次のとおりである。

原告の主張	被告の主張
(1)　本件各取引は外貨建取引（所法 57 の 3 ①）に該当しないから所得は生じない 　所得税法施行令 167 条の 6 第 2 項は、外貨建ての預金払戻請求権の満期	(1)　円換算額が変動することにより経済的利益が生じている 　所得税法は、包括的所得概念（人の担税力を増加させる経済的利得はすべて所得を構成するという考え方）を採

が到来しても、引き続き外貨建ての預金を有する目的が継続している場合には、外貨建取引がされたことにはならないことを定めたものといえるところ、本件各取引は、本件投資一任契約に基づき、他通貨で資産を保有するという分散投資の目的が継続する中で行われたものであるから、本件各取引は外貨建取引（所法57の3①）に該当しない。そのため、本件各取引が外貨建取引に該当することを前提に、本件各取引に係る為替差損益から所得が生ずることはない。

(2)　所得税法57条の3第1項は換算時期を定めているだけである

　所得税法57条の3第1項は、外国通貨の換算時期を定めるだけであり、すべての外貨建取引から所得が生ずることまで定めたものではない。実際に、ドルとドルとの両替取引は外貨建取引であるが、同両替取引から所得が生ずるものとはされていない。そのため、仮に、本件各取引が外貨建取引に該当したとしても、同項を根拠として、本件各取引から所得が生ずるということはできない。

(3)　外国株式の保有期間の為替相場の変動による為替差損益は課税の対象ではない

　本件投資一任契約自体が外貨建取引（所法57の3①）に該当するから、本件投資一任契約の存続期間中、本件投資一任契約に基づき行われる各種取引については、契約締結時点の為替レートが一律に適用されることになる。また、本件各取引は、その時点の為替レートによれば、いずれも等価交換である。加えて、租税特別措置法の定める差金決済取引以外の取引に係る為替差損益は課税の対象とされること

用しているところ、為替差損益は、為替レートの変動に伴って外国通貨で表示された金額の円換算額が変動することにより生ずる経済的利益であることから、この経済的利益が外部から流入した場合には、人の担税力を増加させる経済的利得となり、所得が生ずる。

　そして、本件各取引は、取引前後で保有資産の内容に変更を生ずるものであるところ、本件各取引に係る為替差損益は、変更後の保有資産であるほかの種類の外国通貨や有価証券の取得価額として外部から新たに流入する経済的利益であるといえる。

　そのため、本件各取引から所得が生ずることになる。

(2)　保有資産の変更により為替相場の変動による為替差損益に相当する部分が新たに流入し権利が確定している

　所得税法36条1項は、その年に「収入すべき金額」が各種所得の計算において各年分の収入金額になる旨を定めているところ、この「収入すべき金額」とは、収入すべき権利の確定した金額のことであるから、収入すべき権利が確定した年分の所得の計算において、同確定に係る額を「収入すべき金額」として認識することになる。

　本件各取引により保有資産が変更する都度、変更後の保有資産である他の種類の外国通貨や有価証券の取得価額として外国株式の保有期間の為替相場の変動による為替差損益に相当する部分の権利が確定するものといえる。

　そのため、本件各年において、本件各取引に係る為替差損益を「収入すべき金額」として認定することができる。

(3)　「対価を得て継続的に行なう事業」には該当しない

　本件各取引には一定の営利性及び継

はない。そのため、本件各取引から所得が生ずることはない。また、外国株式を外貨建てにより譲渡した場合の為替差損益に関する国税庁の考え方、すなわち、譲渡により生じた所得のうち、外国株式の保有期間の為替相場の変動による為替差損益に相当する部分について、株式等に係る譲渡所得等の金額から区分して雑所得の対象とする必要はないとする考え方からすれば、本件各取引から所得が生ずることはない。

(4) 資産に実質的な変化は生じていない

本件投資一任契約の目的は、多通貨に分散した有価証券のポートフォリオの形式にあり、本件各取引はそのための準備行為にすぎず、本件各取引によって得た資産は上記目的のためにのみ使用することができるという意味で制限付きの資産であり続け、本件各取引によって原告の資産に実質的な変化は生じていない。これらのことからすれば、本件各年において、本件各取引に係る為替差損益を「収入すべき金額」として認識することはできない。

(5) 所得が生ずるとしても、事業所得である

本件各取引に係る為替差損益から所得が生ずるとしても、本件各取引は、投資一任契約の受任者である本件外国銀行が行う反復継続した投資活動によるものであり、これは本件外国銀行にとって事業としてされたものであるから、本件各取引に係る為替差損益は事業所得に分類されるべきである。

したがって、本件各取引に係る為替差損益を所得として認識することができたとしても、その所得区分は雑所得ではない。

続性が認められることから、本件各取引に係る為替差損益による経済的利得を所得として認識することができた場合に、その所得が一時所得（所法34①）に該当することもない。

本件各取引は、所得税法施行令63条1号ないし11号に掲げる事業には該当せず、以下の事情に照らせば、同条12号に規定する「対価を得て継続的に行なう事業」、すなわち「自己の計算と危険において独立して営まれる、営利性、有償性を有し、かつ反復継続して遂行する意思と社会的地位とが客観的に認められる事業」にも該当しない。そのため、本件各取引に係る為替差損益による経済的利得を所得として認識することができた場合に、その所得が事業所得（所法27①）に該当することもない。

したがって、本件各取引に係る為替差損益による経済的利得を所得として認識することができた場合におけるその所得区分は、雑所得である。

雑所得

❺ 争点に対する判断

　上記の争点に関する被告の主張は、次のとおりいずれも理由があり、本件各処分を違法とすべき理由はなく適法であると判断された。

(1) 本件為替差損益から所得は生ずるか

　所得税法36条1項は、各人が収入等の形で新たに経済的利得を得た場合に、その経済的利得を所得税の課税対象とする旨を定めたものであるところ、所得税法は、所得の源泉又は性質によって所得を10種類に分類し、そのうち、利子所得から一時所得までの9種類の所得のいずれかにも該当しない所得を雑所得として課税対象とする旨を定めているから（所法35①）、およそ人の担税力を増加させるような経済的利得が新たに得られるのであれば、所得が生ずるものといえる。

　そこで、本件各取引に係る為替差損益が本件各取引によって新たに得られる経済的利得であるといえるかについて検討するに、外貨建取引を行った居住者の所得の金額を計算するに当たっては、当該外貨建取引を行った時における為替レートにより、当該外貨建取引の金額を円換算することとされている（所法57の3①）ところ、本件各取引は、いずれも外国通貨で支払が行われる取引であり、外貨建取引に該当することからすると、本件各取引によって新たに経済的利得が得られるといえるか否かについても、その円換算額によって判断すべきことになる。そして、本件各取引前後の状況を円換算額に引き直してみると、①ある外国通貨（A）により他の種類の外国通貨（B）を取得する取引については、当該他の種類の外国通貨（B）の取得価額の円換算額から当該外国通貨（A）の取得価額の円換算額を控除した差額が、②外国通貨により有価証券を取得する取引については、当該有価証券の取得価額の円換算額から当該外国通貨の取得価額の円換算額を控除した差額がそれぞれ正の値であるときは、その取引によって、新たな経済的利得が得られたことになり、所得が生ずることになる。

　したがって、本件各取引に係る為替差損益により所得が生ずることはある

というべきである。

(2) 本件為替差損益を「収入すべき金額（所法36①）」として認識できるか

　本件各取引に係る為替差損益について、その収入の原因となる権利がどの時点で確定するかについて検討するに、本件各取引によって、取引前までに保有していた外国通貨（A）の為替変動リスクに影響されることのない他の種類の外国通貨（B）又は有価証券を取得することができる権利が確定することになる。そして、同権利の確定により、それまでの保有資産のうち上記取得に要した外国通貨（A）の占めていた部分が、新たに保有することになった他の種類の外国通貨（B）又は有価証券に置き換わり、それ以降、外国通貨（A）の為替変動リスクによってその円換算額が影響されない価値として保有されることが確定することになる。そうすると、同権利の確定によって、外国通貨（A）の為替変動リスクを負っていた間の円換算額の増減分の価値、すなわち、同取引時点における為替レートによる当該他の種類の外国通貨（B）又は有価証券の取得価額の円換算額から、その取得のために要した外国通貨（A）の取得価額の円換算額を控除した差額に相当する経済的価値の流入又は流出（収入又は損失）が生ずることになるといえるところ、これは、本件各取引に係る為替差損益にほかならないから、本件各取引に係る為替差損益について、その収入となる権利が確定するのは、本件各取引の時点であるということができる。

　したがって、本件各取引がされた年において、本件各取引に係る為替差損益を「収入すべき金額」として認識することができる。

(3) 所得が生ずるとした場合、いずれの所得区分に該当するか

　所得税法は、所得をその源泉及び性質によって、利子所得・配当所得・不動産所得・事業所得・給与所得・退職所得・山林所得・譲渡所得・一時所得及び雑所得の10種類に分類し、これらの所得ごとに所得の金額を計算することとしている（所法21①一）ところ、本件各取引に係る為替差損益から生ずる所得は、その性質上、上記の所得区分のうち、事業所得・一時所得及

び雑所得以外に該当することはない。

　本件各取引に係る為替差損益から生ずる所得は、本件投資一任契約に基づく資産の運用という「営利を目的とする継続的行為から生じた所得」（所法34①）であるから、一時所得に該当することもない。

　事業所得は、自己の計算と危険において独立して営まれ、営利性・有償性を有し、かつ反復継続して遂行する意思と社会的地位とが客観的に認められる業務から生ずる所得であるところ、所得を生じた原因が上記の業務に該当するかどうかについては、納税者自身が当該業務の内容を企画してこれを遂行したといえる実態の有無及び程度・業務の遂行に当たって納税者が担っていた役割や負担の内容のほか、その者の社会的地位等を総合的に考慮し、社会通念によって判断すべきである。

　本件各取引の内容について、原告自らが企画遂行していたという実態は存在せず、本件各取引の遂行に当たっての原告が担っていた役割や負担は、基本的に余剰資金の提供にとどまっていたということができるから、本件各取引は原告によって自己の計算と危険において独立して営まれ、営利性・有償性を有し、かつ反復継続して遂行する意思と社会的地位とが客観的に認められる業務であるということはできない。

　そのため、本件各取引に係る為替差損益から生ずる所得が事業所得に該当することもない。

　したがって、本件各取引に係る為替差損益から生ずる所得は、雑所得以外の所得に該当することはないから、雑所得に該当する。

Ⅸ　所得区分の判断ポイント

❶　雑所得と一時所得

　一時所得とは、営利を目的とする継続的行為から生じた所得以外の一時の

所得で労務その他の役務又は資産の譲渡の対価としての性質を有しないものをいう。

　一時所得については、

・営利を目的とする継続的行為から生じたものでないもの

・労務その他の役務又は資産の譲渡の対価としての性質を有しないもの

が該当するが、一時所得に該当せず、かつ利子所得・配当所得・不動産所得・事業所得・給与所得・退職所得・山林所得・譲渡所得のいずれにも該当しなければ、雑所得ということになる。

　所得の区分で争われた裁判例をみると、例えば「事業所得にも一時所得にも該当しなければ雑所得ということになる」というような表現が多い。これは雑所得以外の9種類の所得については定義がされており、その定義（範囲）から外れた所得はすべて雑所得で括るということである。

(1)　上記Ⅶの裁判例における判断基準

　上記Ⅶで紹介した裁判例においては、一時所得か雑所得かが争われたが、裁判所の判断は、

①　まずは、一時所得及び雑所得以外の所得には該当しない

②　そして一時所得に該当しないと判断されれば、自ずから雑所得に該当することになる

という構成である。

　そして「一時の所得」とは一時的・偶発的に生じた所得を意味するとして、一時所得か否かを検討している。

　その判定基準として「本件年金の継続的な支払という確固とした法律的・経済的関係が存在」していることを挙げ、一時金として支払を受けたとしても所得の性質が変ずる、つまり雑所得が一時所得に変ずるとは考えにくいとしている。

　しかしながら、本件の支払は「将来の年金給付の総額に代えて」支払を受けた分を、1年以内に9回に分割したものであり、にもかかわらず最終回以外の8回分について「一時金として支払を受けたとしても所得の性質が雑所得から一時所得に変ずるとは考えにくい」とする解釈には疑問が湧く。

雑所得

規約に従って毎年支払を受けるものと「将来の年金給付の総額に代えて」支払を受けるのを分割で受け取ったもの（しかも1年以内というきわめて短期間で支払を受けたもの）とを、所得の性質はなにも変わらないと判断してよいのだろうか。

　むしろ、8回の分割で支払を受けたものと最終9回目に支払を受けたものこそ、所得の性質は変わらないといえるのではないか。

　例えば、「将来の年金給付の総額に代えて」支払を受ける金額を2回分割でその年の7月と8月に受け取った場合、7月に受け取ったものは雑所得であり、8月に受け取ったものは所得税基本通達35－3により一時所得とするのだろうか。

(2) 例外的な判断基準

　一時所得か雑所得かの判定においては、まず一時所得に該当するかどうかが検討され、該当しなければ自ずと雑所得に該当する、という構成が一般的にとられるが、反対に（例外的に）まず雑所得として先に判定され、それ以外は一時所得とされるケースがある。

　例えば、競馬や競輪の払戻金に係る所得の判定である。裁判例として本章では紹介をしていないが、競馬の払戻金については最高裁平成27年3月10日判決及び最高裁平成29年12月15日判決（第11章Ｖ参照）がある。

　これらの判決を受けて、所得税基本通達34－1（一時所得の例示）の(2)が改正された。

◆所得税基本通達

　（一時所得の例示）

34－1

(2)　競馬の馬券の払戻金、競輪の車券の払戻金等（営利を目的とする継続的行為から生じたものを除く。）

　　（注）1　馬券を自動的に購入するソフトウエアを使用して定めた独自の条件設定と計算式に基づき、又は予想の確度の高低と予想が的中した

際の配当率の大小の組合せにより定めた購入パターンに従って、偶然性の影響を減殺するために、年間を通じてほぼ全てのレースで馬券を購入するなど、年間を通じての収支で利益が得られるように工夫しながら多数の馬券を購入し続けることにより、年間を通じての収支で多額の利益を上げ、これらの事実により、回収率が馬券の当該購入行為の期間総体として100％を超えるように馬券を購入し続けてきたことが客観的に明らかな場合の競馬の馬券の払戻金に係る所得は、営利を目的とする継続的行為から生じた所得として雑所得に該当する。
2　上記（注）1以外の場合の競馬の馬券の払戻金に係る所得は、一時所得に該当することに留意する。
3　競輪の車券の払戻金等に係る所得についても、競馬の馬券の払戻金に準じて取り扱うことに留意する。

❷　雑所得と事業所得

(1)　雑所得か事業所得かの判断基準

　雑所得と事業所得の境界は「規模の程度」であり、社会通念上事業と称するに至る程度であるかどうかである。

　まずは事業所得に該当するかどうかの判定が行われ、事業所得に該当しないと判定されれば雑所得として扱われる。雑所得かどうかが先に判定されることはない。

　もちろん、事業所得（で青色申告の場合）の方が税務上のメリットははるかに大きい。雑所得にメリットがあるとすれば、帳簿等の保存義務や収支内訳書の作成義務がないこと及び現金主義による処理が認められることくらいである。

　なお、令和2年度税制改正で雑所得を生ずべき業務に対して、次のような改正が行われた。

①　年間収入金額が300万円以下である場合

雑所得

➡その年において収入した金額及び支出した費用の額（現金主義）
② 年間収入が 300 万円を超える場合
➡現金主義による処理は認められない
➡「現金預金取引等書類」を保存する義務がある
③ 年間収入が 1,000 万円を超える場合
➡上記①のほかにさらに、収支内訳書を作成する義務がある

　事業的規模であるかどうか、つまり事業所得と認められるかどうかについては、最高裁昭和 56 年 4 月 24 日判決では、次のように判示している。
　「事業所得とは、自己の計算と危険において独立して営まれ、営利性・有償性を有し、かつ反復継続して遂行する意思と社会的地位が客観的に認められる業務から生ずる所得をいう。」
　抽象的でなかなか難しい定義であるが、上記の令和 2 年度税制改正や令和 4 年の所得税基本通達 35 − 2 の改正により注書で示された「収入金額が 300 万円」（上記 I ❸参照）という金額が、判断基準の目安の 1 つとされ、次のようにとらえられている。
① 取引を記録した帳簿書類がなく、年間収入 300 万円以下……雑所得
② 取引を記録した帳簿書類がなく、年間収入は 300 万円超であるが、主たる所得の年間収入の 10％相当額には達していない……雑所得
③ 取引を記録した帳簿書類はあり保存しているが、毎年連続して赤字である……赤字を解消するための取組みを行っていない（黒字にするための営業活動を行っていない）場合には、雑所得
④ 取引を記録した帳簿書類はあり保存していても、年間収入 300 万円以下かつ主たる所得の年間収入の 10％相当額には達していない……雑所得

(2)　上記Ⅷの裁判例における判断基準

　上記Ⅷで紹介した裁判例では、いずれの所得に該当するかについて、
・投資一任契約に基づく資産の運用という「営利を目的とする継続的行為から生じた所得」であるから、一時所得に該当しない
・本件各取引は、原告によって、自己の計算と危険において独立して営ま

れ、営利性、有償性を有し、かつ反復継続して遂行する意思と社会的地位とが客観的に認められる業務であるということはできないから、事業所得に該当しない

・雑所得以外の所得に該当することはないから、雑所得に該当する

という構成である。

なお、本件の場合は、所得区分の判断よりはむしろ「投資一任契約」の中で外国銀行が行った、保有する外国通貨で他の外国通貨を取得した場合に発生した円換算額（為替差損益）を「収入すべき金額」として認識できるかどうかという点が焦点となっている。

❸ 給与所得と雑所得

裁判例の紹介は本章では行っていないが、給与所得か雑所得（あるいは事業所得）かで争われた裁判例はかなり多い。

例えば、麻酔医師が各病院から得た施術料（東京地裁平成 24 年 9 月 21 日判決：給与所得と認定）、非常勤講師の報酬（最高裁平成 28 年 10 月 20 日決定：給与所得と認定）、キャストに支給した業務の対価（東京地裁令和 2 年 9 月 15 日判決：事業所得か給与所得かが争われた事件。給与所得と認定）等がある。

いずれも、その労務の内容について指揮命令を受けて行ったものであるかどうか、危険負担や費用負担はどちらにあったか、などを判断基準としている（給与所得の定義及び判断基準については、第 7 章を参照されたい）。

過去の裁判例は給与所得と判断されたものが多いが、まずは給与所得に該当するかどうかが検討され、雑所得に該当するかどうかが先に検討されることはない。

このように、いずれの所得に該当するかの所得区分の判定においては、まずは雑所得以外の所得に該当するか否かが判定され、どの所得にも該当しないと判断されれば、自ずと雑所得と判定される（ただし、所基通 34 − 1 の馬券等の払戻金に関する判定のような例外的判定を除く）。

それは本章の冒頭で述べたように、雑所得は他の 9 種類の所得のいずれに

も該当しない所得を括るためのバスケットカテゴリーとして設けられている
からである。そのために、雑所得にカテゴライズされた所得の範囲には境界
線がないともいえる。シェアリングエコノミーやパソコンでの副業的受託業
務などの経済活動や、FX 取引、暗号資産による取引などは、その典型であ
る。

　積極的な定義をもっていない雑所得は、所得区分の判定において主役にな
ることはない（一部のきわめて稀な例外を除いて）。

編著者略歴

ＴＨ会

　平成4年に資産税関係を中心に判例研究会として、顧問：平川忠雄税理士、世話人代表：安部勝一税理士により創設され、その後に世話人：中島孝一税理士・西野道之助税理士などが参加して現在に至る。

上原　　顕（うえはら・あきら）

第1章・第2章・第12章　雑所得担当

現在　上原税理士事務所　所長、MJS税経システム研究所　客員研究員、
ＴＨ会　世話人代表

[著書等]

・『相続対策 選択ガイドブック』（新日本法規出版・共著）
・『業種別税務・会計実務処理マニュアル』（新日本法規出版・共著）
・『重要税務相談シリーズ3　医療機関の税務編』（大蔵財務協会・共著）
・『税務疎明事典《クロスセクション編》』（ぎょうせい・共著）

若山　　寿裕（わかやま・としひろ）

第3章　利子所得担当

現在　税理士法人 TOC 英和　社員税理士

[著書等]

・『令和6年度　よくわかる税制改正と実務の徹底対策』（日本法令・共著）
・『民事信託実務ハンドブック』（日本法令・共著）
・『[最新] 賃上げ促進税制のすべて』（日本法令・共著）
・『目的別　相続対策　選択ガイドブック』（新日本法規出版・共著）
・『家事関連費を中心とした必要経費の実務』（税務研究会・共著）　ほか

天野　智充（あまの・ともみつ）

第4章　配当所得担当

現在　天野智充税理士事務所　所長

[著書等]
- 『相続税実務の"鉄則"に従ってはいけないケースと留意点』（清文社・共著）
- 『法人税 税務証拠フォーム作成マニュアル』（日本法令・共著）
- 『株式会社の減資の税務と登記手続』（日本法令・共著）　ほか

平澤　勝（ひらさわ・まさる）

第5章　不動産所得担当

現在　平澤勝税理士事務所　所長、日本税務会計学会　税法部門常任委員、東京税理士会相談委員・資産税担当

[著書等]
- 『実務家が押さえておきたい　事業承継対策のリスクと対応』（新日本法規・共著）
- 『実務で気になる　法律・会計制度＆税務事例　初版〜第3版』（清文社・共著）
- 『税務疎明事典《資産課税編》』（ぎょうせい・共著）

荒木智恵子（あらき・ちえこ）

第6章　事業所得担当

現在　荒木税理士事務所　所長、MJS税経システム研究所　客員研究員

[著書等]
- 『相続税　その時家族はどうする？』（中経出版・共著）
- 『業種別税務・会計実務処理マニュアル』（新日本法規出版・共著）
- 『重要税務相談シリーズ3　医療機関の税務編』（大蔵財務協会・共著）

岩田　浩一（いわた・ひろかず）

第7章　給与所得担当

現在　公認会計士岩田浩一事務所　代表、岩田浩一税理士事務所　代表、特定非営利活動法人 日本ナレッジ・マネジメント協会　理事長

[著書等]
- 『148 の事例から見た是否認事項の判断ポイント』（税務経理協会・共著）
- 『内部統制評価基準　評価マニュアル（簡易版対応)』（内部統制評価機構・共著）
- 『勝ち抜く会社の 500 のポイント』（内部統制評価機構・共著）
- 『勝ち抜く会社の 800 のポイント』（内部統制評価機構・共著）

上田　輝夫（うえだ・てるお）

第8章　退職所得担当

現在　辻・本郷税理士法人小田原事務所　社員税理士

[著書等]
- 『役員と会社の税務』（大蔵財務協会・共著）
- 『勘定科目別　消費税の実務手引』（新日本法規出版・共著）
- 『Q & A　税務調査対策の手引』（新日本法規出版・共著）
- 『逆転裁決事例精選 50』（ぎょうせい・共著）
- 『税務疎明事典《資産税編》《クロスセッション編》』（ぎょうせい・共著）
- 「最新 租税基本判例 80」JTRI 税研 106（日本税務研究センター）

塩野　貴史（しおの・たかし）

第9章　山林所得担当

現在　塩野貴史税理士事務所　所長

[著書等]
- 『令和 6 年度　よくわかる税制改正と実務の徹底対策』（日本法令・共著）

星田 寛（ほしだ・ひろし）

第 10 章 譲渡所得担当

現在 公益財団法人 公益法人協会相談室 専門委員、租税法学会員、
日本成年後見法学会員、信託法学会員

[著書等]

・『税務疎明事典《クロスセッション編》』（ぎょうせい・共著）
・『賃貸アパート・マンションの民事信託実務』（日本法令・協力）
・『成年後見・民事信託の実践と利用促進』（日本加除出版・共著）

高野 雅之（たかの・まさゆき）

第 11 章 一時所得担当

現在 税理士法人スバル合同会計 長岡事務所 所長

[著書等]

・『令和 6 年度 よくわかる税制改正と実務の徹底対策』（日本法令・共著）
・『目的別 相続対策 選択ガイドブック』（新日本法規出版・共著）
・『相続税実務の"鉄則"に従ってはいけないケースと留意点』（清文社・共著）
・『業種別税務・会計実務処理マニュアル』（新日本法規出版・共著）

訴訟事例から学ぶ所得区分の判断基準　　令和6年11月1日　初版発行

検印省略

 日本法令®

〒 101-0032
東京都千代田区岩本町1丁目2番19号
https://www.horei.co.jp/

編　者	T　　H　　会
	安　部　勝　一
	中　島　孝　一
	西　野　道　之　助
発行者	青　木　鉱　太
編集者	岩　倉　春　光
印刷所	日　本　ハ　イ　コ　ム
製本所	国　　宝　　社

（営　業）	TEL　03-6858-6967	Eメール	syuppan@horei.co.jp
（通　販）	TEL　03-6858-6966	Eメール	book.order@horei.co.jp
（編　集）	FAX　03-6858-6957	Eメール	tankoubon@horei.co.jp

（オンラインショップ）　https://www.horei.co.jp/iec/
（お詫びと訂正）　https://www.horei.co.jp/book/owabi.shtml
（書籍の追加情報）　https://www.horei.co.jp/book/osirasebook.shtml

※万一、本書の内容に誤記等が判明した場合には、上記「お詫びと訂正」に最新情報を掲載しております。ホームページに掲載されていない内容につきましては、FAXまたはEメールで編集までお問合せください。